# 犯罪被害人论

陈晓娟 著

中国人民公安大学出版社
·北京·

### 图书在版编目（CIP）数据

犯罪被害人论 / 陈晓娟著. —北京：中国人民公安大学出版社，2021.7
ISBN 978-7-5653-4250-9

Ⅰ.①犯⋯ Ⅱ.①陈⋯ Ⅲ.①被害人—研究 Ⅳ.①D917.9

中国版本图书馆 CIP 数据核字（2021）第 126737 号

## 犯罪被害人论

陈晓娟 著

| | |
|---|---|
| 出版发行： | 中国人民公安大学出版社 |
| 地　　址： | 北京市西城区木樨地南里 |
| 邮政编码： | 100038 |
| 经　　销： | 新华书店 |
| 印　　刷： | 涿州市新华印刷有限公司 |
| 版　　次： | 2021 年 7 月第 1 版 |
| 印　　次： | 2021 年 7 月第 1 次 |
| 印　　张： | 12.75 |
| 开　　本： | 787 毫米×1092 毫米　1/16 |
| 字　　数： | 230 千字 |
| 书　　号： | ISBN 978-7-5653-4250-9 |
| 定　　价： | 53.00 元 |
| 网　　址： | www.cppsup.com.cn　www.porclub.com.cn |
| 电子邮箱： | zbs@cppsup.com　zbs@cppsu.edu.cn |

营销中心电话：010-83903991
读者服务部电话（门市）：010-83903257
警官读者俱乐部电话（网购、邮购）：010-83901775
公安业务分社电话：010-83901608

本社图书出现印装质量问题，由本社负责退换
版权所有　侵权必究

# 前 言

犯罪从来不是犯罪人的独角戏,而是犯罪人与犯罪被害人互动的过程和结果,对犯罪问题的研究如果缺少了犯罪被害人的角度,犯罪问题的研究是不完整的,甚至有时是没有意义的,无论是描述犯罪现象,还是解释犯罪原因,抑或寻找犯罪的治理策略,都离不开犯罪被害人的视角。犯罪被害人对犯罪的发生发展以及社会稳定均具有不可忽视的意义。犯罪学界自20世纪20年代开始认识到犯罪被害人在犯罪发生中的作用,随之逐步加深对犯罪被害人的关注和研究,形成了犯罪学的一门分支学科——犯罪被害人学。犯罪被害人学的创立和发展是对犯罪学学科体系的丰富和完善,既有利于犯罪问题的解决,又有利于犯罪被害人群体的权益保护。犯罪被害人不仅是犯罪被害人学研究的核心内容,也构成了犯罪学研究的核心要素之一。

犯罪被害人学在其发展的过程中逐步形成了丰富的研究内容,犯罪被害现象是其研究路径的起点,在此基础之上理性、客观而又深入地分析被害原因,并最终从犯罪被害人的角度寻找预防被害的策略。所以,犯罪被害人学的发展使我们可以以更完整的视角认识、解决犯罪问题。除此以外,犯罪被害人的研究除了之于解决犯罪问题的意义外,犯罪被害人群体又是一个特殊而值得特别关注的群体,他们因为犯罪行为的侵害而遭受了经济的损失、身体的伤害、精神的打击和心理的摧残,因为犯罪行为的侵害而陷入痛苦不堪的境遇。长期以来,犯罪被害人的困境未能引起社会的注意,而由被害人独自承受被侵害的困苦,甚至在刑事司法制度之中也完全被忽视,其被侵犯的合法权益无法通过刑事诉讼获得恢复和保护，更有甚者，犯罪被害人在刑事诉讼过程中遭遇二次被害。随着犯罪被害人研究的深入，犯罪被害人的这种窘困逐步被正视、被关注，20世纪60年代西方社会开始了保护犯罪被害人权益的一系列运动，西方国家纷纷采取措施保护犯罪被害人权益。现在犯罪被害人的权利保护构成了犯罪被害人学研究内容的一个重要方面，是关系到社会和谐稳定的重要问题。

本书共包括九章八个论题，对犯罪被害人的相关内容展开分析与论述，内容安排的逻辑顺序依据上述犯罪被害人学的研究内容，即犯罪被害现象、犯罪被害原因、犯罪被害预防、犯罪被害人的保护。其中，第一章是犯罪被害人概说，阐明犯罪被害人研究的几个基本问题，包括犯罪被害人的含义、研究的意义、历史发展、研究方法等，从第二章开始，每章各探讨一个论题。第二章的论题是关系视角下的犯罪被害人，第三章的论题是犯罪被害人责任，第四章的论题是重复被害，此三章的内容均属于犯罪被害现象的范畴。第五章的论题是犯罪被害人的被害性，本章的内容属于犯罪被害原因的范畴；第六章的论题是犯罪被害预防，本章的内容属于犯罪被害预防的范畴。第七章的论题是犯罪被害人的权利保护，第八章的论题是犯罪被害人的国家补偿，第九章的论题是犯罪被害人的社会援助，此三章的内容均属于犯罪被害人权利保护的范畴。

本书的几个论题多数是当前犯罪被害人研究普遍关注的问题，笔者对这几个论题的探讨，既有对理论研究的梳理，也有对实践工作的介绍，并在此基础之上提出自己的观点或主张。比如，第二章有关犯罪被害人与犯罪人的互动关系，是在我国学者研究的基础之上重新进行了界定。第五章有关被害原因和被害性的讨论，是在我国学者所主张的主流观点之外提出了自己的观点，有关被害性的作用机制，笔者也阐述了自己的认识，就这些新的观点或主张，期待能够与各位专家学者进行讨论。本书第四章的论题——重复被害，是当前我国犯罪被害人研究的一个空白，我国目前公开发表的犯罪被害人学领域的论文或出版的教材、专著均未涉及对该论题的探讨，笔者认为重复被害是犯罪被害现象的一个突出表现，并尝试从二八定律、日常活动理论、生活方式暴露理论、同质群理论等理论对重复被害现象进行解释，通过识别高风险的犯罪被害人、被害时间、被害空间等方面展开对重复被害现象的研究。

在本书的写作过程中，笔者参考和借鉴了大量专家学者的研究成果，并得到了一些专家、同行的指导和帮助，获得了山东省社科规划办重点项目"扫黑除恶背景下黑恶势力治理机制建设研究"（项目编号19BYSJ09）、山东警察学院人文社会科学项目"黑恶势力'软暴力'犯罪研究"（项目编号ySkyB202010）的资助，以及身边亲友的鼓励和支持，在此一并致以诚挚的感谢。

陈晓娟

2021 年 4 月于济南

# 目  录

## 第一章　犯罪被害人概说 ................................................. 1
　　一、犯罪被害人的含义 ................................................. 1
　　二、犯罪被害现象是一种社会现象 ....................................... 6
　　三、犯罪被害人构成犯罪学和犯罪被害人学研究的重要内容 ................. 9
　　四、犯罪被害人研究的意义 ............................................ 10
　　五、犯罪被害人研究的历史脉络 ........................................ 15
　　六、犯罪被害人研究的方法 ............................................ 23

## 第二章　关系视角下的犯罪被害人 ........................................ 30
　　一、被害与犯罪的社会互动理论 ........................................ 30
　　二、犯罪被害人与犯罪人的互动关系 .................................... 32
　　三、犯罪被害人与犯罪人的角色转换 .................................... 43

## 第三章　犯罪被害人责任 ................................................ 49
　　一、对犯罪被害人责任的再认识 ........................................ 49
　　二、确立犯罪被害人责任的依据 ........................................ 54
　　三、犯罪被害人责任研究的意义 ........................................ 61
　　四、犯罪被害人责任追究制度的构建 .................................... 63

## 第四章　重复被害 ...................................................... 70
　　一、被害现象的一个突出表现——重复被害 ............................... 70
　　二、重复被害的理论依据 .............................................. 72
　　三、对重复被害的识别 ................................................ 78
　　四、重复被害现象的构成要素 .......................................... 80

## 第五章　犯罪被害人的被害性 …… 102
一、对被害性的认识与界定 …… 102
二、被害性的生成机制 …… 111
三、被害性的作用机制 …… 116
四、被害性的表现形式 …… 119

## 第六章　犯罪被害预防 …… 123
一、被害预防的概念 …… 123
二、被害预防的必要性与可能性 …… 126
三、被害预防的理论依据 …… 130
四、从犯罪预防体系看被害预防 …… 132
五、被害预防的实施 …… 139

## 第七章　犯罪被害人的权利保护 …… 145
一、溯源犯罪被害人的权利保护 …… 145
二、我国犯罪被害人权利保护的现状 …… 148
三、我国犯罪被害人权利保护体系的构建 …… 152

## 第八章　犯罪被害人的国家补偿 …… 159
一、犯罪被害人补偿制度的由来 …… 159
二、犯罪被害人补偿制度的理论依据 …… 161
三、我国犯罪被害人补偿制度的发展概况 …… 163
四、我国建立统一的犯罪被害人补偿制度的必要性 …… 165
五、我国犯罪被害人补偿制度的构建 …… 168

## 第九章　犯罪被害人的社会援助 …… 178
一、犯罪被害人社会援助的概念厘定 …… 178
二、犯罪被害人社会援助制度溯源 …… 181
三、我国犯罪被害人社会援助的现状 …… 182
四、构建我国犯罪被害人社会援助体系的设想 …… 190

**主要参考文献** …… 193

# 第一章 犯罪被害人概说

犯罪被害人是犯罪学和犯罪被害人学研究的核心要素之一。犯罪从来不是犯罪人的独角戏，犯罪被害人的语言、行为、状态会影响犯罪人的行为选择或行为变化，进而对犯罪的过程、结果等产生重要影响。在某些情况下，由于种种原因，犯罪被害人会成为社会不稳定因素，转变为犯罪人，实施危害社会、危害他人的行为。研究犯罪被害人已经成为犯罪学和犯罪被害人学研究必不可少的一部分。目前，我国对犯罪被害人的理性认识程度较低，但是犯罪被害人对犯罪的发生、发展以及社会稳定均具有不可忽视的意义。只有加强犯罪被害人研究，对犯罪被害人进行客观、理性地认识，才能对犯罪现象及被害现象形成准确的解释，对犯罪原因有更全面的分析，提出更有效的犯罪预防对策，才能以更完整的视角认识犯罪，提出更科学的措施治理犯罪问题。

## 一、犯罪被害人的含义

准确界定犯罪被害人的概念是对犯罪被害人进行研究的前提。顾名思义，犯罪被害人就是被犯罪行为侵害的人。若要准确理解犯罪被害人的概念，首先需要对犯罪的概念进行厘定。

### （一）对犯罪概念的厘定

犯罪问题是一个非常复杂的问题，而且由于其严重的社会危害性，很多学科从不同的领域、不同的角度、运用不同的方法，围绕各自的研究目的和研究任务对犯罪问题展开研究，形成了对犯罪概念的不同界定。犯罪的概念与法律尤其是刑法密切相关，无论是生活中还是学术界，刑法学对犯罪概念的界定影响是最大的，通常，人们是从法律的角度去认识犯罪问题。但是，犯罪学基于本学科的研究目的和研究任务，对犯罪的概念有自己独特的理解。犯罪被害人学作为犯罪学的一个分支学科，对犯罪这个基本概念的界定，与犯罪学是一致的。下面通过对刑法学的犯罪概念与犯罪学的犯罪概念进行比较分析，以确定在犯罪被害人学的研究领域如何界定犯罪。

1. 刑法学的犯罪概念

我国刑法对犯罪的内涵作了明确规定，即具有严重的社会危害性的、触犯刑法的、应当受到刑罚处罚的行为。因此，社会危害性、刑事违法性和应受刑罚处罚性也就构成了犯罪的三个基本特征。

（1）社会危害性。具有严重的社会危害性是犯罪的本质属性，社会危害性是刑事立法的依据。但是在刑法学视野中，该社会危害性不仅仅是客观的，而且是立法者对这种客观危害性的主观认定。刑法是由掌握国家政权的阶级（或阶层）根据自身的意志和利益需要而制定的，并为其统治服务，因此刑法反映的是统治意志，这就决定了立法者在将某一行为规定为犯罪时，除考虑其客观的社会危害性之外，还要考虑现行统治意志的需要，必须对该行为的社会危害性从阶级（或阶层）利益出发进行评价。因此，刑法所规定的犯罪，其社会危害性被赋予了鲜明的政治内涵，是客观性与主观性的统一。此外，刑法所规定的犯罪，其社会危害性还应当是犯罪行为人的主观罪过与客观危害行为的统一，即行为人在罪过心理的支配下实施了危害社会的行为，如果行为人虽然实施了危害社会的行为，但是没有主观故意或过失，则该行为就不是刑法学意义上的犯罪行为。因此，刑法学基于这两点考虑，将一些具有严重的社会危害性的行为纳入其研究视野，是经过了过滤筛选的，有一些行为虽然具有严重的社会危害性，但并未被纳入刑法学的研究范畴。

（2）刑事违法性。刑事违法性是犯罪的法律形式特征，统治者以刑事立法的形式明确规定了什么是具有严重的社会危害性的行为。如此，在社会生活中发生的具有危害性的行为只有符合了刑法的规定，才能被认定为犯罪，如果刑法没有作出规定，即便该行为具有社会危害性，也不能被认定为犯罪，因为不具有刑事违法性。刑法学作为一门规范性学科，其犯罪概念中的刑事违法性特征，充分体现了罪刑法定原则，法无明文规定不为罪，犯罪必须是由法律明确作出规定的。

（3）应受刑罚处罚性。在刑法学中，罪与刑是相伴而生的，有了犯罪，必然要有刑罚对其进行处罚。对立法者而言，只有当某一行为的社会危害性程度超过了通过其他手段处理的界限，应当动用刑罚相威胁才能防卫时，才会被规定为犯罪；对司法者而言，已经发生的危害社会的行为只有达到了触犯刑律的程度，并且应当受到刑罚处罚时，才会将其判定为犯罪。正是基于犯罪与刑罚的这种内在的联系，应受刑罚处罚性成为刑法学犯罪概念中不可或缺的要素之一。

刑法学的犯罪概念具备以上三个基本特征，罪与非罪就有了一个明确的界限，即具备三个基本特征的行为是犯罪，缺少其中的一个特征则不是犯罪。因此，犯罪现象被视为一种法律现象，在刑法学的框架内对其进行规范性研究。

2. 犯罪学的犯罪概念

犯罪学的犯罪概念有别于刑法学的犯罪概念。下面仍将从刑法学犯罪概念的三个基本特征，分析犯罪学与刑法学关于犯罪概念的区别，以便深刻认识犯罪学犯罪概念的本质。

(1) 关于"社会危害性"。在刑法学视野中，所谓犯罪的社会危害性，并非原本意义上的社会危害性，而需要达到客观性与主观性的统一，以及主观罪过与客观危害行为的统一。而从犯罪学的角度，对犯罪的认定，无须在意统治者意志，也不用考虑行为人的主观罪过，只要是在客观上产生了危害性，就应当认定为犯罪。犯罪学坚持从客观事实的角度考察行为的社会危害性，并以此确定自己的研究对象和研究范围，这是由其学科目的和学科任务决定的。犯罪学要对各种时空条件下甚至不同的社会制度下所发生的犯罪行为进行客观的描述分析，总结犯罪规律，要透过犯罪现象从诸多方面揭示犯罪的原因，尤其是要探究具有普遍意义的犯罪的社会原因，并最终实现对犯罪的理性认知以及预防犯罪，这是犯罪学研究的目的和任务。而要实现犯罪学研究的目的和任务，就必须要考虑到所定义犯罪的真实性，既要摒弃政治偏见，也要忽略犯罪行为人的主观罪过，尽量从客观的角度考察犯罪行为的社会危害性，将各种具有严重的社会危害性并应采取预防措施的行为纳入自己的研究范畴。因此，犯罪学要摆脱刑法学的规范性条款的束缚，既要对刑法学所规定的犯罪进行理性审视，又要将那些不为刑法所规定但事实上又具有严重的社会危害性的行为纳入自己的研究范围。

(2) 关于"刑事违法性"。刑法学犯罪概念必然包含刑事违法性特征，而犯罪学中犯罪概念则不包含这一要素，这是二者对犯罪的本质特征——社会危害性从不同角度进行解读的逻辑结果。犯罪学认为，犯罪是一种客观的社会现象，而非法律现象；犯罪是一种社会现实，而非法律规定的产物。从时间序列和因果关系来看，犯罪是一种前法律现象，是在法律规定之前就已经客观存在于社会中的具有社会危害性的现象，法律不过是对客观存在的具有社会危害性的社会现象中的一部分进行了法律确认。犯罪是自原始社会就有的客观存在于一切历史形态下的社会现象，基于这样一种认识，在界定犯罪和确定自己的研究范围时，必定不能局限于刑法典的规定，犯罪的概念不应包含刑事违法性。

(3) 关于"应受刑罚处罚性"。刑法学的犯罪概念具有应受刑罚处罚性特征，犯罪学的犯罪概念并不排斥这一要素，而是包容了这一要素。犯罪学发展史中向来不乏对刑罚的研究，甚至对刑罚的研究一直是犯罪学研究的一个重点内容。犯罪学对刑罚进行功利性研究，把刑罚作为犯罪预防与控制的一种重要的手段，刑罚预防与犯罪学所倡导的其他犯罪预防措施，诸如社会预防、社区预防、情境预防等，共同发挥预防与控制犯罪的作用。事实是，刑罚在各国各历史阶段均发挥了重要的显而易见的预防犯罪的作用。但是刑罚预防在预防犯罪方面也有其明显的局限性，只靠刑罚不能解决所有的犯罪问题，犯罪学在刑罚之外，还需要多方面探寻预防与控制犯罪之策。所以，"应受刑罚处罚性"这一要素在犯罪学犯罪的内涵中是被包含的。

综上所述，犯罪学的犯罪概念与刑法学的犯罪概念是有明显区别的，因为二者的学科目的、学科任务和学科性质不同。犯罪学的犯罪概念，从其内涵来看，应当具有严重的社会危害性，从其外延来看，包括刑法所规定的犯罪，以及虽未被刑法认定为犯罪，但是因其具有严重的社会危害性亦需要在社会中进行防治的行为，如一般的违法行为，待法律化的病态、越轨行为等。由此，犯罪学认为犯罪是具有严重的社会危害性而应被采取防治措施的行为。犯罪被害人学的研究亦采用犯罪学关于犯罪的基本观点。

### （二）犯罪被害人的含义

在现实中，很多语境下都会使用到犯罪被害人的概念，各领域的学者、专家、司法实务者以及社会公众对这个概念均有不同的理解，并且对其使用也极不规范，存在诸如受害者、被害者、被害人、犯罪被害人、犯罪被害者、刑事犯罪被害人、刑事犯罪被害者等诸多概念。其中，受害者、被害者、被害人通常表达同样的意思，只是措辞稍有不同，在这诸多的表述中，可以将其分为三类：被害人、犯罪被害人、刑事犯罪被害人。这三个概念有明显差异但又相互联系。在古代的文化里，被害人的概念是与祭祀联系在一起的，它最初的含义是指牺牲品，亦即为了供奉某种超自然的力量或者神而在祭祀的仪式中被处死的人或动物。历经多个世纪，这个概念的内涵发生了一些变化，现在主要是指由于各种原因而遭受损失、伤害或困苦的人，包括自然灾害、疾病、意外事件、战争、政治制度、文化制度、种族歧视、政治迫害等。这个概念的外延是非常宽泛的，包括一切遭受不正义的行为或消极事件伤害的人。刑事犯罪被害人是在刑事法领域使用的一个概念，通常是指合法权益遭到刑法所规定的犯罪行为的侵害而遭受损失、伤害或困苦的人。这个概念的外延非常小，仅指刑法规定的犯罪行为侵害的人。犯罪被害人概念的外延界于被害人和刑事犯罪被害人之间，是指其合法权益遭到犯罪行为侵害而遭受损失、伤害或困苦的人。因为犯罪行为的外延远远大于刑法规定的犯罪行为的外延，因此犯罪被害人的外延远远大于刑事犯罪被害人的外延。而犯罪行为的外延远远小于不正义的行为和消极事件的外延，因此犯罪被害人的外延远远小于被害人的外延。

犯罪学和犯罪被害人学关于犯罪被害人的概念，应当区别于被害人（外延最为宽泛的）和刑事犯罪被害人（外延最窄的），取外延介于二者之间的概念，指其合法权益遭到犯罪行为侵害而遭受损失、伤害或困苦的人。这个概念应当包含以下几层含义：

一是被害人遭受到侵害的合法权益包括精神和物质两个方面。犯罪行为对犯罪被害人造成的损害有时是有形的具体的物质损失，如因盗窃、诈骗、抢劫等行为而遭受的财产损失，因暴力犯罪而遭受的身体伤害及就医造成的经济损失。有时犯罪行为对犯罪被害人造成的损害是无形的精神损害，如犯罪被害人因遭受犯罪行为的侵害而出现恐惧、痛苦甚至严重的心理疾病，有时出现犯罪被害人的严重残疾甚至死亡，导致其近亲属的精神痛苦更是难以言表。在实践中，公众及相关部门往往比较关注犯罪被害人所遭受的有形的物质损失，却忽略了其所遭受的精神损害。但是往往精神损害比物质损失带给犯罪被害人的伤害更深刻，对精神损害的忽视不利于对犯罪被害人的救助，导致犯罪被害人重复被害、多次被害，有时还可能诱发甚至推动犯罪被害人向犯罪人的转化，导致新的犯罪发生。

二是本概念中的犯罪行为属于犯罪学及犯罪被害人学研究范畴中的概念，应当区别于刑事犯罪行为。犯罪学研究范畴的犯罪行为与刑法学研究范畴的犯罪行为是有明显区别的。犯罪学研究范畴中的犯罪行为，从其内涵来看，具有严重的社会危害性，从其外延来看，包括刑法所规定的犯罪行为，以及虽未被刑法认定为犯罪，但是因其具有严重的社会危害性亦需要在社会中进行防治的行为，如一般的违法行为，待法律化的病态、越轨行为等。因此，本概念中的犯罪行为不局限于刑事犯罪，其外延要远远大于刑事犯罪的外延。另外，只有犯罪行为造成个体的合法权益的侵害，这时被侵害的个体才被称为犯罪被害人。如果个体合法权益的侵害不是犯罪行为造成的，而是合法行为造成的，如紧急避险的情况下，为了使某个人的利益或公共利益免于遭受正在发生的某种危险，不得已采取的措施损害了其他个人或单位的合法权益，这时合法权益遭受损害的个人或者单位是不能被称为犯罪被害人的。或者个体合法权益的侵害是自然因素造成的，如洪涝灾害造成农民颗粒无收，此种情况下合法权益遭受损害的个体也不能被称为犯罪被害人。

三是本概念中损失、伤害或困苦的承受者包括自然人、社会组织、国家和社会。关于犯罪被害人的主体范围，是一个具有争议的问题。有些学者认为，犯罪被害人应当指自然人，但是更多的学者则主张犯罪被害人的主体范围应该不仅仅局限于自然人，社会组织（或单位）完全可以成为犯罪被害人，因为它们也有自己的具体权益，如资产、信誉、商业秘密等，这些权益都存在遭受犯罪行为侵害的可能性。比如，有人盗窃 ATM 里的现金，这时犯罪行为的承受者就是银行，社会组织成为犯罪被害人，这应该是没有什么争议的。有人认为，国家或社会过于抽象，并非一个具体的实体，而是体现为各种社会关系，如果说国家或社会遭受到犯罪行为的侵害，其实质是社会中的某种关系遭受到侵害，具体的承受者还是社会中具体的个人或组织。但是，现在犯罪现象纷繁复杂，侵害的对象也是各种各样，如偷越国边境犯罪是对国家边境管理制度的破坏，这时犯罪行为的承受者是国家；再如，污染环境行为既是对个体身心健康的损害也是对整个社会环境的破坏；又如，吸食毒品行为则主要是对良好的社会风尚及社会秩序的破坏，这时侵害后果的承受者既是个体又是整个社会。因此，笔者认为，我们对犯罪被害人的研究除以自然人为主外，其主体范围还应该包括社会组织、国家以及整个社会。

四是犯罪被害人既可以是犯罪行为的直接承受者，也可以是犯罪行为的间接承受者。犯罪被害人的研究主要是对犯罪行为的直接承受者的研究，如故意伤害行为的直接承受者，其身体健康受到直接损害，抢劫犯罪的直接承受者，其身体健康及财产安全受到直接损害。有的人虽然没有遭受犯罪行为的直接侵害，但是他们与犯罪行为的直接承受者具有某种密切的利害关系，因为直接承受者所遭受的身体伤害和财产损失，间接影响他们的利益，使他们同样承担着物质损失或精神痛苦，甚至有些情况下间接承受者所承受的痛苦比直接承受者所承受的痛苦还要大。犯罪行为的间接承受者主要是与直接承受者具有赡养、抚养、扶养关系的近亲属。此外，第一时间目睹犯罪现场的救护人员、警察、旁观者等也可以成为犯罪行为的间接承受者，他们可能因为目睹犯罪现场的血腥、残暴而受到心理伤害，甚至形成严重的心理阴影，因而需要接受心理咨询或治疗。比如，目睹校园暴力犯罪现场的旁观的学生就属于典型的犯罪行为的间接承受者；再如，因工作需要必须在第一时间赶到犯罪现场的警察、医护人员，他们直面血腥的场面，也需要得到感情支持、心理救援，他们也属于犯罪行为的间接承受者。

## 二、犯罪被害现象是一种社会现象

所谓现象，是事物表现出来，能够被人们感知的一切情况，是一切事物在其产生、发展、变化的过程中所表现出来的客观形式及外在的联系性。犯罪被害现象是在犯罪行为的发生、发展、变化过程中所表现出来的与犯罪被害相关的人、事件、时间、空间等相互联系的诸多客观形式的总和。犯罪被害现象是与犯罪现象相伴而生的，随着犯罪现象在人类社会中产生、发展、变化而产生、发展、变化。人类社会从远古发展而来，经历了一个漫长的历史过程，在这个过程中始终伴随犯罪现象和被害现象，二者构成了一个矛盾的共同体，没有犯罪现象就不会有犯罪被害现象。犯罪现象是客观存在的伴随人类历史发展始终的一种社会现象，处在不断的发展变化之中，因犯罪现象而产生的被害现象受犯罪现象发展趋势的影响和制约，亦随着犯罪现象的不断发展变化而成为一个广受关注的社会问题，影响社会的稳定、发展与进步。犯罪被害现象作为一种社会现象，主要有以下几个方面的表现：

### （一）犯罪被害现象根源于社会

同犯罪现象根源于社会一样，犯罪被害现象也根源于社会。根据犯罪学的观点，如果要从源头上寻找犯罪的原因，需要追溯到社会的生产方式。一部人类发展史证明了在不同社会形态下，生产力与生产关系的矛盾是社会的最基本的矛盾，社会就是在二者的矛盾运动中向前发展的，一切生产关系的根本变革都是二者矛盾运动的结果。犯罪作为一种社会现象也不例外，其根源或终极原因，就是社会生产方式中的生产力与生产关系的矛盾运动，这是一切社会形态下犯罪的根源。[①] 即便是在阶级社会，这时的犯罪虽然体现了私有制并具有阶级斗争的性质，但仍然是社会生产关系的体现，犯罪更深层次的原因仍然是生产力与生产关系的矛盾。有学者从人的生物本能解释其犯罪行为，归根结底是人生物本能与社会理性之间的冲突，是人的行为对社会规范的违反，最终还是根源于社会。所以，犯罪现象根源于社会。被害现象是犯罪人与犯罪被害人在犯罪行为的发生发展过程中相互影响相互作用而导致的结果，因为犯罪现象根源于社会，所以，归根结底，犯罪被害现象也是社会的产物。社会产生了犯罪和犯罪人，犯罪和犯罪人又产生了他的被害人，所以犯罪被害现象根源于社会。

### （二）犯罪被害现象具有时代特性

犯罪被害现象作为一种社会现象，随着社会的不断发展、变化、进步，在不同的历史时期、不同的社会制度、不同的社会形态下，具有不同的表现形式，在不同的时代中呈现出不同的特点。在原始社会，由于生产力极度低下，物质极度匮乏，生活环境极为恶劣，出于个人的生存或原始部落、氏族的存续和发展，存在个人与个人之间或者群体与群体之间的争斗、杀戮、伤害等行为，这是在当时的社会形态下客观存在的犯罪现象，这种犯罪现象必然导致被害现象。此时，在解决这类犯罪与被害的问题时，犯罪被害人享有充分的至高无上的权力，通常采

---

① 董士昙主编. 犯罪学教程 [M]. 北京：中国检察出版社，2013：175.

取的手段是血族复仇和血亲复仇等血的复仇的方式。这种对被害问题的解决方式是与当时的社会发展水平相适应的，随着社会的进步、生产力水平的缓慢提高，劳动力的价值逐步显现，避免大范围的杀戮以保留劳动力是社会发展的需要。此时，血族复仇和血亲复仇的方式逐步被限制直至被取消，取而代之的是同态复仇、赔偿被害人损失等处理方式。当原始社会结束，人类社会步入奴隶制时期，出现了国家、阶级、代表统治阶级利益的法律，这时犯罪被害现象具有了不同于原始社会的时代特征。那时的犯罪被害现象最突出的表现是奴隶成为社会制度和国家法律的最主要被害人，依照当时的法律，奴隶是奴隶主的私有财产，不享有作为人的一切权利，这是那个时期犯罪被害现象最突出的特征。到了封建社会，犯罪被害现象是阶级矛盾、阶级斗争和私有制的体现，作为被统治的生活在社会底层的饱受封建统治者剥削与压制的广大农民及手工业者成了封建制度、阶级压迫的被害人。在阶级社会，犯罪被害人的合法权益难以得到根本性的维护。阶级社会形态结束之后，随着人类社会的不断发展与进步，随着各种社会因素的不断发展变化，犯罪问题也在不断地发展变化，犯罪类型、犯罪数量、犯罪主体、犯罪的社会危害性不断发生新的变化，犯罪现象呈现出越来越复杂的趋势，导致被害现象也越来越复杂化、严重化和普遍化。

### （三）犯罪被害现象具有区域特征

犯罪被害现象具有明显的区域特征，这与犯罪现象的区域特征是相适应的。在不同的国家和地区，在同一个国家的不同区域，犯罪现象和被害现象在数量特征、主体特征、类型特征、趋势特征等方面的表现都是不同的。而之所以有这些不同的特征表现，是与不同区域的政治生态、经济发展水平、文化传统、风俗习惯、社会控制方式、人口结构等各种社会因素紧密相关的。比如，我国城市与农村的犯罪现象和被害现象均呈现出不同的特征。从被害数量上看，我国城市里的犯罪被害数量远远多于农村的犯罪被害数量；从被害类型上看，城市里的犯罪被害人会遭受到各种类型犯罪的侵害，而在农村犯罪被害人更大比例地遭受一些传统犯罪类型的侵害；从被害后果上看，城市里的犯罪被害人更大比例的是遭受财产的损失，农村的犯罪被害人较大比例是遭受人身的伤害；从年龄结构上看，城市里的犯罪被害人年龄相对于农村的犯罪被害人年龄偏小；从性别结构上看，城市里的犯罪被害人相对于农村的犯罪被害人男性所占的比例更高；等等。我国城市与农村的犯罪被害现象之所以会出现诸如此类的一些差异，表现出不同的区域特征，是因为我国城市比农村经济更加繁荣，经济发展水平更高，有更多的人口集中在城市，生活在城市的人参与各种各样的社会生活，人身和财产更多地暴露在复杂的社会环境和社会关系中，城市中比农村存在更大的文化冲突。而我国农村发展的脚步相对缓慢，人员构成相对稳定，熟人社会的生活方式、人际关系很大程度上影响人们的行为模式，文化结构相对简单，传统文化的影响力相对大。因此，受到不同区域的不同社会因素的影响，犯罪被害现象呈现出区域特征。

## 三、犯罪被害人构成犯罪学和犯罪被害人学研究的重要内容

犯罪被害人是犯罪学的重要研究内容，同时，围绕着犯罪被害人的研究又形成了一门独立于犯罪学的学科——犯罪被害人学，两门学科以犯罪被害人为共同的研究对象，形成密切的联系，主要体现在研究内容上的交叉重合。

犯罪被害人的问题是现代犯罪学研究的一个重要内容，作为犯罪学研究路径起点的犯罪现象是在特定时空条件下发生的体现犯罪人与被害人互动状态的客观事实的综合表现，犯罪学认为，犯罪是犯罪人与犯罪被害人在特定的情境下互动的结果。所以，在对犯罪现象的描述中，犯罪被害人是一个重要的构成要素，涉及犯罪被害人与犯罪的关系，犯罪被害人的人口学特征、心理特征、生活方式特征等诸多方面。在对犯罪原因的分析中，犯罪被害人的因素是一个重要方面，包括犯罪被害人的被害性、犯罪被害人的责任等，而在对犯罪治理措施的探讨中，被害预防是其中的一个重要内容，从被害的角度探寻预防被害之策，有时可以起到更为有效的预防犯罪的效果。而这些内容也都涵盖在犯罪被害人学的研究范畴，并且是其研究内容的重要组成部分。

犯罪被害人学的研究路径深受犯罪学的影响，犯罪被害现象是其研究的基础或起点。所谓犯罪被害现象，是指特定时空条件下犯罪被害人、被害事件所表现出的、与犯罪的发生有关的外部形态和联系的总和、概况和抽象[1]，具体包括犯罪被害人的年龄、性别、职业、学历等人口学特征，犯罪被害人的心理特征，犯罪被害人的生活方式特征，犯罪被害事件的时空特征，犯罪被害人与犯罪人的关系特征，等等。在此研究的基础之上探讨被害原因，分析犯罪被害人对犯罪行为起到的触发、推动、促进等作用，从而发现与犯罪被害人的被害具有因果关系的相关因素，既包括犯罪被害人自身所具有的因素，也包括犯罪被害人所处的客观环境因素，涉及犯罪被害性和犯罪被害人责任等关键问题的探讨。在探讨被害原因的基础之上，则会从犯罪被害人的角度寻找预防被害的策略。犯罪被害预防是指国家、社会组织和个人为了免于遭受犯罪行为的侵害、防止犯罪被害现象的产生而采取的阻遏、降低被害可能性或趋向性的各种措施的总和，具体措施包括个

---

[1] 李伟主编. 犯罪被害人学教程 [M]. 北京：北京大学出版社，2014：3.

人提高防范意识、学习防害技能、社区基层组织通过宣传教育警示等提高广大潜在犯罪被害人的防害意识、国家确立犯罪被害人过错责任机制等诸多方面。犯罪被害人学的研究内容除以上几个方面之外，犯罪被害人的保护也是其研究的一个重要内容，事实上，犯罪被害人学这门学科是与犯罪被害人的保护相伴而生的，并且加强对犯罪被害人的保护成为犯罪被害人学的一个重要研究任务。犯罪被害人权益的保护是关系社会秩序和谐稳定的重要问题，实现对犯罪被害人权益的保护，需要充分保障刑事司法中被害人的合法权益、加强政府对犯罪被害人的补偿以及社会对犯罪被害人的援助。以上关于犯罪被害人的研究内容，本书会在后面分章予以充分深入地讨论。总之，犯罪被害人学的研究内容围绕犯罪被害人而展开，其中有很多内容与犯罪学的研究存在交叉重合。

## 四、犯罪被害人研究的意义

### （一）犯罪被害人研究有助于推动犯罪学及犯罪被害人学学科的发展

犯罪被害人不仅是犯罪被害人学研究的核心要素，也是犯罪学研究的一个重要范畴。犯罪被害人学与犯罪学两门学科是密切联系的，犯罪被害人学诞生于犯罪学，可以说是从犯罪学脱胎而来，成为犯罪学的分支学科，犯罪被害人学的发展受犯罪学的密切影响，同时犯罪被害人学的发展也推动了犯罪学学科的发展。犯罪被害人研究是犯罪学研究的一个重要方面，无论是从司法实践的角度还是从学术发展的角度来讲，都具有重要的作用和意义。对犯罪被害人的研究发展到今天，对于揭示犯罪黑数、全面客观地认识犯罪现象、全面深入地分析犯罪原因、完善犯罪预防体系等诸多方面均做出了突出贡献。

第一，犯罪被害人研究有助于解决犯罪黑数问题。犯罪黑数的大量存在是世界各国均面临的一个问题，犯罪黑数永远大于犯罪明数这是一个不争的事实。犯罪黑数的存在严重影响了我们对真实犯罪状况的把握，进而影响犯罪对策的制定。犯罪黑数的形成既有案件本身的原因，也有警方统计不实的原因，还有犯罪被害人或相关人员不报案的原因。犯罪被害人调查有助于减少犯罪黑数。犯罪被害人调查是通过抽取一定数量的样本，通过问卷等形式，让被调查者回答在过去的一段时间内自己或家人是否遭受到某种犯罪行为的侵害，以此能够发现未报案的案件，或者虽然报案但未被警方统计的案件，进而揭示犯罪黑数。通过这种方式，绝大多数的被访者会如实告知自己曾经的被害经历。可见，犯罪被害人调查为我们有效解决犯罪黑数问题提供了一种有效的方法。

第二，犯罪被害人研究有助于全面客观地认识犯罪现象。对犯罪现象的考察包含犯罪人、犯罪被害人、犯罪数量、犯罪类型、犯罪时空、犯罪特点、犯罪规律等诸多要素。犯罪被害人研究对犯罪黑数的揭露就是从数量上对犯罪现象有一个更客观的把握。此外,犯罪被害人研究除了对犯罪黑数的揭露外,其对犯罪被害人这个群体的研究包括犯罪被害人的人口学特征、人格特征、生活方式特征、犯罪被害人与犯罪人的关系、易被害群体等诸多内容,这些内容是我们全面客观地认识犯罪现象必不可少的。毕竟犯罪行为是犯罪人与犯罪被害人互动的过程,任何犯罪行为都是犯罪人与犯罪被害人互动的结果,犯罪被害人是研究犯罪现象的一个关键要素。

第三,犯罪被害人研究有助于全面深入地分析犯罪原因。从 18 世纪的古典犯罪学派开始,到 19 世纪后期的实证犯罪学派,再到 20 世纪的现代犯罪学理论的出现,犯罪学人对于犯罪原因的探讨都是从犯罪人或犯罪行为的角度展开的,包括了自由意志决定行为、生物学因素、心理因素、社会因素等诸多方面。这些对犯罪原因进行的分析虽然涉及多个方面,但均是一种单向的、静态的解释,即仅仅关注了犯罪人的问题。事实上,大多数犯罪的原因不只是犯罪人的问题那么简单。在很多的犯罪行为中,犯罪被害人起到了一定的作用,有的时候犯罪被害人的不当行为具有挑衅性,直接诱发犯罪,有的时候犯罪被害人的不当行为促进了犯罪或推动了犯罪,有的时候犯罪被害人的不当行为助长了犯罪,有的时候犯罪被害人的不良状态吸引了犯罪或为犯罪行为的实施提供了便利。在犯罪过程中,从犯罪前到犯罪中,再到犯罪后,犯罪被害人都不是一个无辜的、静止的存在,犯罪是犯罪人与犯罪被害人互动的结果。因此,只有充分认识犯罪被害人,才能全面深入地分析犯罪原因。

第四,犯罪被害人研究有助于完善犯罪防控对策。寻找犯罪预防的对策以对犯罪原因的分析为前提。传统犯罪学的研究以犯罪行为和犯罪人为核心,对犯罪原因的分析围绕犯罪人展开,包括导致犯罪人形成犯罪动机、实施犯罪行为的社会因素、心理因素、生物学因素等。与之相对应的,对犯罪预防体系的构建也围绕犯罪人展开,从社会制度、家庭教育、心理干预等方面探寻如何抑制犯罪人犯罪动机的形成、如何制止其犯罪行为的实施等。犯罪被害人的研究受到关注之后,学者们意识到犯罪被害人对犯罪行为有推动和促进作用,从某种意义上说,没有犯罪被害人就没有犯罪人,也就没有犯罪。因此,可以通过预防犯罪被害人的被害以预防犯罪,犯罪被害预防由此产生。从犯罪被害人的角度预防被害可以最大限度地调动、发挥公众及相关组织预防犯罪的积极性。被害预防比犯罪预防可以更有效地发挥预防犯罪的作用,因为改造犯罪人的心理和行为是一个庞大复杂的系统工程,有些措施实施起来周期长、难度大、见效慢,但是提高广大潜在犯罪被害人的防范意识，调动其预防自身被害的积极性则相对容易得多，相关措施更容易落实、可操作性强、见效快。

### (二) 犯罪被害人研究有助于正确客观理性地认识犯罪被害人

提到犯罪被害人，社会公众对其抱有一种朴素的情感，通常会用可怜的、悲惨的、需要帮助的、弱者等一些词汇去形容他们。学者们长期以来也是对犯罪人给予充分的关注，而对犯罪被害人缺乏理性认知。如果对犯罪被害人的认识仅限于此，那么对这个群体的认识就过于肤浅和片面了，通过犯罪被害人的研究，我们可以更正确、客观、理性地认识他们。

第一，认识到犯罪被害人对犯罪的影响。提到犯罪，我们最容易想到的是，犯罪人对犯罪被害人的人身或财产或名誉等实施了不法侵害，犯罪被害人遭受了物质损失或精神损害，犯罪人应该遭到谴责和惩罚，犯罪被害人应当得到同情、帮助和法律救济。大家通常是把责任的矛头指向犯罪人，把同情留给犯罪被害人。但是犯罪被害人研究证实，在犯罪过程中，犯罪被害人并非完全无害的、无辜的，面对犯罪行为，犯罪被害人并非完全被动的、静止的，犯罪过程是犯罪人与犯罪被害人互动的过程，犯罪被害人的行为会对犯罪行为产生实质性的影响，甚至是决定性的影响。有时，犯罪被害人首先对犯罪人发起挑衅，才会有后面的犯罪人针对其实施的犯罪行为，如有感情纠纷的男女双方，男方不断对女方进行纠缠骚扰，甚至携带凶器闯入女方家中欲行凶杀人，女方及其家人出于自卫在搏斗中将男方杀死，这时人们通常不会指责女方杀人，也不会对被杀死的男方被害人抱有任何的同情。这种情形下的犯罪人最初是没有任何犯罪的主观意图的，如果没有犯罪被害人的挑衅行为，犯罪人是遵纪守法的，不会产生犯罪的意图，更不会实施犯罪行为，这时犯罪被害人就具有非常大的责任，甚至要对犯罪行为负全部的责任。有时犯罪人在实施犯罪行为的过程中，犯罪被害人面对遭受犯罪行为侵害的紧急状态，出于紧张、愤怒、勇敢等各种情绪作用，作出了不适当的应对，行为或语言对犯罪人形成刺激，使得犯罪人实施了更为严重的犯罪行为。比如，面临性侵害或入室盗窃等犯罪行为时，有时犯罪被害人大声呼救的行为非但没有帮助自己摆脱险境，反而对正在实施犯罪行为的犯罪人形成了不良的刺激，导致其本不想杀人的情况下却杀人灭口。有时犯罪人在实施了犯罪行为之后，犯罪被害人本应可以采取一定的措施避免犯罪后果的扩大化，但是却怠于行为，使得自己损失更大。有时犯罪被害人在应对犯罪行为、阻止犯罪人对自己实施犯罪行为的过程中，超过了必要的限度，反而对犯罪人造成了伤害，则这时出现犯罪被害人向犯罪人转化的情况。总之，犯罪被害人在犯罪行为过程中并不仅仅是消极被动的存在，而是在很多情形中会对犯罪行为产生影响，甚至是决定性的影响。因此，研究犯罪问题，犯罪被害人是绝对不容忽视的角色。

第二，认识到犯罪被害人对社会稳定的影响。人们对犯罪被害人的认识通常是停留在他们所遭受的损害，以及如何对他们合法权益的恢复和维护，却很少考虑这个群体对社会稳定的不良影响。上文提到的有些犯罪是因为犯罪被害人的挑衅而被诱发的，显而易见这种情况中的犯罪被害人对社会稳定造成了不良影响。除此以外，犯罪被害人在遭受犯罪行为侵害之后，有可能会出现以下几种情况：其一，犯罪被害人被侵犯的合法权益没有得到及时有效的恢复和维护，如未能破案，或者司法程序中出现了有违公平公正的现象影响了犯罪被害人合法权益的维护，又或者犯罪人没有履行或没有充分履行司法判决对犯罪被害人没有赔偿或没有足额赔偿；其二，犯罪被害人被侵害的合法权益通过司法程序得到有效的维护，整个诉讼过程没有瑕疵，判决结果也是公平公正的，犯罪人也完全履行了对犯罪被害人的赔偿，但是犯罪被害人主观上坚持认为司法机关偏袒犯罪人，判决不公；其三，犯罪被害人在遭受犯罪行为侵害之后，因为经济上遭受巨大损失，或者心理上遭到重大创伤，却没有得到相应的亲朋的支持和社会的援助，从而自暴自弃、自甘堕落，逐步偏离正常的人生轨道；其四，因为犯罪被害人遭受了犯罪行为的侵害，与他（或她）有直接利害关系的人，尤其是需要其抚养的未成年人生活、受教育等方面的权益受到严重不良影响，进而对其性格特征、价值观念和行为模式产生不良影响。这几种情况都会导致犯罪被害人成为社会的不稳定因素，表现出对社会、对政府、对他人的不满甚至怨恨，他们或者上访，或者闹事，或者违法，或者犯罪，或者报复犯罪人及其近亲属，或者报复政府，或者报复他人，或者报复社会，对社会稳定造成严重不良影响。所以，我们必须打破传统的对犯罪被害人的认识局限，重新理性地、客观地审视这个群体，才能更好地认识犯罪，解决犯罪问题，维护社会稳定。

第三，认识到犯罪被害人的悲惨与窘迫。其实，社会公众对犯罪被害人抱有的最朴素的情感是认为他们是可怜的、悲惨的、应该被同情的、应该得到制度救济的，但是，犯罪被害人在受到犯罪行为侵害之后其境遇到底有多悲惨，长期以来人们是缺乏认识的，很多时候犯罪被害人的悲惨和窘迫远比我们想象的要严重。当犯罪发生之后，公众普遍会关心法律的评判，犯罪人有没有得到应有的法律制裁，有没有被判决给犯罪被害人应有的赔偿，一旦司法判决结果出来，人们就很少去关心犯罪被害人后续的状况了。但事实是，很多时候犯罪被害人得到的仅仅是一纸判决，法院虽然公正地判决了犯罪人应当对被害人作出民事赔偿，但是犯罪人由于种种原因，比如不想赔偿或者没有赔偿能力，对犯罪被害人没有进行赔偿或者没有作出足额赔偿，犯罪被害人却因犯罪行为的侵害陷入了极度的困顿之中，甚至生活都难以为继，而犯罪人没有进行赔偿使得被害人的窘状更是雪上加霜。有时即便犯罪人根据法院作出的判决对被害人作出了足额赔偿，但是由于犯罪行为对犯罪被害人造成的不良影响具有持续性，犯罪被害人持续地遭受身体的痛苦和经济支出，因此看似足额赔偿却不足以弥补犯罪行为给犯罪被害人造成的伤害。比如，犯罪人的犯罪行为造成了犯罪被害人高位截瘫，犯罪被害人的损失不仅仅是一时的医疗费用，还有后期长期的治疗、护理费用、无法正常工作的薪金损失以及身体的痛苦和精神的折磨。此外，有些犯罪行为给犯罪被害人造成的伤害是无法通过物质进行弥补的，是看不到的、难以言说的、永远的伤痛。比如，针对幼女的性侵行为，有时会对被害人的身体造成难以修复的损害，影响其日后的生育能力及婚姻家庭生活，或者对被害人造成终生的心理阴影，永远保持对异性的恐惧和排斥，影响其成年后亲密关系的形成，甚至在其成年后因长期无法摆脱这种心理阴影而最终选择自杀结束自己的生命。对犯罪被害人权益缺乏足够的认识，不仅仅是在普通公众的认识中长期存在，在整个社会的制度设计中也是长期存在的。"20世纪60年代到70年代，善意的人们终于认识到被害人在制度上处于被遗弃的自生自灭状态，许多人承认，对被害人的制度性忽视已经历了太长的时间，犯罪被害人应该得到更好的待遇成为共识。"[①] 通过对犯罪被害人的悲惨与窘境的认识，更加体现了加强对犯罪被害人保护的必要性。

### （三）犯罪被害人研究有助于促进刑事司法的发展

随着犯罪被害人研究的深入，一系列犯罪学及犯罪被害人学研究成果有力地推动了刑事司法的发展。

1. 有助于刑事司法中对犯罪人的定罪量刑更加准确

刑事司法制度专注于对犯罪人罪错的追究，努力地查清犯罪事实，在刑事法律框架内对犯罪人准确地定罪量刑，以维护社会的公平与正义。但是刑事司法实践长期以来重视围绕犯罪人的主客观因素对犯罪行为进行调查，却轻视甚至忽视了犯罪被害人的要素，没有充分意识到有些时候犯罪被害人对犯罪行为负有责任，这在一定程度上会影响刑罚的准确性。如果犯罪被害人的不当言行对犯罪行为的实施产生了实质性的影响，这时犯罪被害人是有责任的，而犯罪被害人的责任会影响犯罪人的责任大小，犯罪被害人对其责任承担的方式就是相应减轻对犯罪人的刑事处罚。随着犯罪被害人研究的深入，在刑事司法中考虑犯罪被害人责任而减轻犯罪人刑罚的举措已经存在。

---

① [美]安德鲁·卡曼. 犯罪被害人学导论（第六版）[M]. 李伟等译. 北京：北京大学出版社，2010：15.

2. 有助于刑事司法的公正和保护被害人的合法权益

现代刑事司法体系是以犯罪及犯罪人为核心的，刑罚的目的尽管存在多种学说，但无论哪种学说都是以犯罪人为研究的着眼点，没有对犯罪被害人的问题给予较多的关注。从刑法的任务来看，是对法益的保护，但并不着眼于犯罪被害人最终被侵犯的权益的救济，如对诈骗分子科处刑罚是刑法的任务，但是犯罪被害人被骗的钱多数情况下无法追回却不是刑法要考虑的核心问题。所以，无论是刑法的任务还是刑罚的目的，犯罪被害人都不是重点，所以，在刑事司法中，犯罪被害人的地位是非常低的，甚至是被遗忘的。在刑事诉讼中，诉讼的一方是代表国家对犯罪提起公诉的公诉人，另一方是被提起诉讼的被告人（犯罪人），至于犯罪被害人愿不愿意、能不能够参与诉讼，对整个刑事诉讼过程没有实质性的影响，犯罪被害人在这个过程中是被边缘化的。在刑事司法中，对犯罪人的人权保障进行了一系列的制度设计，但是如何保护犯罪被害人在刑事司法中的权益，是存在制度性遗忘的，更有甚者，犯罪被害人会在刑事司法中遭受"二次被害"。随着犯罪被害人学的发展，20世纪60年代末这种制度性忽视被害人权益的现象受到了社会各界的广泛关注，如何提高犯罪被害人在刑事司法中的地位，保护这一群体应有的权利已经进入犯罪学界和司法界研究的视域。目前，被害人影响陈述、恢复性司法等举措也已出现在刑事司法实践中。

## 五、犯罪被害人研究的历史脉络

自从有了人类的历史，就有了人们之间的各种冲突或伤害事件，这个时间开始于原始社会。有犯罪行为或加害行为就会有被害发生，相应地，有犯罪人就会有犯罪被害人，所以犯罪（加害）与被害、犯罪人与犯罪被害人作为矛盾的双方是一个统一体，一直处于共存共生的状态。由于犯罪行为对个体、对群体、对国家、对社会所具有的危害性，自古以来人们不乏对犯罪问题的研究。但长期以来，人们在认识犯罪过程中在对犯罪人与被害人的关系的处理上，通常考虑的是犯罪人而不是被害人，如犯罪人为什么会实施犯罪行为、如何对犯罪人进行惩罚、在对犯罪人进行惩罚的过程中如何保障犯罪人的权利，对犯罪人的惩罚措施如何执行、如何帮助犯罪人回归社会，等等。围绕犯罪人展开的各种考虑一直是国家的刑事政策、相关机构以及社会的重要任务，而对于犯罪被害人的关注是缺乏的，犯罪被害人是被忽视的。从18世纪的古典犯罪学派正式开始犯罪学作为一门学科的历史发展，一直到19世纪后期实证犯罪学派的诞生，对犯罪问题的研究一直是围绕犯罪行为和犯罪人展开的。古典犯罪学派的代表人物贝卡利亚和边沁从功利主义角度出发分析犯罪人为何实施犯罪行为，并提出通过刑罚预防犯罪；实证犯罪学派的代表人物，被称为"犯罪学三圣"的龙勃罗梭、菲利和加罗法洛分别从生物学、社会学、心理学等角度分析犯罪人及其犯罪行为，并提出刑罚预防及社会防卫措施。在犯罪学发展的这两个重要历史阶段，犯罪被害人是不被关注的，虽然上述学者在自己的主张中也曾提到犯罪被害人。比如，边沁曾指出向犯罪被害人进行损害赔偿以更好地进行犯罪预防，龙勃罗梭指出在因感情而实施的冲动性的犯罪中犯罪人往往是受到了来自犯罪被害人的感情方面的过错的刺激，菲利提出通过赔偿实现犯罪人与犯罪被害人的和解，加罗法洛认为赔偿犯罪被害人的损失是对犯罪人的一种严厉惩罚。但是，这些论及犯罪被害人的观点仍然是围绕对犯罪人的惩罚而提出的，犯罪被害人研究处于对犯罪人研究的从属地位。

### （一）对犯罪被害人研究的起步

学界对犯罪被害人进行专门研究始于20世纪20年代。1923年以色列著名的刑事辩护律师、法学家本杰明·门德尔松发表了论文《被害人之人格》；1924年美国著名的犯罪学家萨瑟兰在他的犯罪学教科书《犯罪学原理》中单独设了关于犯罪被害人一章；1925年德国犯罪学家汉斯·冯·亨蒂与费林斯达合著的《乱伦研究》（也有人翻译为《近亲相奸研究》）一书出版，该书论述了在乱伦案件的发生过程中犯罪人与犯罪被害人的互动关系；1926年瑞士学者克莱瑞克在其研究诈骗犯罪的论文中论述了犯罪被害人在犯罪过程中发挥的重要作用。

1937年萨瑟兰在他的《职业盗窃》一书中，通过大量的犯罪统计数据，说明了犯罪人与犯罪被害人之间的关系，以及犯罪人是如何考察、利用这些关系的。在其同年出版的《犯罪学原理》一书中，他认为犯罪被害人在盗窃案件中起到了很大的作用，进而在书中论述了犯罪人与犯罪被害人的关系，以及犯罪人是如何利用犯罪被害人防范上的弱点进行犯罪活动的。[①] 同一年本杰明·门德尔松指出，大多数的犯罪被害人具有某些方面的特征使其更容易成为犯罪被害人。1940年，本杰明·门德尔松发表了论文《犯罪学上的强奸》，从犯罪被害人的生物学特征和心理学特征方面对其在犯罪中所发挥的作用及对犯罪行为的影响进行了论述。

值得一提的是，1941年汉斯·冯·亨蒂发表了论文《论犯罪人与被害人的相互作用》，文中对犯罪人和犯罪被害人的关系进行了论述，指出犯罪被害人在犯罪的过程中并不是消极的、静态的客体，相反，他会在犯罪行为的实施过程中以及犯罪减少的过程发挥积极的作用。该文是犯罪被害人学作为一门学科产生之

---

① 参见赵可主编．犯罪被害人及其补偿立法［M］．北京：群众出版社，2009：136．

前专门针对犯罪被害人问题展开论述的文章。这篇文章在犯罪被害人学的历史发展中具有十分重要的意义，被学界认为是奠定了犯罪被害人学的基础之作。

### (二) 犯罪被害人学的诞生

犯罪被害人学诞生的标志一般被认为是以下代表性作品的发表。1948年汉斯·冯·亨蒂发表了他的一个研究报告《犯罪人及其被害人》，1954年德国精神病学家亨利·艾伦伯格发表了论文《犯罪人与被害人之间的心理关系》，1956年本杰明·门德尔松发表了论文《生物、心理和社会科学的新领域：被害人学》。故本杰明·门德尔松、汉斯·冯·亨蒂、亨利·艾伦伯格三人也被后人尊称为"犯罪被害人学之父"。[①] 犯罪被害人学的创立是顺应时代发展要求的，引起了社会的广泛共鸣，诸多学者纷纷投入对犯罪被害人的研究之中。20世纪60年代以后，犯罪被害人学取得了稳定的发展，进入了一个相对成熟发展的时期，社会关注度日益提高，学术研究队伍逐步壮大，各类有关犯罪被害人的学术团体相继设立，研究成果日益丰富。这个过程推动了相关的立法以及司法方面的改革，犯罪被害人权益的保护也得以大大增强。

但是，直到20世纪70年代早期，犯罪被害人学的研究才逐步真正被纳入犯罪学研究的主流当中，美国司法部于1972年开始的"全美犯罪被害调查"（National Crime Victimization Survey，NCVS）对犯罪被害人的发展起到了非常重要的推动作用。所以说，20世纪70年代犯罪被害人学才作为一门相对独立的学科逐步起飞。[②]

### (三) 犯罪被害人学的发展

从犯罪被害人学的发展历程来看，最初学者们对犯罪被害人的研究着眼于犯罪被害人与犯罪人的互动关系以及犯罪被害人的各种特性在犯罪过程中所发挥的作用。比如，汉斯·冯·亨蒂论述了在乱伦案件的发生过程中犯罪人与犯罪被害人的互动关系；萨瑟兰论述了盗窃犯罪中犯罪人与犯罪被害人的关系，以及犯罪人是如何利用犯罪被害人防范上的弱点进行犯罪活动的；本杰明·门德尔松针对强奸案件从犯罪被害人的生物学特征和心理学特征方面对其在犯罪中所发挥的作用及对犯罪行为的影响进行了论述。这些研究丰富了犯罪学的研究内容，对犯罪现象的认识和犯罪原因的分析更加客观、理性、全面，也为更加有效地预防犯罪

---

① 赵可主编. 犯罪被害人及其补偿立法 [M]. 北京：群众出版社，2009：137-138. 学界也有学者认为应当被尊称为"犯罪被害人学之父"的是两个人：本杰明·门德尔松、汉斯·冯·亨蒂。

② 参见李伟主编. 犯罪被害人学教程 [M]. 北京：北京大学出版社，2014：15.

拓宽了研究思路。但是犯罪被害人学对犯罪被害人的研究并不仅限于此，研究的视角也在不断地拓宽。犯罪被害人学诞生以后，随着对犯罪被害人研究的深入以及社会各界包括政治家、社会活动家、改革家、犯罪学家等对犯罪被害人群体的关注，犯罪被害人在社会经济生活中的权利、在政治生活中的权利、在司法领域中的权利等问题越发受到关注，对犯罪被害人的保护成为犯罪被害人学的一个重要研究领域。比如，在20世纪六七十年代，随着女性解放运动的兴起，一些女权主义者加强了对女性被害人的研究，强调应当加强对女性被害人权益的保护；在经济领域，人们发现遭受某些犯罪行为侵害的被害人在被害以后陷入对犯罪的恐惧，而需要在生活中购买一些能够对自己的人身或财产起到保护作用的物质设备；在司法领域，法学家们意识到在当前以犯罪人为核心的刑事司法体系中犯罪被害人是被忽视的、被边缘化的，应当加强在刑事司法领域对犯罪被害人的合法权益的维护和恢复。自20世纪80年代以来，一些在犯罪被害人学的发展历程中具有里程碑式意义的法律法规得以通过。例如，1982年美国加利福尼亚州将《被害人权利法案》（Victims' Bill of Rights）成功写入该州宪法，同年，美国国会通过了《被害人与证人保护法》（Victim and Witness Act），1984年又通过了《犯罪被害人法》（Victims of Crime Act），并且进一步催生了美国"犯罪被害人署"（Office of Victims of Crime）的成立。此外，美国还开展了"全国犯罪被害人权利周"（National Crime Victims' Rights Week，NCVRW）工作，建立了"国家被害人协助组织"（National Organization for Victim Assistance，NOVA），开设了"国家被害人资源中心"（National Victim Resource Center，NVRC）。[①]

目前，犯罪被害人学的一个重要的研究任务是要对犯罪被害问题进行评估，包括犯罪被害人所受到的经济损失、身体伤害、心理伤害等方面的严重程度及后续对个人、对组织、对社会产生的影响，什么样的人更容易受犯罪行为的侵害，犯罪被害人具有什么样的特性，在什么样的时间和空间更容易受到犯罪行为的侵害，等等。犯罪被害人学的另一个重要研究任务是通过发现犯罪被害人存在的影响犯罪的因素，探寻预防和减少被害的措施，进而为预防和减少犯罪提供更为广阔的研究视角。加强对犯罪被害人的保护是犯罪被害人学的又一个重要的研究任务，包括完善国家相关职能、刑事司法体系、社会服务救助体系等。

**（四）我国的犯罪被害人研究**

相较于国际范围内犯罪被害人学的确立和发展，我国学者对犯罪被害人的关注和研究起步比较晚，研究的历程大致可以分为三个阶段。

---

① 参见李伟主编. 犯罪被害人学教程［M］. 北京：北京大学出版社，2014：16.

1. 研究起步阶段

20世纪80年代是我国对犯罪被害人研究的起步阶段,这一时期一些学者开始对国外关于犯罪被害人的研究成果进行介绍,并对我国的犯罪被害人问题进行关注和思考,一些有关犯罪被害人的学术文章开始出现。我国最早有关犯罪被害人的文章出现在1984年,这一年可以说是我国学术界探讨犯罪被害人相关问题的开局之年,代表性的文章有陈浩然的《被害人学》、赵可的《试论犯罪行为的受害者》、张卫平的《一门新兴的学科——被害者学》、汤啸天的《女青少年被害后恶逆变初探》。这几篇文章主要是对国外关于犯罪被害人以及犯罪被害人学的研究状况进行了介绍,文章的发表引起了国内越来越多的学者关注、研究犯罪被害人的问题,推动了学者们立足于国情深入思考犯罪被害人的问题。1986年,许章润、徐平发表了论文《试论犯罪被害人》,这篇文章就是从国情出发,阐述了作者关于犯罪被害人的思考及其研究意义。随后1987年,汤啸天、任克勤发表了《略议刑事被害人的过错》《试论刑事被害人学》两篇文章,同年发表的文章还有王友才的《试论刑事被害人与犯罪预防》、张智辉编译的《日本的被害者学》。1988年康树华发表了《被害人学的基础概念》,张滋生发表了《简论被害预防》。1989年王建民发表了《被害人概念及其分类》,汤啸天、任克勤发表了《刑事被害人学理论体系的构想》,山东警察学院(当时的名称是山东公安高等专科学校)出版了论文集《被害人学论文集》。这一时期学者们围绕犯罪被害人的研究处于起步阶段,研究成果仅限于学术论文。这些文章有些是对国外研究状况的简单介绍,有些虽立足我国国情进行阐述,但是对于一些基本概念、基本问题、学科性质等认识很不统一,研究也缺乏系统性,整体上并没有上升到学科的高度。不过这一时期学者们对犯罪被害人问题展开的研究为后期我国犯罪被害人学学科的确立打下了良好的基础。

2. 犯罪被害人学的确立时期

犯罪被害人学在我国的确立是从20世纪80年代末至90年代末,以我国出版第一部犯罪被害人学的专著为标志,即1989年2月群众出版社出版的张智辉、徐名涓共同编译的《犯罪被害者学》。这一时期继续有更多的有关犯罪被害人的文章发表,同时,犯罪被害人学的相关译作、著作及教材开始出版。1992年3月,许章润等翻译的德国犯罪学家施奈德主编的《国际范围内的被害人》一书由中国人民公安大学出版社出版。这两部著作是犯罪被害人学方面的译作,对犯罪被害人学在国际的研究状况进行了介绍。我国学者编著的犯罪被害人学著作在这一时期也开始出现,最早的是1989年11月出版的《被害者学》和《刑事被害人学》,其中《被害者学》由赵可主编,中国矿业大学出版社出版;《刑事被害人学》由汤啸天、任克勤编著，中国政法大学出版社出版。这两部著作立足于中国国情，在对前期国内关于犯罪被害人研究成果进行总结和提升的基础之上，围绕犯罪被害人的问题进行了完整的、系统性的论述，是我国当时犯罪被害人学领域的整体水平的一种代表。到20世纪90年代的后期，又有两部犯罪被害人学领域的著作出版，一部是1997年郭建安主编的由北京大学出版社出版的《犯罪被害人学》，另一部是1998年汤啸天等主编的由甘肃人民出版社出版的《犯罪被害人学》，其中郭建安主编的《犯罪被害人学》是我国第一部以"犯罪被害人学"进行命名的专著。这两部著作对犯罪被害人学的探讨更加深入、更具有系统性，构建了更加完整的犯罪被害人学学科体系，既把我国关于犯罪被害人学的研究提升到了一个新水平，又为后期犯罪被害人学在我国的发展奠定了良好的基础。

在这一时期我国关于犯罪被害人学的研究还有非常值得一提的一个方面，即我国开始对犯罪被害人展开实证研究。1991年，上海组织了一部分人员对152起案件中涉及的210名犯罪被害人展开调查分析，公安部分别在湖南、陕西两个省份的部分地区进行了实验性被害调查[①]。1994年，在荷兰司法部和联合国区域间犯罪与司法研究所的指导和资助下，我国参与了第三次国际范围内的被害人调查，这次被害人调查由我国司法部预防犯罪与劳动改造研究所主持，由公安部、北京市公安局协助，以北京市为调查范围而开展。此次的调查数据被第三次国际犯罪被害人调查收录，为我国更好地开展犯罪学研究和犯罪被害人学研究提供了大量的可靠的一手资料和真实数据，有力地推动了我国犯罪学和犯罪被害人学的学科发展和深入研究。

更重要的是，在这个时期，犯罪被害人学的研究成果受到了我国立法机关的关注和重视，一定程度上影响了我国的刑事立法。比如，1996年修订后的《中华人民共和国刑事诉讼法》赋予了犯罪被害人在刑事诉讼中的当事人地位，并且对其在刑事诉讼中所具有的具体权利进行了明确的规定，如第82条第2款规定："'当事人'是指被害人、自诉人、犯罪嫌疑人、被告人、附带民事诉讼的原告人和被告人。"犯罪被害人在我国刑事诉讼中的地位得以提高，其权利的救济和保护得以加强。1997年新修订的《中华人民共和国刑法》也专门作出规定以保障犯罪被害人获得赔偿的权利，如第36条规定："由于犯罪行为而使被害人遭受经济损失的，对犯罪分子除依法给予刑事处罚外，并应根据情况判处赔偿经济损失。承担民事赔偿责任的犯罪分子，同时被判处罚金，其财产不足以全部支付的，或者被判处没收财产的，应当先承担对被害人的民事赔偿责任。"

---

① 赵可主编. 犯罪被害人及其补偿立法［M］. 北京：群众出版社，2009：150.

总之，这一时期是我国犯罪被害人学一个重要发展的时期。有学者认为，1989年出版的赵可主编的《被害者学》、汤啸天和任克勤主编的《刑事被害人学》，1997年出版的郭建安主编的《犯罪被害人学》，1998年出版的汤啸天等主编的《犯罪被害人学》，四部著作的问世是犯罪被害人学作为一门独立的学科在我国确立的标志。我国关于犯罪被害人学的研究成果推陈出新、层出不穷，既有论文又有译著和编著，研究方法既有理论研究又有实证研究，并且犯罪被害人学的研究成果也在理论界和实务界产生了重要影响。

3. 犯罪被害人学的进一步发展时期

进入21世纪之后，我国犯罪被害人学得到了进一步发展，这一时期犯罪被害人学在学术研究、产生的社会影响、推动立法和司法等方面均取得了显著的成就。

首先在学术研究方面，发表的关于犯罪被害人学的文章不计其数，一批犯罪被害人学专著相继出版。2002年由赵可等编著、群众出版社出版的《一个被轻视的群体——犯罪被害人》，由杨正方编著、中国人民公安大学出版社出版的《刑事被害人问题研究——从诉讼角度的观察》，由麻国安编著、上海财经大学出版社出版的《被害人援助论》问世。2003年王大伟的专著《中小学生被害人研究：带犯罪发展论》由中国人民公安大学出版社出版，2004年莫洪宪主编的《刑事被害救济理论与实务》由武汉大学出版社出版，2005年麻国安的专著《青少年被害援助》由中国人民公安大学出版社出版，2009年赵可主编的《犯罪被害人及其补偿立法》由群众出版社出版。与此同时，一大批以"被害人"为主题的硕士论文和博士论文出现，尤其是博士论文可以很好地代表学科理论前沿及研究水平，2010年以后大量出版的犯罪被害人学方面的专著是在博士论文的基础之上进行的完善和提升。

能够看出，这一时期对犯罪被害人学的研究更为深入，除犯罪被害人学一些基本问题之外，对犯罪被害人的保护成为研究的重点，这对刑事科学领域的理论研究和立法司法实践均产生了重要影响。受理论研究的影响和推动，在实践中一些地方政府以及司法机关开始着手实施对刑事被害人进行保护和司法救济。四川省检察院首先打破刑事诉讼中"先刑后民"的原则①，犯罪被害人可以先提起民事诉讼，进行民事索赔，这种做法及时保护了刑事犯罪被害人的合法权益。全国

---

① 按照"先刑后民"的原则，在刑事案件未审结之前，相应的民事案件暂不审理，犯罪被害人提起的民事赔偿只能搁置，有时会造成犯罪被害人获得民事赔偿的权利成为一纸空文，尤其是在犯罪人被判处死刑的情况下，随着犯罪人被执行死刑，犯罪被害人提起的民事诉讼也就丧失了被告，丧失了索要民事赔偿的前提。

最早对刑事被害人展开救助的做法出现在山东省淄博市,2004年2月淄博市中级人民法院开始实施,11月山东省青岛市中级人民法院也开始对刑事被害人进行特困救助,之后全国多个省市均开展了针对刑事犯罪被害人特困救助的工作。最高人民法院也把"依法保护被害人及其亲属的合法权益,探索刑事案件被害人救助办法"作为2006年的工作重点。当时的最高人民法院院长肖扬在《2007年最高人民法院工作报告》中指出,2006年全国共有10个高级人民法院开展了救助工作试点,共为378名刑事案件的被害人及其亲属发放救助金780.24万元,使被害人的损失减少到最低限度。报告同时指出,完善刑事被害人救助办法仍然是最高人民法院2007年的工作重点之一①。

在针对犯罪被害人权益保护的立法方面,学术界和司法实务部门积极推动。2006年中国犯罪学研究会、江西省人民检察院、最高人民检察院刑事赔偿办公室联合举办了"刑事被害人国家补偿制度"研讨会。在此次研讨会上,与会的专家学者以及司法实务部门的代表就建立刑事被害人国家补偿制度的必要性、可行性及理论依据等问题进行了深入的探讨,就制度建立的立法模式、补偿对象、机构设置等进行了初步设计②。虽然到目前为止我国仍然没有针对犯罪被害人合法权益的国家层面的专门立法,但是在地方已经出现了相关立法。我国第一部关于刑事被害人救助的地方立法出现在江苏省无锡市,《无锡市刑事被害人特困救助条例》于2009年10月1日正式施行。之后,2010年1月1日,《宁夏回族自治区刑事被害人困难救助条例》正式施行,这是我国第一部对刑事被害人救助的省级地方立法。2010年1月1日,《山东省刑事被害人救助工作实施办法(试行)》开始施行。至此,我国刑事被害人救助制度实现了从无到有、从有到规范化的跨越。

在犯罪被害人学的研究方法方面,继续了前一个阶段的理论研究与实证研究相结合的研究路径。在实证研究方面,较多的是学者们在各自关注的领域针对某一类犯罪问题或针对某一个特定的空间地域展开实证研究,从而形成一些专著和论文,如《特困刑事被害人救助实证研究》《刑事被害人保护的理念、议题与趋势——以广西为实证分析》《惩罚的边界:卖淫刑事政策实证研究》等。以"犯罪被害人实证研究"为主题在中国知网进行检索,共检索到相关的期刊论文、硕士论文和博士论文48篇,只有一篇是1990年发表的《实证方法在犯罪被害人学研究中的意义》,其余的47篇均是2006年之后完成的研究成果。

---

① 赵可主编.犯罪被害人及其补偿立法[M].北京:群众出版社,2009:152.
② 赵可主编.犯罪被害人及其补偿立法[M].北京:群众出版社,2009:152.

目前，国内关于犯罪被害人学的研究具有几个方面的特点，一是有关犯罪被害人学的理论研究持续不断深入，相关的论文、著作不断问世，研究队伍不断扩大；二是主要立足于本国国情展开各类犯罪问题中的犯罪被害人问题研究；三是研究方法既有理论研究又有实证研究，但是总体而言实证研究相对不足，需要加强；四是研究范围涉及犯罪学、社会学、心理学、刑事法学等诸多学科，其中与犯罪学、刑事法学的联系更为密切；五是对犯罪被害人权利保护方面的研究逐步加强，有力地推动了犯罪被害人学的发展，以及刑事法领域的发展。

## 六、犯罪被害人研究的方法

通过统计指标对犯罪被害人的相关问题进行研究可以更加科学有效地认识犯罪被害人、把握犯罪现象及被害现象的本质，所以统计指标是我们进行犯罪被害人研究的重要工具。所谓统计指标，是指反映某一社会现象整体数量状况的概念。所以，通过统计指标对犯罪被害人进行研究是从数量上对其更加全面客观地予以认识。

### （一）犯罪率和被害率

犯罪率的计算通常是以刑事案件数量的统计为前提，并不是犯罪学意义上的犯罪数量。犯罪率是指在特定的时间和特定的区域范围内刑事案件的数量与该时间空间范围内总人口的比率。犯罪率可以反映特定的时间和特定的空间范围内刑事犯罪的状况。除犯罪率之外，还有犯罪人口率、判刑率、监禁率等指标也是对特定时间和特定空间范围内刑事犯罪状况的反应。犯罪人口率一般是指特定时间与空间范围内犯罪人数与该时间空间范围内总人口的比率，判刑率是指特定的时间与空间范围内经诉讼程序判决确定的犯罪人数与该特定时间空间范围内总人口的比率，监禁率则是指特定的时间与空间范围内被监禁的人数与总人口的比率。上述均是正式的官方统计，官方统计规范、权威，这是它的优点，但是也有明显的局限性，即犯罪黑数大量存在。犯罪黑数是实际发生但由于种种原因未被纳入官方统计的数字，如有的案件隐蔽性极强未被任何人或任何组织发现，有的时候犯罪被害人或案件的知情人不报案，有的时候警方的统计出现疏漏等。犯罪黑数在任何社会都是大量存在的。官方对于犯罪人数的统计更是存在与实际数量严重不符的情况，因为大量犯罪黑数存在，必然导致大量的犯罪人数没有被官方统计。另外，由于刑事诉讼过程中发案漏斗效应的存在，最终经过刑事诉讼程序确认的犯罪人数与实际的犯罪人数之间的差距更是巨大的。

被害率的计算通常是以遭受刑事犯罪被害的人数的统计为前提，即对刑事犯罪被害人的数量统计，而不是犯罪被害人。被害率是指在特定的时间和特定的空间范围内遭受到刑事犯罪行为侵害的被害人的数量与该项研究所涉总人数的比率。被害率通常是用分数、百分数或千分数来表示。比如，有关于暴力犯罪被害的实证研究表明，男性遭受暴力犯罪致死的比率远远高于女性，大约75%的尸体是男性的，在2004年这一比率更是高达78%。另外，从年龄上看，暴力犯罪被害人的年龄主要集中在10多岁、20多岁、30多岁的后段和40多岁的前段，2004年死于暴力的人年龄在17-44岁的比率超过了70%。[①] 就概率而言，现在社会中的犯罪现象多发，每一个人都有可能遭受犯罪行为的侵害，成为犯罪被害人，但是犯罪被害人实证研究表明，某些特定的时间或空间更容易发生犯罪行为，具有某些特性的人比其他人更容易遭受犯罪行为的侵害，被害率是研究被害风险的一个有效指标。

通过被害统计的资料收集、整理、分析的过程，犯罪被害人学的研究者可以从中发现犯罪被害人的相关特征、犯罪人与犯罪被害人之间的关系及种类、犯罪被害人在面临犯罪行为侵害时应当如何保护自己、犯罪被害人对刑事司法的态度等。除此以外，被害统计对于社会学家、政策制定者及执行者亦具有重要的意义，因为这些规范的统计可以为他们提供准确的数据，使得他们在对一些现象或政策进行研究时，不再依赖一些模棱两可的形容词，如很多、最多、很少、最少等。被害统计可以非常准确地回答一些非常重要的问题。比如，（1）在过去的一年内被害发生的次数；（2）被害人平均损失了多少钱；（3）什么样的个体、机构最容易被害；（4）什么样的个体、机构最少被害；（5）在被害以后报案的人占多大比率，等等。通过被害统计，还可以实现的研究目标是：（1）对各类犯罪行为的被害风险进行评估和预测，如诈骗犯罪的易被害群体、入室盗窃的易被害时间等；（2）对何种犯罪被害人更容易受到帮助进行评估并对其提供帮助；（3）掌握哪种犯罪或被害得到了解决而减少或没有得到解决并增加，等等。因此，被害统计对于犯罪学和犯罪被害人学的研究具有重要意义。

在对犯罪被害人的相关问题展开研究时，相关干扰因素及变项较多，想要全面掌握犯罪被害现象并非易事，必须要有科学规范的研究计划、提出正确的研究问题及假设、全面收集相关资料并进行严谨透彻的分析，才能够进行科学论证和明确的解析。若要确保被害统计的准确性、有效性和解释力，要解决的关键问题包括统计资料的来源、关键概念的界定、允许存在的误差范围等。在被害统计工

---

① [美]安德鲁·卡曼. 犯罪被害人学导论（第六版）[M]. 李伟等译. 北京：北京大学出版社，2010：76.

作中，误差是客观存在的，我们在使用这些统计数据时，如何正确分析和解释，非常重要，统计数字本身并不会自行解释一些问题，必须由数据的使用者进行解读，相同的数字在不同的使用者手中进行不同的解读可能会得出不同的结论。

(二) 统计来源

研究犯罪被害统计的资料来源主要有以下几个方面：

1. 官方统计

此处的官方统计主要是指由我国的刑事司法机关整理编辑的相关资料，具体包括公安机关、检察机关、法院、监狱等部门的统计资料。

公安机关的统计是犯罪案件发生之后，被害人或相关利益关系人向公安机关报案，或者公安机关自己发现的案件，公安机关进行记录。公安机关的被害统计仅限于公安机关接报案件或自行发现的案件中的被害人，有些案件虽然发生了但是没有报案，或者公安机关没有发现，或者属于被害人直接向法院起诉的自诉案件，均不在公安机关的记录之内。但是，在公安机关的统计工作中，会出现疏漏的情况，由于统计制度的缺陷、具体办案人员的工作效率低、责任心不强、受到其他一些人为因素的干扰等方面的原因，会出现统计不实的情况。这是我们在对统计资料的使用时应当注意的。检察院会对他们经办的案件、提起诉讼的案件进行统计，法院主要是统计各级法院审结的案件，经由法庭宣判有罪而被收监执行的案件则由监狱统计。

2. 犯罪被害调查

犯罪被害调查最早在美国开展。1966年在执法与司法行政委员会的要求下，美国进行了第一次全国性的被害调查，当时随机抽样了一万个家庭，让被访问者回答在过去的一年内自己及其家人是否遭受过某种形式的犯罪行为的侵害。通过此项调查，一个曾经被怀疑的问题得到证实，即很大比例的被调查者表示他们或其家人遭受过犯罪行为的侵害，但是并没有报案。美国的这项犯罪被害人调查制度几经发展和完善，到1992年发展成为世界著名的"全国犯罪被害调查"（National Crime Victimization Survey，NCVS）。全国犯罪被害调查是从犯罪被害人的角度阐释犯罪行为、犯罪被害人在被害后对刑事司法的态度以及警方的工作效率等，可以更客观地认识实际发生的犯罪现象。

犯罪被害人调查完成后能够得到大量的数据资料，包括：（1）被调查者遭受到某种犯罪行为侵害的次数和频率；（2）被调查者遭受的财产损失或者身体伤害的严重程度；（3）犯罪发生的具体时间和地点；（4）犯罪被害人的年龄、性别、职业、婚姻状况、受教育程度、收入水平、种族等人口学特征；（5）犯罪人的情况；（6）犯罪方式、犯罪工具等；（7）犯罪被害人在犯罪行为发生前、中、后所采取的防卫措施；（8）犯罪被害人与犯罪人的关系；（9）犯罪被害人在遭受到犯罪行为侵害之后是否报案，如果没有报案，原因是什么；（10）其他。

全国犯罪被害调查也存在统计数据方面的缺陷。一是抽取的样本难以客观真实地反映整个国家的人口状况，尤其是流动人口、非法移民等家庭的情况难以通过被害调查的形式掌握，这样使得统计数据会出现偏差；二是存在大量瞒报的情况，使得统计数据的可信度降低，如有人遭到抢劫是自己在嫖娼时发生的，出于对自己嫖娼行为的隐瞒而不愿说出自己被抢劫的事实，有人是在约会时遭到了强奸，出于对约会事实的隐瞒而不愿说出自己被强奸的事实；三是多报的情况也时常存在，有些被调查者会夸大其词甚至说谎，这些说辞到了警察那里会被确认为不成立，但是在被害人调查中却是要被记录的；四是全国犯罪被害调查的成本非常高，因为要获取足够多的样本数量，调查的规模非常庞大，通常要有超过一万人的调查对象；五是调查结论只能大概反映一个国家或地区的整体的犯罪状况及被害状况，不能非常准确地说明某一较小特定区域（如一个区或县）的犯罪或被害的严重程度。

美国是开展全国犯罪被害调查最早也是最好的国家，在其影响下，20世纪70年代以后世界多个国家或地区也纷纷开展了犯罪被害人调查，如英国、加拿大、澳大利亚、荷兰、芬兰、以色列、中国香港、瑞典、瑞士、匈牙利等。联合国经济合作与发展组织也在20世纪70年代提出了在国际范围内开展被害人调查的建议，国际范围内的首次犯罪被害调查于1989年开展，由联合国区域间犯罪和司法研究所主持。之后又分别在1992年、1996年、2000年、2005年开展四次。

我国没有规范的制度性的犯罪被害人调查，1994年在荷兰司法部和联合国区域间犯罪与司法研究所的指导和资助下，我国参与了国际范围内的被害人调查，这次被害人调查由我国司法部预防犯罪与劳动改造研究所主持，公安部、北京市公安局协助，以北京市为调查范围而开展。此次的调查数据被第三次国际犯罪被害人调查收录，更重要的是此次调查为我国更好地开展犯罪学研究和犯罪被害人学研究提供了大量的可靠的一手资料和真实数据，有力地推动了我国犯罪学和犯罪被害人学的学科发展和深入研究。在此之后，一些学者们在各自关注的领域针对某一类犯罪问题或针对某一个特定的空间地域展开犯罪被害人的实证研究，但是调查的范围小、数量少，导致我国进行犯罪被害人学研究可资利用的调查资料和统计数据非常缺乏。因此，我们国家应当尽快建立由国家统一组织的规范的犯罪被害调查制度。

(三) 被害风险评估

从理论上讲，社会中的每个人都有遭受犯罪行为侵害的可能性，但是真实情况是，每个人的被害几率并不是相同的，社会中总有一些人比另一些人更容易遭受犯罪行为的侵害，总有一些空间比另一些空间更容易发生犯罪和被害。比如，就职业而言，有一些特定的职业因其具有的一些特殊性，从事该职业的人员比从事其他职业的人员更多地与各种复杂的人员接触、更多地置身于复杂的环境中，因此更容易遭受到犯罪行为的侵害。所以，我们进行的被害统计，如果仅仅从整体上针对所有人进行总体被害率的统计，会掩盖不同个体、群体等被害率的差异性问题。因此，犯罪被害人学的研究应当突破总体被害率，对不同的个体、群体所面临的不同的被害风险进行揭示。

对犯罪被害人进行被害风险评估，即发现特定的个体或群体比其他个体或群体更容易遭受犯罪行为的侵害成为犯罪被害人，这时可以使用与总体被害率相对应的区别被害率的概念。统计区别被害率，研究人员需要在所收集的大量的看似杂乱无章的关于犯罪被害人的信息集合中发现规律，整理不同群体的数据，进行分类研究，通常是依据被害人的人口统计学特征进行的，即年龄、性别、职业、收入、文化程度、婚姻状况、居住区域、民族/种族等。对具有不同人口统计学特征的被害人群体分别计算其被害率，区别被害率就出现了，那么就可以对特定群体的被害风险进行评估，并据而对该群体在将来遭受犯罪行为侵害的可能性进行预测。下面以美国的杀人被害率的统计数据为例，对可能遭受到杀人被害的风险进行评估，数据来源于2004年美国的全国被害调查以及统一犯罪报告。

2004年美国的总体被杀率是每10万人中有5.5人被杀害，但是如前文所言，总体被害率不能说明不同群体所面临的被害风险的差异性，所以这个总体被杀率不能说明全部美国人被杀害的几率，有一些人处于更高风险的因素中，而更多的人是应当对自己的生命安全更加有信心的。全国被害调查的统计数据显示，遭遇被杀害的风险会因为性别、年龄、种族、居住区域的不同而差异巨大。性别是决定被害风险的一个关键因素，美国每年被杀害的人中超过75%的是男性，这个比例从20世纪60年代的早期保持至今。被杀率还会因年龄而出现巨大差异，十几岁的年龄是最不可能被杀害的，而25岁则是最有可能被杀害的年龄，青少年阶段被杀害的风险逐年增加，25岁左右到达高峰，然后大幅度降低。在美国，种族一直都是在很多问题中存在重要影响力的因素，同样影响被杀的风险中种族是一个重要的影响因子，非洲裔美国人遭遇暴力犯罪被害的风险最大，亚裔美国人死于暴力犯罪的风险会小很多，2004年被杀害的所有人中黑人占48%。被杀率还会因为居住区域的不同而产生巨大差异，2004年数据显示，美国南方的被杀率最高，每10万人中有6.6人被杀害，高于总体被杀率，而居住在大都市市区的居民比居住在农村或小城市的居民处于更高的被杀害的风险之中，在大都市的市区每10万人中有12.5人死亡，远远高于总体被杀率。通过以上对与被杀率相关的人口学因素进行分析，我们可以识别出被杀害的高风险群体，即居住在南方大都市市区的非洲裔男性青少年。①

### （四）被害统计的背后——犯罪黑数和被害黑数

通过被害统计数据所表现出来的犯罪被害状况与实际的被害状况存在很大差距，主要原因是犯罪黑数和被害黑数的存在，犯罪黑数是指那些实际发生但却由于种种原因不为公众所知的犯罪案件。与犯罪黑数相对应的概念是犯罪明数，关于犯罪的统计数据我们可以称之为犯罪明数，犯罪黑数与犯罪明数的关系就像一座冰山的两部分，冰山露出海面的部分是犯罪明数，是被公众所知晓的部分，冰山在海面以下的部分是犯罪黑数，是被隐藏了未被公众及司法部门知晓的部分。就比例来看，海面以下的部分远远大于海面以上的部分，即犯罪黑数远远大于犯罪明数。犯罪黑数的存在导致了被害黑数的必然存在，二者是相互依存、相伴而生的。为了犯罪学和犯罪被害人学研究而进行的犯罪统计和被害统计仅仅是针对露出海面的那部分冰山现象的统计数据，这样的统计数据与犯罪现象及被害现象的全貌显然是存在很大偏差的，甚至有学者指出犯罪统计是所有统计中最困难的也是最不可靠的，其原因就是各种主客观条件所导致的犯罪黑数的存在。但是，犯罪统计和被害统计同时又是研究犯罪问题和被害问题不可或缺的资料来源。因此，在犯罪学以及犯罪被害人学的研究中对于统计资料的运用，更应当具有科学、严谨、审慎的态度，要看到统计数据与犯罪事实和被害事实之间是存在什么样的差距，以及这样的差距是如何产生的。

犯罪黑数是世界上任何一个国家都存在的现象，有美国的犯罪学家指出，美国1973年的被害调查显示，大约有2/3的案件没有报案成为犯罪黑数。我们国家也一直存在非常严重的犯罪黑数问题，早在20世纪80年代，我国就开展了对犯罪黑数问题的研究，当时主要是针对公安机关立案不实的问题展开调查。国家"七·五"社会科学规划重点项目《中国现阶段犯罪问题研究》课题组，在1985年、1987年、1988年对全国15个省市的300个派出所进行了立案不实问题的调查，发现我国公安机关存在严重的立案不实问题，公安机关的立案数占其所接报案数的1/3不到，个别年份甚至不到1/5。到20世纪90年代，立案不实的情况并没有好转，公安机关单纯地追求高破案率，出现了"先破案后立案""不破不立"等现象，大量的案件没有立案在个别年份尤其严重，甚至出现了破案数大于

---

① 参见［美］安德鲁·卡曼. 犯罪被害人学导论（第六版）[M]. 李伟等译. 北京：北京大学出版社，2010：84—86.

立案数让人啼笑皆非的现象。1999 年我国公安部开始狠抓立案不实的情况，2000 年这种情况大大好转，2000 年、2001 年我国各地立案数大幅上升，说明公安机关立案不实的情况得到了一定程度的解决。之后我国公安机关继续探索一些改革措施，如实立案的情况进一步好转。

但犯罪黑数仍然是客观存在的，毕竟，除公安机关立案不实的原因外，还有其他一些方面的原因导致犯罪黑数，比较突出的原因是犯罪被害人不报案。犯罪被害人不报案的原因有多种，一是犯罪被害人不想报案，很多时候犯罪被害人出于保护个人隐私的考虑不想报案，比较典型的是性侵案件的被害人，有时犯罪人是犯罪被害人的近亲属，这种情况下多数犯罪被害人也不想报案；二是犯罪被害人不敢报案，多数是因为害怕自己或近亲属遭到犯罪人或其近亲属的打击报复，有时犯罪被害人自身存在不规范的行为甚至是违法犯罪行为，如果报案会使得自己的这些不规范行为尤其是违法犯罪行为暴露出来，这时他们也不敢报案；三是犯罪被害人不知道报案，有时犯罪被害人年龄太小，或智力有缺陷，或文化水平过低，导致其认知水平受限，在其遭受到犯罪行为侵害之后却不自知。此外，有时犯罪被害人认为自己遭受的损失不大，不值得报案，或者认为报案后警察并不能帮助自己追回损失，所以也不报案。

除公安机关立案不实、犯罪被害人不报案等原因外，犯罪黑数大量存在的又一个原因是案件本身的问题，有些案件没有直接具体的犯罪被害人、有些案件的犯罪被害人没有知晓被害事实、有些案件的犯罪被害人死亡且没有利害关系人等，再加上案件的隐蔽性非常强，除非犯罪人自己说出来，否则没有任何人发现。由于案件的复杂性，现实中确实存在大量案件发生后没有任何人知道，成为绝对犯罪黑数。

由于犯罪黑数和被害黑数的大量存在对犯罪学及犯罪被害人学的研究造成的困扰，更需要加强犯罪统计和被害统计工作，做到统计来源的多元化。一方面形成民间统计与官方统计的对比，可以更好地对官方统计数据形成监督，减少官方统计的疏漏；另一方面也可以对官方统计形成补充，形成对犯罪现象和被害现象更客观的认识。

# 第二章 关系视角下的犯罪被害人

犯罪被害人作为被害现象中的核心要素，不仅仅是作为被犯罪侵害的对象而存在的，在犯罪的生成、发展过程中犯罪被害人扮演着重要角色，犯罪人与犯罪被害人的关系不仅仅是攻击与被攻击、侵害与被侵害的关系，而是复杂的对立统一的关系。犯罪被害人与犯罪人的关系问题成为犯罪被害人学研究的一个基本问题，是犯罪被害现象的一种具体表现，是我们研究的一个重要内容。

## 一、被害与犯罪的社会互动理论

当代犯罪被害人学家较多地运用"越轨行为的社会互动理论"解释现实中的犯罪现象。"不能简单地将犯罪（加害）与被害看作一个绝对静态的概念，相反，应当将犯罪（正在通过实施加害而成为罪犯）和被害（正在成为被害人）置于社会互动过程中加以研究，明确在犯罪的发生及其控制的社会过程中，加害与被害双方都是作为主体而进行着各自的活动并融入互动过程中的。"[①] 互动理论认为，很多犯罪中犯罪被害人与犯罪人绝不是相互独立的个体，他们是存在相互之间的互动关系的，而犯罪之所以会发生，正是与这种互动密切相关。也就是说，犯罪人会实施什么样的行为，是与犯罪被害人的反应相适应的，犯罪人的行为会受到犯罪被害人言行或状态的直接影响而发生相应变化。所以，犯罪行为可以被看作犯罪被害人与犯罪人互动的产物。一些犯罪被害人与犯罪人相互作用的理论解释了他们是如何互动的，以及对犯罪与被害产生了什么影响。

犯罪被害人学的创始人之一汉斯·冯·亨蒂早在1941年就论述了犯罪被害人与犯罪人的互动关系，在他的论文《论犯罪人与被害人的互动关系》中指出，犯罪人与犯罪被害人之间存在互动关系，犯罪被害人在整个犯罪行为的实施过程中以及犯罪预防中都不只是一个被动的客体，而是会对整个事件起积极作用的主

---

[①] 转引自许章润主编. 犯罪学（第二版）[M]. 北京：法律出版社，2004：144.

体，犯罪被害人会影响甚至塑造他的犯罪。"犯罪人与被害人之间的勾结是犯罪学的一个基本事实。当然，这并不意味着犯罪人与被害人之间达成了协议，或故意犯罪与被害，但彼此确实存在着互动关系，互为诱因。"① 以色列学者、犯罪被害人学创始人之一的本杰明·门德尔松于 1956 年提出了著名的"刑事伙伴"理论。他认为，所有的被害人都对自己的被害亦即犯罪的发生负有责任，被害人的作用虽然有从先使用暴力到仅有一些引诱性的言语等各种不同情况，但如果没有被害人的作用就不可能产生犯罪人与被害人这一刑事关系。1958 年，美国著名的社会学家和犯罪学家马尔文·E. 沃尔夫冈提出了著名的"被害人推动的凶杀犯罪"概念，并在此基础上进一步提出了"被害人推动"理论。1968 年，匈牙利学者史蒂文·谢弗阐述了其著名的"功能责任"理论，他指出，"社会规范描述的被害人功能角色要求其不做任何可能招致自身被害的事情，同时，也要求其积极地不去引诱他人实施犯罪。""……被害人总是犯罪的原因……被害人的存在或他所具有的……什么因素，导致了犯罪……"②

## （一）沃尔夫冈在凶杀案犯罪调查中的发现

沃尔夫冈对 1948 年至 1952 年发生在美国费城的凶杀案进行了犯罪研究，发现，在 588 起凶杀案件中，有 150 起是由犯罪被害人推动的，占总数的 1/4 以上。这个发现扭转了之前大家对犯罪被害人的认识，大家通常认为，在凶杀案中，犯罪被害人是作为被攻击方存在的，他们是犯罪行为的反击者。然而沃尔夫冈的研究却发现，很多案件中，犯罪被害人是先实施攻击行为的人，也就是说，在案发前先拿起武器的人是犯罪被害人而不是犯罪人，或者是犯罪被害人先对犯罪人实施了暴行，才有了后面的犯罪被害人的被害。由此，沃尔夫冈提出了"被害人推动的凶杀犯罪"概念（victim-precipitated homicide），并将其定义为"被害人作为直接、积极的加害者的凶杀犯罪"，在此类犯罪中被害人首先诉诸暴力行为，"在大多数此类情况下，被害人与犯罪人的角色是颠倒的，被害人在其中起决定作用"。③ 沃尔夫冈在此研究的基础之上逐步形成了著名的被害人推动理论。该研究告诉我们，谋杀犯罪是犯罪被害人与犯罪人在特定的外在条件的作用下互动的结果，并不是犯罪人单方面产生杀人意图而付诸行为的产物。沃尔夫冈

---

① 转引自许章润主编. 犯罪学（第二版）[M]. 北京：法律出版社，2004：145.
② [德] 汉斯·约阿希姆·施奈德. 国际范围内的被害人 [M]. 许章润等译. 北京：中国人民公安大学出版社，1992：4-5.
③ 转引自王佳明. 互动之中的犯罪与被害——刑法领域中的被害人责任研究 [M]. 北京：北京大学出版社，2007：97.

指出，在谋杀案中，没有绝对无辜的被害人，也没有绝对有罪的加害者。

(二) 阿米尔在强奸案犯罪调查中的发现

美国犯罪学家阿米尔（Menachem Amir）收集了 1958 年至 1960 年发生在美国费城的经由警方记录的强奸案件，运用了沃尔夫冈之前提出的被害人推动理论对这些案件展开研究。他发现在其研究的 646 件强奸案件中，有近 1/5 的案件是由犯罪被害人推动的，并提出"被害人推动的强奸"（victim-precipitated rape）这一概念，他指出，"被害人事实上同意与对方发生性关系但是在实际性行为之间撤回了这种同意，或者当对方发出性行为要求时没有足够表示反对。这个概念还可使用于那些被害人处于高风险的场所，特别是被害人的语言、姿态等被认为是引诱对方的情况"①。根据阿米尔的观点，这类犯罪具有一些特性，即犯罪人并未真切地感觉到，在性行为的实施过程中，犯罪被害人是强烈拒绝的，所以并不认为自己的行为是强奸，有时犯罪被害人在性行为发生过程中半推半就顺从了犯罪人的强制性交行为。阿米尔的这种观点一经提出便极具争议，引起了很多人的质疑，但是不容否认的是，在实践中，"被害人推动"的情形确实会发生，并且不仅仅发生在杀人、强奸等案件中，在伤害、抢劫等案件中也存在犯罪被害人与犯罪人的密切互动。

## 二、犯罪被害人与犯罪人的互动关系

(一) 对"互动"关系的理解

"互动"一词从其语义上解释，具有彼此联系、交互作用的意思。"互"是相互、交互、交替、联系的意思，"动"表示具有动作、发生作用、使起变化的过程。所以，"互动"应当是指具有联系的双方相互作用并导致彼此发生变化的过程。犯罪被害人与犯罪人具有互动关系，体现了犯罪被害人与犯罪人是通过某种方式相联系的、相互之间发生作用的、相互之间产生影响的、导致犯罪与被害发生发展变化的。具体可以从以下几个方面对犯罪被害人与犯罪人的互动关系进行理解和把握。

第一，从犯罪被害人与犯罪人互动的时空范围来看。传统的犯罪现象中，犯罪被害人与犯罪人的互动基本上是处于同一个时空范围内，双方需要共处同一个时空范围内互相接触才能互相发生作用，脱离了同一个时空范围，犯罪被害人与

---

① 转引自王佳明. 互动之中的犯罪与被害——刑法领域中的被害人责任研究 [M]. 北京：北京大学出版社，2007：97.

犯罪人缺乏联系的媒介而难以形成相互作用。但是，在现代科学技术飞速发展的今天，人们之间的互动不再受时空条件的限制和约束，各种科学技术为人们之间的联系提供了媒介，尤其是互联网的发展，完全打破了时空条件对于人们相互联系的束缚。随着互联网的发展与普及，传统社会中的很多行为都可以在虚拟空间实现，人们的生活方式、行为模式发生了翻天覆地的变化，大量的传统犯罪都可以借助于网络的手段或者在网络空间实施，非接触性犯罪越来越多，影响越来越大。比如，近几年我国多发的电信网络诈骗犯罪，借助于网络、电信的媒介作用，犯罪被害人与犯罪人通常是处于不同的空间范围内，犯罪被害人与犯罪人完全没有接触，事实是大量的诈骗窝点设在国外，诈骗分子从国外对国内的被害人实施诈骗。

第二，从犯罪被害人与犯罪人互动的形式来看。犯罪被害人与犯罪人互动的形式最常见的是肢体动作、语言等，如肢体上的冲突与对抗，语言上的羞辱或谩骂。有时，犯罪被害人与犯罪人的互动也可以表现为二者存在某种身份关系，如犯罪被害人与犯罪人之间是父子关系或爷孙关系，爷爷出于对孙子的疼爱和信任，将自己的工资卡交由孙子保存，但是孙子却未经爷爷同意将其银行卡里的钱悉数取出购买了游戏装备。这种情况，犯罪被害人与犯罪人的互动主要是通过一种特定的身份关系的联系而产生了相互作用。有时，犯罪被害人与犯罪人的互动还可以表现为某种特定的状态，如犯罪被害人处于醉酒、深度睡眠的状态等，犯罪被害人这种特殊的状态吸引了犯罪人并被犯罪人利用，使得二者形成联系、产生相互作用，如深夜醉酒的女性在回家的路上遭遇陌生男性对其实施性侵犯。

第三，犯罪被害人与犯罪人互动既可以是积极的也可以是消极的。犯罪被害人与犯罪人的积极的互动，可以体现在肢体、言语上的对抗或冲突，这是我们最常理解的。另外，积极的互动还可以表现为犯罪被害人对犯罪人的意志以及犯罪行为的积极配合，如诈骗犯罪中，犯罪被害人完全顺从犯罪人的意识，按照犯罪人的指示一次次转账、汇款或交出相关物品，属于典型的积极的互动。但是很多时候，犯罪被害人与犯罪人的互动是消极的，主要表现为犯罪被害人对犯罪人或犯罪行为并没有积极的反应，而是处在一种特殊的状态中，如醉酒、睡眠、恐惧等状态。

第四，犯罪被害人与犯罪人的互动是直接的。尽管犯罪被害人包括了犯罪行为的直接承受者和间接承受者两种类型，如犯罪行为的直接承受者的配偶、子女、父母等与其具有利害关系的人可以成为间接被害人，但是我们探讨的犯罪被害人与犯罪人的互动关系是体现在犯罪行为过程中并对整个过程产生作用和影响的，只能是犯罪行为的直接承受者才能与犯罪行为的实施者产生关系形成互动。

间接被害人是无法与犯罪人形成互动对犯罪行为和过程产生影响的，间接被害人与犯罪人的关系是犯罪行为已经实施完毕、犯罪结果已经出现之后要讨论的问题了。

### (二) 犯罪被害人与犯罪人的互动模式

所谓犯罪被害人与犯罪人的互动模式，是指犯罪被害人与犯罪人各自以其被害原因和加害原因为作用力，相互影响、彼此互动，对推动互动进程共同发挥作用的模式①。根据犯罪被害人在互动关系中所发挥的作用，依其作用由大到小，犯罪被害人与犯罪人的互动模式可以分为被害人推动模式、被害人促进模式、被害人助长模式、被害人完全被动模式四种。

1. 被害人推动模式

在被害人推动模式中，犯罪被害人在与犯罪人的互动关系中起决定性的作用，如果没有犯罪被害人的推动，就不会有犯罪行为和被害现象的生成。所以，此种模式也有学者称为单向诱发模式、被害人催化模式，意思是指犯罪被害人先实施了某种行为或发表了某种言论，对他人形成了强烈的刺激，并使其通过实施犯罪行为进行还击，最终导致被害人的被害。这个过程是犯罪被害人诱发、推动的，如果没有犯罪被害人最初的行为或言论对他人形成挑衅、激怒、刺激、诱引、推动，那么他人是遵纪守法的、不会形成犯罪的主观意图，犯罪人正是在被害人最初的挑衅激怒之下针对被害人予以还击，而还击的方式、造成的伤害达到了犯罪的程度。"在这种模式中，被害人事实上诱使罪犯实施了犯罪行为。他通过故意实施一个或更多的推动行为来实现其引诱——这些推动行为能够恰到好处地诱使他人用犯罪行为作为还击。这个过程或许比较短，也可能持续较长一段时间。但它基本上能够直接导致某一犯罪行为的发生。"② 此种模式属于一些学者提出的"被害人挑衅"③的情形。被害人挑衅意味着"受到伤害的一方煽动了一场本不该发生的袭击。被害人挑衅性地激怒、挑战或是煽动遵纪守法的一方，使得他们不得不采取防卫措施以应对前者的暴力挑衅；当战斗结束时，犯罪人却成了受伤甚至被杀死的一方"④。此种模式下，犯罪人的主观恶性及责任相对较小，

---

① 张邵彦. 犯罪学 [M]. 北京：社会科学文献出版社，2004：107.

② [德] 汉斯·约阿希姆·施奈德. 国际范围内的被害人 [M]. 许章润等译. 北京：中国人民公安大学出版社，1992：99.

③ 犯罪学家和犯罪被害人学家在探讨犯罪被害人的责任分担时，提出了被害人助长、被害人促成、被害人挑衅的概念。

④ [美] 安德鲁·卡曼. 犯罪被害人学导论（第六版）[M]. 李伟等译. 北京：北京大学出版社，2010：126.

犯罪被害人具有非常大的责任，有时甚至应当承担完全的责任，此时无论是在社会公众的朴素的观念中，还是在法律的层面上，犯罪被害人都会受到谴责，承担不利后果。比如，一对有感情纠葛的青年男女，男方因无法接受女方拒绝交往，对女方及家人进行长期的纠缠，甚至进行死亡威胁，女方及其家人一再隐忍、躲藏，但是男方仍然在深夜携带刀具闯入女方家中，在其对女方及家人使用刀具实施伤害的过程中，被女方及家人合力打死，这种情况就属于典型的被害人推动模式。

2. 被害人促进模式

被害人促进模式，是指在犯罪被害人与犯罪人的互动过程中，犯罪被害人实施了不当行为或发表了不当言论，对犯罪的发生起到一定的促进作用，并且这种作用在犯罪过程中是必不可少的、至关重要的。与前一种被害人推动模式相比，被害人促进模式中，犯罪被害人与犯罪人是存在先期的冲突的，犯罪人的犯罪意图是在冲突中逐步形成的，而不是受到被害人的强烈刺激突然形成的，犯罪被害人对犯罪人的刺激虽然没有那么极度强烈，但是刺激在冲突的过程中慢慢发挥作用，尤其是对已经处于一定冲突状态中的对方，这种刺激很容易对对方形成压力进而实施更进一步的侵害行为。比如，邻居之间因为狗吠扰民发生矛盾，被扰一方多次因为邻居家狗吠问题与邻居进行交涉，但养狗一方却并不认为自己家狗吠有什么不妥，一日因为狗吠，被扰一方又找到养狗一方进行交涉，但是养狗一方态度强硬，甚至出言不逊，对被扰一方形成刺激，并导致其形成杀狗杀人的犯罪动机，最终被扰一方回家拿刀将狗及其主人全部杀死。在被害人促进模式中，犯罪被害人的责任比被害人推动模式下的责任要小，但是其责任也是显而易见的、不可推卸的。无论是被害人推动模式还是被害人促进模式，主要存在于诸如杀人、伤害、抢劫、强奸等暴力犯罪案件中。

3. 被害人助长模式

所谓被害人助长，是指犯罪被害人的不恰当的语言或行为或某种特定的状态对犯罪人实施犯罪行为起到了帮助的作用，如犯罪被害人粗心大意、漫不经心、得意忘形、轻听轻信、遇事难以拒绝他人等。犯罪被害人的这种种状况会吸引犯罪人对其实施侵害行为，会为犯罪人的犯罪行为提供便利或提供机会，不知不觉地帮助了犯罪人对自己实施侵害行为。在被害人助长模式下，犯罪被害人的责任比被害人推动模式和被害人促进模式中的被害人责任都要小，甚至社会公众会认为这种情况下被害人是没有责任的，法律也通常不对其作出否定性评价。此种模式通常存在于盗窃、诈骗等侵犯财产类犯罪中。比如，在近些年多发的电信网络诈骗犯罪中，有的人爱贪小便宜，为了领取一点小礼品而随意扫描陌生人的二维码导致个人信息泄露，为诈骗分子提供了犯罪条件，无形之中帮助了犯罪分子。"助长行为更像是化学反应中的催化剂，在既定的材料和条件下，加速了互动过程。助长型被害人把那些有犯意的人吸引到自己疏于保护的财产上……"[①]

4. 被害人完全被动模式

被害人完全被动模式，是指犯罪被害人在整个犯罪过程中完全处于消极被动的被侵犯状态，没有实施任何不妥当的行为，也没有处于任何不良的状态，对于犯罪行为没有任何影响，对于自己的被害没有任何责任，纯粹是因为自身的一些客观属性而受到犯罪行为的侵害。例如，婴幼儿，完全因为其年龄特征，毫无自我保护能力和辨识能力，容易成为被盗抢、拐骗的被害人；再如，女童，因为其年龄和性别特征，容易成为被性侵的被害人。

关于犯罪被害人与犯罪人的互动模式，是我国学者探讨比较多的问题，提出的互动模式并不限于以上四种，"可利用的被害人模式""被害人推动模式""冲突模式""被害人受攻击模式""自愿被害模式""无接触被害模式"等是较多出现在学者们的讨论范畴的。笔者认为，将犯罪被害人与犯罪人的互动分为这几种模式，缺乏一个分类的标准，互相之间界限不清晰，存在交叉，因此，笔者尝试提出一个探讨互动模式的标准，依据犯罪被害人在与犯罪人互动中所发挥的作用大小，提出上文所述的四种模式：被害人推动模式、被害人促进模式、被害人助长模式、被害人完全被动模式，此四种模式完全可以涵盖其他学者提出的各种互动模式。

（三）犯罪被害人与犯罪人的非常态互动

犯罪被害人与犯罪人通常是矛盾的双方，因为犯罪人对被害人合法权益的侵犯，双方是敌对、冲突的。但是有一种犯罪被害人与犯罪人不寻常的互动模式，在这种模式下，犯罪被害人与犯罪人的互动从最初的敌对、冲突状态转向结成友好甚至亲密的关系，这是一种非常态的互动，被称为斯德哥尔摩模式，起源于 1973 年发生在瑞典首都斯德哥尔摩的一起银行抢劫案。在该案中，两名劫匪意欲抢劫一家银行，行动失败后，他们将四名银行职员劫持在银行的金库，与警察对峙了五六天之后，劫匪放弃抵抗，被警察逮捕并根据司法程序最终站在了审判席上。在这期间，被劫匪劫持的四名人质对待劫匪的态度却令人匪夷所思，他们对劫匪表现出了怜悯、同情甚至感激的情感，拒绝出庭指控劫匪的罪行，甚至在法庭之外积极筹措资金为其聘请辩护律师，更有甚者，其中的一名女人质与一名

---

[①] [美] 安德鲁·卡曼. 犯罪被害人学导论（第六版）[M]. 李伟等译. 北京：北京大学出版社，2010：124.

劫匪产生了爱情，并且在该劫匪服刑期间与之订婚。

这一情况引起了人们极大的好奇，也引发了社会学家、心理学家们研究的兴趣。结果发现，这种情况并不少见，在战俘、囚犯、乱伦被害人、受虐女性被害人等群体中时常出现，犯罪被害人与犯罪人的关系由最初的敌对、冲突，经过一段时间的接触、互动，在一定条件的催化下，犯罪被害人心理发生了一系列的变化，导致其与犯罪人的关系发生变化，最终犯罪被害人与犯罪人形成友好的甚至亲密的关系，这种情况被学者们称为斯德哥尔摩综合症，或斯德哥尔摩症候群。由于最初的研究是针对人质这一特殊群体展开的，因此这种情况又常被称为人质情结或者人质综合症。

犯罪被害人出现斯德哥尔摩综合症需要具备一些条件：（1）犯罪被害人受到犯罪人完全的控制，与外界完全隔绝；（2）犯罪被害人面临的威胁十分严重，通常是身体遭到严重的侵犯，甚至生命安全遭到威胁；（3）犯罪被害人之所以能够存活下来，完全依赖于犯罪人的"格外开恩"，其基本的生存条件，如水或食物，需要犯罪人提供；（4）犯罪被害人与犯罪人会在一段时间内相处于同一个空间内。在这样的条件下，犯罪被害人会逐渐形成一些心理特征：（1）面对挫折时合理化保护机制的启动，使得被害人不愿强化悲惨境遇，反而将之美化，从而降低内心焦虑和恐惧；（2）人在面临死亡时，会表现出服从的本能反应；（3）人类的英雄崇拜情结，使得加害人在被害人心中不再是匪徒而是英雄。在这些心理机制的作用下，犯罪被害人为了求得生存，心理逐步发生变化，其过程可以概括为：观察、讨好、否认恐惧和愤怒、放大犯罪人的无所不能感、对犯罪人的依从、高度焦虑降低思维的灵活性和多元性、将注意力完全集中在犯罪人的仁慈上。[①] 对斯德哥尔摩综合症还可以通过心理防卫机制来解释，即当人们遭遇严重的挫折时，往往会对已经习得的生存技能、行为方式主动放弃，转而采取非常原始的、幼稚的行为方式或技能以满足自己的需求。当犯罪被害人的生杀大权完全掌握在犯罪人的手里时，犯罪被害人受到犯罪人的绝对控制，犯罪被害人的心理很容易出现上述心理的退行性现象，退回到幼年的状态，放弃自主性，对犯罪人产生完全的依赖及依恋。

斯德哥尔摩模式是犯罪被害人与犯罪人之间的一种非常态的互动，虽然最终犯罪被害人从心理上接纳犯罪人，与犯罪人发展出友好的联盟关系，但是这并不能抹煞犯罪人犯罪的事实。

---

① 李玲. 浅谈斯德哥尔摩综合症 [J]. 科教文汇，2007（12）.

### (四) 犯罪被害人与犯罪人的互动过程

犯罪被害人与犯罪人的互动是一个动态发展的过程，在这个过程中，犯罪被害人与犯罪人互相作用、互相影响，导致犯罪与被害的发生、发展、变化。在这个过程中的不同阶段，犯罪被害人与犯罪人的互动的表现是不一样的，具体可以将这一过程划分为被害前、被害中、被害后三个阶段。

1. 被害前的互动

在犯罪人着手实施犯罪行为之前，犯罪被害人与犯罪人的互动主要表现在二者是否存在人际关系。根据人们是否认识，人际关系可以分为陌生关系和相识关系，相识关系又可以分为多种情况，有的是认识并熟悉的关系，如近亲属、同事、同学、朋友、生意伙伴等；有的是认识但并不熟悉，如有的邻居之间认识但并没有什么交往，再如随着大家网购的增多，有的快递员长期在某固定区域负责送货上门，时间长了该快递员与收货人彼此认识，但并不熟悉。另外，相识关系根据认识的时间长短，可以分为长期相识关系和刚刚相识关系。犯罪发生在具有相识关系的犯罪人与被害人之间的情况，我们统称为熟人作案。

国内外研究表明，在各种类型的犯罪中，熟人作案的比例都很大，暴力犯罪中犯罪被害人与犯罪人相识的比例比侵财案件更高。我国公安部"中国现阶段犯罪问题研究"课题组的研究表明，杀人和伤害案件绝大多数是民间纠纷、争斗、冲突得不到及时调解和处理，矛盾激化而引起的，1985年至1988年，明显起因于各类人际纠纷的杀人案件的比例是60.25%，明显起因于各类人际纠纷的伤害案件的比例是54.77%[①]。我国学者杨焕宁在其研究中也发现，"我国每年发生的杀人、爆炸犯罪案件中，主要由各种矛盾直接引发的案件占60%左右"[②]。犯罪被害人学的创始人之一本杰明·门德尔松指出，50%的强奸犯与被害人以前就认识，其中12%是亲戚关系[③]。美国联邦调查局在1980年的犯罪统计资料显示，杀人犯罪的被害人被朋友或认识的人杀害所占的比例达到40%左右，其在1992年的《统一犯罪报告》中则指出，杀人犯罪中犯罪人与被害人相识的比例高达78%。许多谋杀案件都起因于微不足道的争吵，波洛克（Block）等人针对1965年至1981年发生在美国芝加哥地区的杀人案件进行研究，发现有近70%的案件起因是争吵。日本学者诸泽英道研究发现，男性通常被害于各种关系中，而女性

---

① 转引自李伟. 犯罪被害人学教程[M]. 北京：北京大学出版社，2014：75.
② 杨焕宁. 犯罪发生机理研究[M]. 北京：法律出版社，2001：49.
③ [德] 汉斯·约阿希姆·施奈德. 国际范围内的被害人[M]. 许章润等译. 北京：中国人民公安大学出版社，1992：227.

则被害于熟人的比例更高，他指出，女性多被亲属、亲戚、男朋友、情夫所害，其中被亲戚、亲属所害占比55%，被男朋友、情夫所害占比35%①。

暴力犯罪之所以熟人作案的比例高，主要是因为暴力犯罪往往是人际交往中发生冲突的结果。另外，犯罪被害人与犯罪人具有人际关系，通常使得犯罪被害人放松警惕，使得犯罪人有更多的犯罪机会实施犯罪行为。所以，认识到被害前犯罪被害人与犯罪人之间的人际关系及对被害的影响，可以有效地提醒人们，掌握处理人际冲突的正确方法，形成良好的人际沟通方式，把握好人际交往的分寸，基层的纠纷调解机制充分发挥作用，可以很大程度上预防被害。

不过，被害前犯罪被害人与犯罪人的关系问题，也有一些相关研究得出了不同的结论。比如，1977年美国司法部一项研究表明，强奸犯与他的被害人事先并不认识的比例高达60%，有学者在以色列的研究发现，只有43%的强奸犯与他的被害人事先是认识的。美国犯罪学家阿米尔在其针对强奸犯罪的研究中指出，许多强奸案的发生是由于犯罪人一时冲动而铸成大错，因为当时周围有合适的被害人，如入室盗窃的人进入室内发现一名女性独居，于是对其实施了强奸，此时强奸犯通常不会受到被害人的年龄和长相的影响。诸多的研究表明，在大多数的强奸犯罪中，是偶然性因素起了决定性作用，犯罪人对于被害人的选择与该被害女性的行为、性格等并无关联。所以，在强奸案发生之前，犯罪被害人与犯罪人的关系并不重要，这种关系只是强奸行为发生的一种可能性。②

2. 被害中的互动

被害中的互动体现为，在犯罪人已经实施了犯罪行为，犯罪被害人面临着遭受犯罪行为侵害的紧急危险时，犯罪被害人会作出什么反应，犯罪人因被害人的反应又会作出什么应对，进而影响被害的过程。犯罪被害人面对犯罪行为的侵害时的反应方式通常有以下几种情况：

（1）激烈反抗。犯罪被害人对犯罪人进行激烈反抗的表现形式有很多，可以是对抗，如打斗、追赶，同时伴随大声呼救、叫喊等，也可以是非对抗的形式，如努力挣脱、逃跑等。激烈反抗通常是犯罪被害人面临被侵害的紧急情形产生了恐惧、愤怒、紧张等情绪，在这种情绪的支配之下形成的一种不假思索的、本能的反应。犯罪被害人对犯罪人的激烈反抗通常会产生以下几种结果：第一，最乐观的情况，制服犯罪人或者逃离犯罪人，使犯罪人无法继续实施犯罪行为，

---

① 参见［日］诸泽英道．被害者学入门——间接被害化要因［J］．隆霁译．青少年犯罪研究，1997（11）．

② 参见［德］汉斯·约阿希姆·施奈德．国际范围内的被害人［M］．许章润等译．北京：中国人民公安大学出版社，1992：227．

犯罪被害人的合法权益免遭侵害，也没有对犯罪人造成法律禁止的伤害。第二，犯罪被害人受到更严重的伤害。比如，遭遇抢劫、强奸等犯罪行为侵害的被害人，大声呼救或者与犯罪人进行激烈对抗，有时会刺激到犯罪人，担心事情败露而杀人灭口，或者在激烈对抗的过程中失手将被害人杀死。美国的《全国犯罪被害调查》从20世纪70年代以来的研究数据表明，2/3的采用自我防卫措施的被害人身体受到伤害——擦伤、割伤、抓伤，甚至被刀刺中或被枪杀[1]。第三，出现犯罪被害人防卫过当向犯罪人转化的情形，犯罪被害人在反抗犯罪人不法侵害的过程中，明显超过了法律规定的限度，导致犯罪人受到严重伤害，这时犯罪被害人要对超出必要限度所造成的伤害承担法律责任，实质上是造成了新的犯罪。

基于以上分析，犯罪被害人对犯罪人进行激烈的反抗造成的后果具有不确定性，应否进行反抗不能一概而论，应当视具体情况作出判断。但是遭受犯罪行为侵害的情形通常是紧急状况，在这种紧急状态下能否作出理智判断会因人而异，与被害人的气质、性格、经历、所受过的教育等都有关系。

（2）顺从。顺从是犯罪被害人服从犯罪人的意志、听从犯罪人的要求的情形。顺从包括犯罪被害人自主自愿地听从犯罪人和违背自己意愿听从犯罪人两种情况。犯罪被害人自主自愿地听从犯罪人的情况可以叫作主动顺从，有时，犯罪被害人对犯罪行为认识不清，不知道该行为是在侵犯自身的合法权益，甚至认为该行为是对自己有利的而积极进行配合。此种情形最典型的是诈骗犯罪的被害人，近些年电信网络诈骗犯罪高发，尤其是冒充公检法工作人员实施诈骗类犯罪危害极大，通常会造成被害人巨额财产损失。诈骗分子假冒公检法工作人员，编造一些事实让犯罪被害人对自己已经涉案的事实深信不疑，随后犯罪被害人为了尽快证明自己的清白，完全听从诈骗分子的指挥，一步步将自己的大量钱款转移至诈骗分子的账户。除主动顺应的情况之外，还存在大量的被动顺应的情形。在被动顺应的情况下，犯罪被害人明知自己合法权益正在遭受犯罪行为的侵害，但是由于各种各样的原因，不得已顺从犯罪人的意志。比如，犯罪被害人明显处于劣势，为使自己免于遭受更严重的伤害，不得不顺从犯罪人，或者犯罪被害人有把柄落入犯罪人的手中，受到犯罪人的要挟不得已顺从犯罪人，又或者犯罪被害人担心自己的近亲属遭到犯罪人及其近亲属的打击报复，不得不顺从犯罪人，等等。

有时顺从是比反抗更好的一种应对犯罪人的方式，它可以使犯罪被害人免于

---

[1] [美] 安德鲁·卡曼. 犯罪被害人学导论（第六版）[M]. 李伟等译. 北京：北京大学出版社，2010：324.

遭受更严重的伤害，但是有时顺从也可能使犯罪被害人丧失免于犯罪侵害的机会，或者会对犯罪人形成一种鼓励，使其得寸进尺，对犯罪被害人实施更进一步的伤害。

（3）巧妙应对。巧妙应对是指犯罪被害人在面临犯罪行为的侵害时，既不鲁莽地激烈反抗，又不盲目顺从，而是机智地与犯罪人周旋，最终免遭犯罪行为的侵害，或者将危险降到最低。

被害人的非人格化（Depersonalization of the victim）理论解释了犯罪被害人对犯罪人的巧妙应对为何可以实现。被害人的非人格化现象是学者们在对强奸犯罪的研究中发现的，指出在强奸的情境中，犯罪人有一个将他的被害人非人格化的过程，这个过程中，在强奸犯的眼里被害人根本不是活生生的、有血有肉、有思想、有情绪的一个人，而只是一个单纯的客体，可以满足其欲望的工具，或者只是一种可以满足其欲望或需求的象征物。有关研究发现，在对强奸犯罪既遂的犯罪人进行访谈时，绝大多数的受访者表现出对于他的被害人毫无情感体验，而与未能完成性行为的未遂犯罪人的谈话中，他们却经常表露出对于犯罪被害人的一些情感反应。[1] 所以可以认为，如果在强奸行为的实施过程中被害人的非人格化过程被阻断，在犯罪人的眼里被害人不再是一个客体，而是恢复了作为一个人的存在，犯罪人就会对他的被害人形成情感反应，那么很有可能强奸行为就不会发生。

将犯罪被害人非人格化可以使犯罪人消除犯罪的恐惧感、罪恶感，避免受到良心的谴责，以顺利地实施犯罪行为，否则，犯罪行为可能就会中断而无法继续。因此，阻断被害人非人格化的过程，唤醒犯罪人的良心，使犯罪人以对待人的态度对待被害人，就可以一定程度上阻却犯罪行为的实施，使得被害人免于遭受犯罪行为的侵害。这时就需要犯罪被害人对犯罪人巧妙地应对、机智地周旋。但是也许有人会说，要求犯罪被害人在面对遭受犯罪行为侵害的紧急状态时能够保持镇定、冷静并能够机智地进行周旋，可能有些强人所难，毕竟在这种财产或人身甚至生命安全都面临威胁的情况下还能保持冷静并能机智脱险的人为数不多，是否具备这种素质跟个体的性格、气质、经历等相关。不过，通过有针对性的学习和训练，可以让更多的人具备在紧急状态下保持临危不乱、冷静机智、巧妙应对的素质。具体做法是，可以由犯罪预防相关部门定期对特定的高危群体进行有针对性的犯罪情境训练，提高他们的心理素质、防范意识、方法技能和应对

---

[1] 参见［德］汉斯·约阿希姆·施奈德. 国际范围内的被害人［M］. 许章润等译. 北京：中国人民公安大学出版社，1992：226.

技巧，如针对出租车司机遭遇抢劫的情形、针对女性遭遇性侵犯的情形、针对未成年人遭遇拐骗的情形等。

3. 被害后的互动

当行为已经实施完毕，犯罪被害人的人身或财产已经遭到犯罪行为的侵害，侵害后果已经出现，犯罪被害人与犯罪人的互动体现为，犯罪被害人会采取什么措施以应对犯罪人，犯罪人又会因为被害人的举措作出什么反应，二者如何相互影响、相互作用。犯罪被害人与犯罪人被害后的互动通常表现为：

（1）公力解决。报警是犯罪被害人在遭受犯罪行为侵害之后最常采取的措施，通过司法的途径，使得犯罪人受到应有的惩罚，犯罪被害人的合法权益得到相应的恢复和维护，实现社会的公平与正义，这是最理想的状态。在现实中，犯罪被害人报案以后，有时却会向其他更为复杂的方向发展。一是犯罪被害人报案以后，会引起犯罪人或其近亲属的不满，因而会对被害人或其近亲属进行恐吓、打击报复。二是犯罪被害人报案以后，由于司法机关工作人员工作效率不高、工作方式方法不当、对犯罪被害人权益保护意识不强等原因，在犯罪被害人参与司法的过程中遭到了不合理对待，心理受到伤害或隐私遭到侵犯等，遭遇二次被害。三是犯罪被害人对司法机关的处理结果或司法判决不满意，不断纠缠、上访，甚至制造事端，影响社会稳定，或者转而采取私力的办法报复犯罪人及其近亲属。

（2）私力解决。犯罪被害人在被害以后，不去报案寻求公力的解决办法，而是完全借助于自己、亲朋好友或其他民间的力量寻求解决。一种情况是犯罪被害人自己或纠结其亲朋好友或花钱买凶，对犯罪人或其近亲属进行打击报复，这会引发新的冲突甚至新的犯罪与被害发生。另一种情况是借助于其他民间力量，如民间有一定威信的、被害人与犯罪人双方都认可的中间人，居中进行调解，双方达成某种赔偿协议。此种赔偿协议不具有强制性，在执行的过程很容易出现被害人一方认为赔偿过低而反悔，或者犯罪人一方认为赔偿过高而不履行或不完全履行，这时必然出现新的矛盾和冲突，有可能会引发新的犯罪和被害。此外，这种民间力量有时具有一定的涉黑性质，其中存在非常大的隐患。

（3）顺从。犯罪被害人在被害以后对犯罪人的顺从，是由于受到了对方强势地恐吓，或者自己有什么把柄落在对方手里，或者自己有不规范的行为或隐私的行为不希望暴露，或者由于智力、认知水平受限不懂得保护自己等一些原因，对犯罪行为忍气吞声、不予追究。犯罪被害人的这种态度和做法，更多的是对犯罪行为的纵容，自己已经遭到侵犯的合法权益得不到恢复和维护，还有可能遭到来自犯罪人的重复性的侵犯。此外，由于犯罪人没有受到应有的惩戒，可能会从中受到鼓舞,继续对其他更多的潜在被害人实施犯罪行为,破坏社会稳定。

### 三、犯罪被害人与犯罪人的角色转换

#### (一) 对角色转换的理解

犯罪被害人与犯罪人之间并不是截然对立的,在特定的社会关系中或特定的情境中,二者会出现相互转换的可能性。犯罪被害人与犯罪人的角色转换可以分为正向转换和逆向转换,正向转换是指犯罪被害人向犯罪人的转换,逆向转换是犯罪人向犯罪被害人的转换。严格来说,犯罪被害人与犯罪人的角色转换也是二者互动的一种表现形式。现实中犯罪被害人与犯罪人的角色转换是大量存在的,正向转换的情形如遭遇财物被盗的被害人出于愤怒将盗窃财物的犯罪人殴打致重伤,长期遭受家庭暴力的女性对施暴者忍无可忍伺机将其杀死,电动车被盗的被害人转而去盗窃他人的电动车以供自己使用,等等。逆向转换的现象是与正向转换相伴而生的,犯罪被害人向犯罪人转换必然伴随犯罪人向被害人转换的情形,如遭遇财物被盗的被害人出于愤怒将盗窃财物的犯罪人殴打致重伤的情形,同时出现了逆向转换和正向转换的情形。但并不是正向转换必然伴随逆向转换,如电动车被盗的被害人转而去盗窃他人的电动车的情形,虽然出现了正向转换,但并没有发生逆向转换。

犯罪学和犯罪被害人学研究表明,一方面,有越轨行为或犯罪经历的人更容易遭受到犯罪行为的侵害成为犯罪被害人,如卖淫、吸毒的人更容易被具有某种特殊性的犯罪人盯上成为他们的猎物,遭受到某种特定的犯罪行为侵害。另一方面,曾经的被害经历增加了其犯罪的可能性,一个人的被害经历会影响他对社会、对政府、对他人、对法律的认识和态度,如果被害人的合法权益没有得到相应的恢复和维护,或者被害人主观认为自己的合法权益没有得到相应的恢复和维护,就会产生一种不公平感、被剥夺感,会对社会、对政府、对他人形成敌视、仇恨的态度和情绪,这就增加了其采取犯罪的手段发泄不满、报复社会的可能性,大量的案件也证实了这一点。

#### (二) 正向角色转换的几种情形

犯罪学和犯罪被害人学对发生在犯罪被害人和犯罪人之间的角色转换的情形,主要是对正向转换展开研究。犯罪被害人向犯罪人的转换,有的是在犯罪行为的实施过程中完成的,有的是在犯罪行为结束以后短时间内完成的,有的则是在犯罪行为结束以后很长时间内才完成的。犯罪被害人向犯罪人的正向转换存在如下几种情形。

1. 防卫过当型角色转换

防卫过当型角色转换发生在犯罪行为实施过程中。防卫过当的情形，是犯罪被害人在遭受犯罪行为侵害时，针对犯罪人所采取的对抗式的防卫措施超过了明显的必要的限度，对犯罪人造成了较为严重的伤害，甚至危及其生命，于是出现了最初的犯罪被害人向犯罪人转化，而最初的犯罪人向犯罪被害人转化的情形。防卫过当的情形通常具有如下几个要素：（1）针对犯罪被害人的侵害行为突然发生，犯罪被害人始料不及，处于反抗犯罪人的应激状态，没有充分的思考时间，以选择审慎的恰到好处的应对措施；（2）犯罪被害人面对突如其来的犯罪行为的侵害，其情绪状态是高度紧张、愤怒、恐惧、勇敢等多种复杂的情感交织在一起的；（3）犯罪被害人采取的是激烈对抗的方式，企图制服犯罪人，以迫使其不得不放弃实施犯罪行为，无法继续对自己实施伤害；（4）犯罪被害人对抗犯罪人的目的是保护自己的合法权益免受犯罪行为的侵害，主观上没有故意伤害他人的意思，但是由于其采取的措施是激烈对抗式的，且精神高度紧张没有充足的时间思考，无法预见自己的防卫措施是否会对犯罪人造成严重的伤害，存在主观上的过失。

2. 报复型角色转换

报复型角色转换发生在犯罪行为结束以后，可以是犯罪被害人在被害之后短期之内的行为，也可以是被害之后较长时间之内的行为。犯罪被害人在被害以后实施报复行为的对象，既可以是犯罪人，也可以是犯罪人的近亲属，还可以是社会上不特定的人或机构。犯罪被害人对他人实施报复性行为具有主观上的故意，其之所以形成主观上的故意，主要有以下几种原因：（1）犯罪被害人自己或其亲朋好友有比较强大的势力，可以通过自己的力量根据自己的意志给予犯罪人较之于法律更为严厉的惩罚；（2）犯罪被害人局限于自身的知识水平或认知能力，不懂得如何运用或不知道应当运用法律武器对犯罪人进行制裁，保护自己；（3）犯罪被害人出于保护自己隐私的考虑，如自己的声誉、自己某种比较隐秘的社会关系甚至自己某些不符合法律规范的行为等，不愿意通过法律渠道制裁犯罪人；（4）犯罪被害人对司法机关不信任；（5）法律对犯罪人没有作出恰当的应有的制裁，对于犯罪被害人显失公平，犯罪被害人的合法权益没有得到法律恰当的保护，引起犯罪被害人的不满；（6）司法机关已经通过法律的适用对犯罪人作出了公正的判决，但是犯罪被害人认为自己的诉求没有得到完全满足，主观上坚持认为判决不公；（7）犯罪被害人的近亲属、同学、同事、朋友等非但没有给予其应有的帮助和关心，反而对其嘲讽、挖苦、排斥，使其遭受三次被害，引发其内心的不满甚至愤怒，从而实施报复他人、报复社会的行为。

### 3. 认同型角色转换

所谓认同，是指犯罪被害人在遭受到某种犯罪行为的侵害之后，对该种犯罪行为有了进一步的了解，对犯罪的价值观念、行为模式等予以认可和学习，并进而实施了类似的犯罪行为，实现了由被害人向犯罪人的转化。认同型角色转换包括主动转换和被动转换两种情况。主动转换是指犯罪被害人主观上认同犯罪，客观上积极主动地实施犯罪行为，如有的人自己的电动车被盗，他（她）转而去盗窃别人的电动车，再如有人遭遇电信诈骗，被害之后他（她）发现通过电信诈骗可以轻而易举地获取大量钱财，并从中学会了诈骗的套路，于是自己组织一个诈骗团伙实施电信诈骗。被动转换是指犯罪被害人在遭到犯罪行为的侵害之后，并没有从主观上认同犯罪，但是在客观上受到犯罪人的控制和胁迫，不得已屈从于犯罪人的淫威，受犯罪人的指使而实施犯罪行为，从犯罪被害人转变为犯罪人。比如，有人被骗加入传销组织，之后受到传销组织的控制或胁迫，不得已再去欺骗他人，加入传销组织。

### 4. 堕落型角色转换

每个人的一生中都会遇到各种危机或者挫折性事件，遭遇到犯罪行为的侵害属于挫折性事件的一种，这会给犯罪被害人带来消极的情绪情感体验，使其感到沮丧、痛苦、愤懑、耻辱、哀伤等。多数人可以面对并解决生活中的各种危机或挫折性事件，但是有些人却不能成功地处理这种情况，并尽快地摆脱这些消极的情绪情感，有些犯罪被害人在遭受到犯罪行为的侵害之后，长期受消极情绪的折磨，无法摆脱，无法恢复正常的生活，长此以往便放弃自我，认为自己是彻底的被害人，是失败者，是被社会抛弃的人，以至于行为逐步偏离法律、道德等社会规范，却无力或不想进行自我约束和控制，一步步滑向违法犯罪的深渊。在实践中，堕落型角色转换较多地发生在被害女性的身上，她们在社会上处于弱势，情感脆弱，被害以后如果得不到心理上的支持和安慰，很容易陷入某种消极的情绪中无法自拔，而我们的社会有时对待遭遇到犯罪行为（尤其是性行为）侵害的女性并没有足够的理解和宽容，非但没有提供情感支持，反而落井下石，更加加重了被害女性的悲惨遭遇，甚至将其推向犯罪的一方。

### 5. 双重角色型角色转换

此种情形的角色转换发生在犯罪行为实施的过程之中，行为人同时具有犯罪被害人与犯罪人的双重身份。最典型的是双方互相暴力对抗的情形，对抗的双方既会对对方造成伤害，又会被对方伤害，既是犯罪人同时又是被害人。另外，有一种涉未满14周岁的幼女卖淫的情形，根据犯罪学和犯罪被害人学对犯罪以及犯罪人的界定，具有卖淫行为的卖淫女属于实施了犯罪行为的犯罪人，根据我国刑法的规定，成年男性与不满 14 周岁的幼女发生性行为，无论该女是主动还是被动，该成年男性均构成强奸罪，所以未满 14 周岁的卖淫女既是犯罪人又是强奸罪中的被害人。

### 6. 代际循环型角色转换

代际循环型角色转换是在犯罪行为结束之后经过很长的时间才能完成的，这个时间需要一个个体从幼年长到成年。所谓代际循环，又叫暴力循环，是指暴力犯罪行为在两代人之间的交替。一个个体在其成长的早期，经常遭受来自家庭成员尤其是监护人的暴力伤害或其他形式的虐待，这时他（她）是暴力犯罪的被害人，当他（她）成年以后，他（她）会表现出暴力的倾向或具有虐待他人的行为，这时他（她）成为暴力犯罪行为的实施者，于是暴力犯罪实现了在代际之间的循环，幼年时期遭受暴力犯罪的被害人转化为成年以后实施暴力犯罪的犯罪人。研究发现，儿童时期受过虐待的人相对没有受过虐待的人，其长大后实施犯罪行为的概率增加了 40%，与此同时，这类人成年后被逮捕的可能性增加了 38%。儿童时期受过虐待或被遗弃的女性，其成年后被逮捕的可能性增加了 77%，超过 1/3 的性犯罪人在儿童时期经历过或接触过性虐待行为，92% 左右的性罪犯在儿童时期经常被父亲、母亲或父母双方严重地殴打，而非性罪犯在早期经历中被父母殴打的比例为 62%，儿童时期受虐待的女性在成人后被逮捕的可能性更大，在被虐的家庭中长大的孩子，成人后有虐待自己孩子的倾向。①

所谓暴力，世界卫生组织给出的定义是，蓄意运用躯体的力量或权力，对自身、他人、群体或社会进行威胁性伤害，造成或极有可能造成操作、死亡、精神伤害、发育障碍或权益剥夺。② 暴力犯罪，可以被认为是犯罪人使用躯体的力量或借助于工具，对犯罪被害人造成威胁性伤害，使其遭受身体损害、精神伤害或财产权益的剥夺。具体到家庭中成年人对儿童的暴力犯罪，其具体形式包括对儿童拳打、脚踢、用棍棒抽打、用力摇晃、针扎、用开水烫、捂住口鼻使其窒息等。家庭中成年人对儿童的虐待则超出了暴力犯罪的范围，暴力只是虐待的形式之一，是对儿童身体的虐待，除对身体的虐待外，虐待还包括对儿童的性虐待，如针对儿童的强奸、猥亵、乱伦、牟利性性交易等；对儿童的感情虐待，如恐吓、辱骂、讽刺、挖苦等一切可能导致儿童出现沮丧、焦虑、恐惧、自我否定、自残等严重心理问题的行为。另外，"忽视"也被联合国列入虐待儿童的范畴，忽视的范围包括不能满足儿童吃饭穿衣等基本的生活需要、有病不带其就医、感

---

① 转引自李伟. 犯罪被害人学教程 [M]. 北京：北京大学出版社，2014：86.
② 世界卫生组织. 世界暴力与卫生报告 [R]. 北京：人民卫生出版社，2002：5.

情上的漠视、缺乏关爱、对其逃学等不良行为漠不关心、遗弃等。

研究表明，一个个体在其成长的早期遭受虐待对其心理发育的影响非常大，受虐时间的长短有关键性的影响，受虐时间长的人比受虐时间短的人在心理上受到的伤害更大，他们更有可能离家出走、男女乱交、参与暴力行为甚至刑事犯罪。

暴力犯罪为何会出现代际循环，心理学和社会学的相关理论为我们提供了解释。

其一，对儿童的虐待，尤其是殴打等严重的暴力伤害可能导致大脑结构发育异常或受损，对行为产生相应的影响，进而与犯罪产生联系。犯罪学研究表明，大脑受损或结构异常与犯罪行为有密切联系。"20世纪80年代对服刑人员的研究发现，他们中具有大脑不可逆损伤的比例令人吃惊。"① 针对儿童的暴力伤害大大增加了儿童大脑结构与功能受损的概率，进而增加了他们实施攻击行为的概率。另外，虐待会使儿童大脑中的5-羟色胺永久性减少，而5-羟色胺是大脑中调解情绪的重要化学物质，该物质数量大大减少会使个体容易实施冲动性行为甚至暴力犯罪。

其二，对儿童的虐待会抑制个体的积极情绪，导致消极情绪的增长和积累，并最终导致个体更容易实施犯罪行为。越来越多的研究表明，一个人的情绪会对他的行为产生重要影响，情绪能够对犯罪行为的抑制或促进发挥重要的作用。恐惧、愤怒、悲伤等消极情绪很容易被激发，对个体的行为产生重要影响，甚至起到支配的作用，"负性情绪比积极情绪在大脑中的印刻更深、更易被激发、对行为的影响也更大"。伴有强烈负面情绪的创伤体验会"消极地影响个体的自我观念并可能导致犯罪倾向"。②

一个个体在其成长早期遭受虐待，这种经历会抑制其同情心、怜悯心的发育，同时会造成其悲伤、痛苦、恐惧、愤怒等消极情绪不断增长。对他人的同情与怜悯，能够理解他人的感受，能够体会到他人的不幸与痛苦，并希望他人能够摆脱这种不幸与痛苦。一个个体在其儿童时期遭受虐待，自己的痛苦得不到抚慰，得不到同情与怜悯，长此以往，他（她）的同情心与怜悯心的发育就会受到抑制，难以体会与感受他人的痛苦，当他（她）成年以后对他人暴力相向的时候，表现出无情与冷血也就不足为奇。另外，愤怒是与暴力犯罪关系最为密切

---

① ［美］Nancy McWilliams. 精神分析案例解析［M］. 钟辉等译. 北京：中国轻工业出版社，2004：49.
② 转引自李伟. 犯罪被害人学教程［M］. 北京：北京大学出版社，2014：87.

的一种消极情绪。研究发现，暴力犯罪人最突出的特点就是因愤怒而失去控制，"布莱克在对苏格兰监狱中的冲动性暴力男性的研究（1986年）中发现，82%的被试者在暴力犯罪之前都能体会到无法抑制的愤怒情绪"[①]。个体在其儿童时期遭受虐待，会形成恐惧、悲伤、愤怒、焦虑等消极情绪，很多的消极情绪会随时表现出来，但是愤怒的情绪会因为儿童的弱小而被抑制，然而愤怒却从未消失，随着受虐时间的延长，愤怒的情绪在不断增长和积累，在个体成年以后，在特定的情境下，长期压抑的愤怒情绪得以表达，便以暴力犯罪的形式表现出来。此外，个体在其成长的早期，认知水平还处于较低的层次，如果长期遭受虐待，消极情绪成为主导，则会影响个体认识水平的发展，随着年龄的增长，其认知水平仍然处于一个较低的水平上，从而导致其社会适应能力的欠缺，出现社会适应困难，而社会适应困难是犯罪的一个重要诱因。

其三，成年人对儿童的暴力或虐待行为会被其学习和模仿，在儿童成年之后，遇到特定的情境，很容易通过习得的行为模式解决问题。美国学者阿伯特·班都拉提出了社会学习理论对犯罪学研究产生了重要影响，该理论认为，攻击行为并不是人们生来就会的，犯罪的技能需要通过学习才能掌握，所以犯罪行为是人们在自己的生活经历中学习获得的。个体在其儿童时期经常遭到来自成年人的暴力伤害或虐待，长此以往，则学会了这种行为方式和解决问题的模式，当其成年之后，遇到类似的情况或需要解决类似的问题时，其早已习得的关于暴力行为模式的记忆就被唤起，于是便学着自己童年时遭遇的暴力行为对他人实施暴力。

研究暴力犯罪的代际循环在儿童教育领域产生了重要影响，我们应当减少对儿童的暴力伤害和虐待，加强对儿童的关爱，充分保障儿童心理积极健康地发展，减少暴力犯罪的代际循环，这对于预防暴力犯罪具有重要意义。

---

① ［英］Clive R. Hollin. 犯罪评估和治疗必备手册［M］. 郑红丽译. 北京：中国轻工业出版社，2006：171.

# 第三章　犯罪被害人责任

通过第二章对犯罪被害人与犯罪人二者关系的梳理，我们发现，犯罪被害人与犯罪人存在密切的互动关系，犯罪的发生与这种互动密切相关。在犯罪的生成、发展过程中犯罪被害人不仅仅是被攻击、受侵犯的客观存在，而是会对整个事件起到积极的作用，甚至会对犯罪起到诱发、推动、促进的作用。此时，对于犯罪的发生，犯罪被害人是有责任的。许多学者在其研究中均证实了犯罪被害人责任的存在。研究犯罪被害人责任是犯罪被害人研究的一个重要范畴，是对犯罪被害人研究的理论体系的完善，对解决现实的犯罪问题也具有重要意义。

## 一、对犯罪被害人责任的再认识

提到犯罪被害人，社会公众对其抱有一种朴素的情感，通常会用不幸的、无辜的、可怜的、悲惨的、需要帮助的、弱者等一些词汇去形容他们，认为他们是应当被救助的、被保护的。学者们长期以来也是对犯罪人给予充分的关注，而对犯罪被害人缺乏理性认知。在司法制度层面，世界各国的刑事法律均以犯罪人为核心，对犯罪人作出否定性评价并进行责任的追究，却较少考虑被害人的因素。然而，随着犯罪被害人学的发展，犯罪被害人的责任这一问题逐渐进入大家的视野。汉斯·冯·亨蒂早在1955年就指出："从某种意义上说，被害人决定并塑造了罪犯……被害人与犯罪人之间具有深刻的相互作用……被害人可能在该事件中起到决定性的作用。"[①] 本杰明·门德尔松于1956年提出了著名的"刑事伙伴"理论，他认为，所有的犯罪被害人都对自己的被害亦即犯罪的发生负有责任，犯罪被害人的作用虽然有从先使用暴力到仅有一些引诱性的言语等各种不同情况，但如果没有犯罪被害人的作用就不可能产生犯罪人与犯罪被害人这一刑事关系。

---

① 转引自郭建安主编. 犯罪被害人学 [M]. 北京：北京大学出版社，1997：154.

1968年匈牙利学者史蒂文·谢弗阐述了其著名的"功能责任"理论,他指出,"社会规范描述的被害人功能角色要求其不做任何可能招致自身被害的事情,同时,也要求其积极地不去引诱他人实施犯罪"。"……被害人总是犯罪的原因……被害人的存在或他所具有的……什么因素,导致了犯罪……"[①]

现在犯罪学、犯罪被害人学、刑法学等领域的专家学者越来越多地关注犯罪被害人的责任问题,现实中犯罪被害人责任在很多语境中被使用,但是关于"被害人责任"的概念大家各有不同的理解,没有一个统一的准确的界定,对这一概念的使用也比较混乱,具体的表述有犯罪被害人责任、犯罪被害人过错、被害人过错责任等。我国学者关于该问题的讨论,使用"被害人过错"一词多于"被害人责任"。通过在中国知网的检索,以"犯罪被害人过错"一词为主题进行检索,共找到301条结果,含报纸、期刊、会议论文、硕士论文、博士论文等;以"犯罪被害人责任"一词为主题进行检索,共找到30条结果,含期刊、硕士论文、博士论文。笔者认为,这种表述方式的不同,表达了我国学者在探讨犯罪现象中存在的犯罪被害人的责任时持有审慎态度。所谓"过错"仅仅表示过失和错误,并不必然包含应当承担的不利后果;所谓"责任"既包含个体应当做的分内之事,又包含没有做好分内之事而应当承担的不利后果,显然"责任"一词比"过错"措辞更为激烈,表达了对犯罪被害人更严厉的谴责。笔者认为,很多情形下犯罪被害人在与犯罪人的互动过程中如果出现了过失甚至错误,对犯罪人的犯罪行为以及犯罪结果产生了实质性的影响,就应当对其作出否定性评价,并以某种特定的方式使其承担不利后果,这才符合研究犯罪被害人责任的初衷,实现追究犯罪被害人责任的现实意义,因此,使用"犯罪被害人责任"一词更为妥当。

所谓犯罪被害人责任,是指在一些犯罪事件中,由于犯罪被害人的不当行为或不良状态,诱发、推动犯罪行为的发生并导致自身合法权益遭到犯罪侵害而应当由犯罪被害人承担的否定性评价。[②] 对犯罪被害人责任的含义应当从以下几个方面进行理解。

### (一) 对犯罪被害人归责的事实依据

根据犯罪被害人与犯罪人的社会互动理论,在犯罪行为的实施过程中,犯罪被害人具有不恰当的语言或行为,或者处于某种不良的状态,对犯罪的发生发展

---

① [德] 汉斯·约阿希姆·施奈德. 国际范围内的被害人 [M]. 许章润等译. 北京:中国人民公安大学出版社,1992:4-5.

② 陈晓娟. 论犯罪被害人责任 [J]. 山东警察学院学报,2012 (3):118-125.

起到诱发、推动、促进或有利的作用，犯罪被害人成为犯罪行为过程中必不可少的核心要素，此时一般认为犯罪被害人对自己的被害结果负有一定的责任。犯罪被害人应当承担责任的事实依据通常包括两种情况，一种情况是犯罪被害人积极主动地实施了不恰当的行为，另一种情况是犯罪被害人并没有实施积极主动的行为，而仅仅处于某种特定的不良状态。

1. 不当行为

犯罪被害人的不当行为包括以下几种情况：

（1）触犯刑律的犯罪行为。这在犯罪被害人的过错中是最严重的一种情况，犯罪被害人先实施了违反刑法规范的严重的犯罪行为，对犯罪行为具有诱发或推动的作用，此种情况下的犯罪人最初通常是遵纪守法没有犯罪意图的，其之所以会产生犯罪意图并对被害人实施犯罪行为完全是被害人挑衅、诱发的结果。比如，有人趁家中无人入室盗窃，却被返回家中的业主发现，业主意欲制服盗窃之人，结果在打斗拉扯过程中盗贼失足摔下楼梯，导致骨折，成为被害人，但是其被害的结果完全是由其最初的入室盗窃行为引发的。

（2）一般的违法行为。一般的违法行为是违反了民法或行政法等法律规范的行为，比触犯刑律的行为过错程度轻。例如，有个女孩微信转账给朋友，却操作失误转账给另一男子，该男子收取转账金额拒不返还，这一行为构成了民法上的不当得利，于是女孩找朋友将该男子打伤。再如，有人骑电动车载人并闯红灯，违反了道路交通法规，结果被正常行驶的机动车撞伤。

（3）不符合社会公序良俗、道德规范。此种情况下，犯罪被害人的不当行为没有违反国家法律法规的禁止性规定，但是却违背了社会的公序良俗，在道德范围内具有非难性。比如，邻里之间因琐事产生矛盾，一方往另一方家门口扔垃圾、泼脏水、堵住门口叫骂，对对方形成刺激，导致矛盾升级，遭对方暴力伤害。

（4）无主观过错但却实施了特定的行为而与犯罪发生关联。此种情况下，犯罪被害人并无主观上的故意或过失，但是其实施的某种特定的行为会为犯罪人提供犯罪机会或犯罪条件。比如，年轻女性独自在僻静的公园夜跑，这是一种行为习惯，但是这种行为却为一些人实施抢劫或性侵犯等行为提供了犯罪机会。

前三种情况下的犯罪被害人主观上都有过错，或是故意，或是过失，只是过错的严重程度不同而已。

2. 特定状态

认定犯罪被害人责任不一定要求其必须积极、主动地实施了不当的行为，有时犯罪被害人具有的某种特定的状态也会成为对犯罪有利的因素，导致其被害。

这种特定的状态可以是消极的，或者是失措的，或者是无意识的，此种情况下，犯罪被害人是处在被动、不作为的状态的。比如，犯罪被害人具有轻信、贪利、虚荣、冲动、粗心、懦弱等不良性格，或者处于消沉、紧张、痛苦、恐惧等某种不良情绪，或者是处于诸如毒瘾发作、梦游、醉酒等特定状态。犯罪被害人所具有的这些特定状态可能促使本没有犯罪意图的人产生犯罪意图，或者打消犯罪人的顾虑，实施犯罪，或者使犯罪人变得更嚣张、更疯狂等。

**（二）犯罪被害人责任的类别——原因责任**

美国学者 H·C·A. 哈特从词源学的角度考证了"责任"一词的含义，并将其划分为四种类别：其一，地位责任，即在某一社会组织中具有某种地位或职位的人所应履行的职责；其二，原因责任，即对已经发生的某种结果负责，它体现了一般意义上的因果关系；其三，义务责任，指因为某种行为或损坏承担受惩罚或谴责的义务，包括法律义务责任和道德义务责任；其四，能力责任，即指责任能力。[①]

我们所探讨的犯罪被害人责任属于第二种类别"原因责任"，犯罪被害人不恰当的行为或某种特定的状态对犯罪人实施犯罪行为以及犯罪后果的出现产生了实质性的影响，甚至起到诱发、推动等主导作用，构成了犯罪原因系统的一部分。

犯罪学研究认为，犯罪原因与犯罪结果的关系应当是，犯罪原因引起犯罪行为的发生并导致犯罪结果的出现，犯罪原因就是引起犯罪现象发生的一切现象。在犯罪学领域进行犯罪原因与犯罪结果相互关系的论证，主要有两种模式：一种模式是从犯罪原因推导犯罪结果，即有了这些犯罪原因就会有犯罪结果；另一种模式是从犯罪结果追索犯罪原因，即犯罪结果是由哪些犯罪原因造成的，没有这些犯罪原因就不会有犯罪结果。两种模式相比较，第一种模式所探讨的犯罪原因的外延比第二种模式所探讨的犯罪原因的外延小。根据第一种模式对犯罪原因的探讨，犯罪原因必然导致犯罪结果，也就是犯罪原因导致犯罪结果具有必然性和直接性，通常指犯罪人本身的一些因素，如学历低、遭遇某种挫折、脾气暴躁等，以及一些社会因素，如贫富差距、失业、教育的偏差等。根据第二种模式对犯罪原因的探讨，犯罪原因的外延要更大，除具有必然性和直接性的因素之外，一些偶然性和间接性的因素也可以构成犯罪原因，如天气、犯罪现场的气氛、被害人的行为或状态等因素。虽然这些因素对于犯罪结果不是必然的，但是如果没有这些因素，犯罪结果可能就不会出现。我国犯罪学界对于犯罪原因的界定，更

---

① 陈晓娟. 论犯罪被害人责任 [J]. 山东警察学院学报, 2012 (3): 118-125.

多的是从狭义和广义两个角度进行论证,而上述两种模式则与之是相对应的。上述第一种模式对应了狭义的犯罪原因,第二种模式对应了广义的犯罪原因。根据前文对第一种模式的介绍,狭义的犯罪原因可以界定为在引起犯罪现象的因素中,对犯罪行为的发生或犯罪结果的出现发挥了必然性和直接性作用的因素。因此,狭义的犯罪原因又可以称其为直接的原因。广义的犯罪原因可以界定为对犯罪行为的发生或犯罪结果的出现具有各种引发、促成、影响等作用的诸多因素相互作用、有机联系而形成的犯罪原因系统。犯罪学界通常认为,任何一起犯罪的发生都不是单方面原因造成的,犯罪是犯罪人与被害人在特定的情境中互动的结果。因此,引起犯罪结果的因素既有犯罪人方面的原因,也有被害人方面的原因,还有外在环境方面的原因,既有宏观环境的原因,也有中观环境和微观环境的原因,这诸多方面的原因相互结合、相互影响、共同作用于犯罪,最终导致犯罪结果的出现。因此,通常情况下犯罪学对犯罪原因的研究是从广义上开展的,狭义的犯罪原因会基于特定的研究需要而采用。

据此,根据犯罪学关于广义犯罪原因的观点,犯罪被害人的不当行为或特定状态属于犯罪原因系统的构成要素,与犯罪及其后果的出现存在因果关系。

(三) 犯罪被害人责任的性质——事实责任

对犯罪被害人责任是否经过规范性的评价,可以将其分为规范责任和事实责任两种情况。规范责任是指对某种事实进行社会规范的评价而应当承担的不利后果。社会规范包括法律、法规、规章、制度、纪律、道德等,依据不同的社会规范进行的否定性评价,规范责任又可以分为道德责任、纪律责任、法律责任等。事实责任是对某种事实的评价突破了社会规范的评价体系,不以社会规范的设立为前提,是超越了社会规范的责任形式,无论有无社会规范的评价,均是客观存在的,均已引发某种不利后果,更多地体现为一种因果责任。

本书对犯罪被害人责任的研究是视其为犯罪被害现象的一种表现形式,在犯罪学和犯罪被害人学视域下展开研究,而犯罪学及犯罪被害人学属于事实性学科而非规范性学科,在其研究范畴,视犯罪现象及被害现象为一种社会现象,对其进行事实性研究而非规范性研究。因此,对犯罪被害人责任性质的界定,视其为一种事实责任而非规范责任。犯罪现象的发生、发展过程就是犯罪—被害的互动过程,在这一客观事实进程中,犯罪被害人的不当行为或特定状态对犯罪与被害的发展变化产生实质性影响,这是客观存在的,不需要依赖社会规范的评价。况且,有时候犯罪被害人的不当行为或特定状态虽然对其被害产生了实质性的影响,但是被害人并不具有主观上的过错或过失,社会规范无法作出评价,突破了社会规范评价体系。

### (四) 犯罪被害人责任的形式——客观责任

与犯罪人责任的形式是主观责任[①]不同，犯罪被害人责任的形式属于客观责任。一方面，通过前文对犯罪被害人归责的事实依据的分析，对犯罪被害产生实质影响的犯罪被害人的不当行为或特定状态，有些情况下犯罪被害人确实存在主观过错，尤其是犯罪被害人先实施了触犯刑律的犯罪行为这种情况，但是还有很多情况犯罪被害人在没有主观过错的情况下实施了一些行为或具有某种状态仍然会对犯罪的发生、发展产生积极的影响，所以对犯罪被害人归责并不以其具有主观过错为前提。另一方面，对犯罪被害人归责强调犯罪被害人与犯罪行为的因果关系，无论犯罪被害人是有意识的不当行为还是其无意识的特定状态，只要是在客观上对犯罪事实产生了实质性的影响，符合原因与结果之间的引发与被引发的关系，就可以构成犯罪被害人责任。

## 二、确立犯罪被害人责任的依据

### (一) 确立犯罪被害人责任的理论依据

1. 社会互动理论

对责任的研究通常是以情境性的、动态性的互动模式为基础，而犯罪正是犯罪被害人与犯罪人在特定情境中互动的结果，根据第二章对犯罪被害人与犯罪人相互关系的阐述，犯罪被害人在犯罪的发生、发展过程中具有积极主动性，会对自己的被害作出积极的贡献。20世纪中叶开始，以色列律师汉斯·冯·亨蒂提出犯罪人与犯罪被害人的互动关系、以色列学者本杰明·门德尔松提出"刑事伙伴"理论、美国犯罪学家马尔文·E.沃尔夫冈提出"被害人推动"理论、匈牙利学者史蒂文·谢弗提出"功能责任"理论，形成犯罪被害人与犯罪人的社会互动理论，论证了犯罪被害人责任存在的可能性（详情见第二章）。

2. 被害人谴责观

被害人谴责观认为，犯罪被害人会因为自己对犯罪行为的助长、促进和挑衅而应当同犯罪人一起对犯罪负有责任。人们通常认为，对犯罪被害人谴责的前提是，其对自己的被害实施了具体的应受指责的行为，可以分为被害人助长、被害

---

[①] 犯罪学对犯罪人的界定，是指实施了危害社会的行为而应当被采取防治措施的人。对犯罪人追究责任要求主客观的统一，即犯罪人客观上实施了危害社会的行为，而主观上存在过错，包括故意和过失，即犯罪人根据其主观意志实施了危害社会的行为，于是形成了对其追责的可能性。

人促成和被害人挑衅三种情况。

被害人助长,是指犯罪被害人具有一些不明智的举动,如随意、疏忽、粗心、满不在乎等无形之中帮助了犯罪人,为犯罪人实施犯罪行为提供了机会或便利,提高了自己遭受犯罪行为侵害的风险,最终导致自己被害。在被害人助长的情形下,犯罪被害人对犯罪人具有一种吸引力,将那些已经形成犯意的人吸引到自己疏于保护的被侵害对象上。比如,一位电动车车主将自己的电动车停放到某商店门口,但是没有拔下车钥匙,结果电动车被人偷走,此时犯罪被害人的行为就属于被害人助长的情形,这时车主是会受到谴责的。但如果换成另外一种情形,一位电动车车主欲将电动车停放到某商店门口,在其刚刚下车尚未停稳的时候,被守候在一旁伺机盗车的犯罪人推倒在地将车抢走,此时就不属于被害人助长的情形,车主受到的不是谴责而是同情。美国的《全国犯罪被害调查》显示,20世纪90年代到21世纪,入室盗窃案件中非暴力的非法进入的情形占50%甚至更多,如果人们更细心一些,锁好门窗,成功入室盗窃的总量会减少一半。[1]

被害人促成,是指犯罪被害人在与犯罪人存在前期冲突的情形下,其实施了不恰当行为对犯罪人形成刺激,对犯罪行为的实施起到了促成、推动的作用。此种情况下,犯罪被害人的不当行为对于犯罪人犯意的形成以及犯罪行为的实施是必不可少、至关重要的。与被害人助长相比,被害人促成情形下被害人对犯罪的责任要大,且通常是对严重的暴力犯罪,如杀人、伤害、抢劫、强奸等犯罪行为的促成和推动,导致犯罪被害人遭受严重的人身伤害。比如,被害人促成杀人的情形,通常是犯罪被害人与犯罪人事先认识,存在争端,并且犯罪被害人先使用武力解决争端,如持刀、使用肢体暴力、言辞激烈的辱骂等,最终促成犯罪人与之进行暴力对抗,实施杀人行为。

被害人挑衅同被害人促成一样通常是对严重的暴力犯罪起到诱发、推动的作用,但是比被害人促成情形下被害人责任更大的一种情形。被害人挑衅是在犯罪人毫无犯意的前提下,犯罪被害人先对犯罪人实施了挑衅性的行为激怒对方,对犯罪人形成极大刺激,使得本来遵纪守法的人不得已采取暴力手段对抗挑衅,最终使得最初的挑衅者成为暴力被害人。在被害人挑衅的情形下,犯罪人的责任通常比较小,犯罪被害人具有非常大的责任,有时甚至应当承担完全的责任,此时无论是在社会公众的朴素观念中,还是在法律的层面上,犯罪被害人都会受到谴责,承担不利后果。

---

[1] [美]安德鲁·卡曼. 犯罪被害人学导论(第六版)[M]. 李伟等译. 北京:北京大学出版社, 2010:124.

被害人谴责观认为，无论是在被害前、被害中还是被害后，无论是犯罪被害人的疏忽大意或者事先诉诸武力，对其遭受犯罪行为侵害的不幸后果产生了实质的影响，是犯罪被害人导致了自己的损失和痛苦。根据被害人谴责观，首先犯罪被害人是存在失误或错误的，其次这些失误或错误成为他们身陷困境的原因，如果他们不这么做就不会受到犯罪侵害，所以他们是应当受到谴责的。若要对他们提出警告，则是，想要免遭犯罪行为的侵害，就要改变自己的行为方式和思维方式、规范自己的言行。

3. 风险创设理论

根据自我承担风险原则，如果犯罪被害人知道实施某种行为或从事某项活动具有的危险仍坚持这样做了，那么当危险真正发生之后，犯罪被害人就应当自行承担。对自我承担风险原则的发展形成了风险创设理论。该理论有两个核心概念，即"行为的危险性"和"危险实现"。"行为的危险性"是指某种行为可能造成某种结果的危险性，此时的结果只是一种抽象的结果，只是存在出现此种结果的可能性。"危险实现"是指事先的危险行为造成某种结果的现实性，此时的结果是具体的结果，某种行为导致某种结果的危险性得以实现。通常"行为的危险性"会导致"危险实现"，如纵火行为具有"行为的危险性"，该行为导致犯罪被害人的人身伤亡和财产损失，即"危险实现"。但是有些情况"行为的危险性"并不必然导致"危险实现"，如犯罪人持刀针对犯罪被害人的故意伤害行为导致犯罪被害人身体受到严重伤害，被他人及时发现送至医院抢救，但是在医院治疗的过程中，犯罪被害人在病情依然严重的情况下自行离开医院，最终导致死亡。此种情况下，犯罪人的持刀伤害行为具有"行为的危险性"，可能会造成犯罪被害人的死亡，但是此时的结果仅仅是抽象的结果，只具有犯罪被害人死亡的可能性。由于犯罪被害人被他人及时发现送医治疗，没有导致"危险实现"，即持刀伤害行为导致犯罪被害人死亡的结果并没有实现，抽象的结果没有转化成具体的结果，最终犯罪被害人的死亡是由于自己在治疗期间自行离开医院所致，而非犯罪人的持刀伤害行为所致，此时犯罪被害人是应当对自己的死亡结果承担责任的。

德国学者 Roxin 创立了完整的风险创设理论，主张由于犯罪被害人的过错而应当排除对犯罪人的责任。其主要包括两种情形：（1）"故意自危时的共同作用"，即受到犯罪人的影响犯罪被害人实施了具有危险性的行为而因此遭受损害，或者犯罪人在犯罪被害人实施的危险行为中共同发挥了作用，此时应当排除对犯罪人的责任。比如，甲乙两人相约共同喝酒，在喝酒之前甲就吹捧乙驾车技术一流，即便酒后驾车也没问题，后两人喝至醉酒的状态，乙由于事先受到甲的吹捧，坚持醉酒后驾车，结果导致事故车毁人亡，此时应当排除甲的刑事责任。或者，甲乙两人相约共同喝酒，后喝至微醺尚未到达醉酒的状态下，两人各自开着自己的车飙车，结果乙操作失误发生事故导致车毁人亡，此时也应排除甲的刑事责任。(2)"同意他人造成的危险"，即犯罪被害人没有自己实施某种危险行为，但在明知存在风险的情况下，却让他人实施了危险行为，最终导致自己被害，此时应由犯罪被害人自行承担责任。比如，一位企业负责人由司机驾车赶赴一个会议，由于时间紧张，该负责人不顾雨天路滑，仍要求司机在高速公路上超速行驶，结果在一拐弯处车子驶离公路，导致该负责人不幸遇难，此时犯罪被害人应当自行承担责任。

4. 期待可能性理论

期待可能性理论源于德国1896年的癖马案。该案的被告是受雇于他人的一名马车夫，在被雇用期间，他发现自己所驾的马车中的一匹马经常用尾巴缠绕缰绳，并将缰绳压低，妨碍驾车，于是多次提醒雇主更换马匹，但是雇主没有同意，马车夫迫于生计，只得依从。一段时间后的一天，当这名马车夫驾车时，该匹马突然受惊，尾巴缠绕缰绳并用力下压，导致马车夫无法控制马车，将一行人撞伤。检察官对马车夫以过失伤害罪提起诉讼，但是法院却判决其无罪，理由是马车夫虽然知道该马匹的危险癖性，并曾要求更换马匹，但是雇主并未同意，马车夫迫于生计，不得不遵从雇主的意见，不能期待他坚决违抗雇主的命令、以失去赖以为生的职业为代价，去履行避免危害结果发生的义务。基于马车夫的经济状况、社会地位的考虑，不具有合法行为的期待可能性，因此不具有可责性。

期待可能性，是指根据行为时的具体情况，可以期待行为人实施合法行为、避免违法行为的可能性，体现了法律不得强迫行为人为不可能之事的原则。换言之，社会期待行为人在行为时应当遵守法律规范，行为人如果违反法律规范实施违法行为，则是违反了社会的期待，因此其行为具有了可责性，应当承担相应的法律责任。期待可能性理论逐步发展成为西方刑事责任理论中居于支配地位的刑法理论，充分体现了刑法的人道主义精神。

犯罪被害人责任很多时候可以构成期待可能性事由，因犯罪被害人的不当行为或特定状态，导致犯罪人不具有实施合法行为的期待可能性，出现了不得不实施加害行为的情况。正当防卫是最典型的情形。在正当防卫的情形下，防卫人面临被防卫人不法侵害的紧急状况，无法期待其避免对被防卫人实施伤害行为的可能性，此时防卫人对被防卫人的伤害行为不具有可责性；事实上成为被害人的被防卫人由于自己的先前不法行为造成了自己的被害，则应当承担不利后果及否定性评价。

### (二) 确立犯罪被害人责任的现实依据

我国对犯罪被害人责任相关问题的关注和研究是从 2000 年以后逐步出现的，当时犯罪被害人责任这一概念尚未被广泛接受，但是目前世界上的很多国家将犯罪被害人责任法定化，并通过各种方式影响司法判决。我国一些法律，包括刑法、民法，也已对犯罪被害人责任作出了相关规定，但涉及犯罪被害人责任的条文比较少，一些司法解释亦有些对犯罪被害人责任的涉及。另外，在司法实践中犯罪被害人责任作为一种酌定情节影响对犯罪人量刑的情况越来越多地出现。普通的社会公众也在一定程度上开始意识到犯罪被害人责任的存在。这些都可以构成确立犯罪被害人责任的现实依据。

1. 域外法的规定

很多国家的刑法确立了犯罪被害人责任，最典型的是正当防卫制度，该制度中，考虑到犯罪被害人的责任而对犯罪人的责任全部予以免除。英美刑法主要从两个方面对犯罪被害人责任予以肯定，一是在辩护方面，二是在量刑领域。在辩护方面，体现被害人责任的辩护事由包括正当防卫、警察圈套、被害人同意、被害辩护策略等。警察圈套又被称为诱惑侦查，是指警察等司法工作人员为了打击犯罪的需要，想要获取对某人提起刑事诉讼的证据，于是对其提供犯罪机会，使其实施了犯罪行为，被告人可以以自己的犯罪行为是在警察等司法工作人员的诱惑下而实施的为由提出免责的辩护。被害人同意又被称为被害人承诺，是指被害人同意他人侵害自己可支配的权益，此时可以降低甚至免除犯罪人的责任。被害辩护，通常是指犯罪人之所以实施了犯罪行为，是因为其之前的反复被害的经历所致，即犯罪人之前的被害经历成为其辩护的理由。最典型的情况是，家庭暴力犯罪中的被害女性因不堪忍受而对施暴者实施了犯罪行为成为犯罪人，此时对于该女性犯罪人的辩护被称为"受虐妇女辩护"（Bettered Woman's Self-Defense）。受虐妇女辩护是随着 20 世纪 70 年代女权运动的发展而逐步被接受并发展成为一种比较成熟的辩护策略。被害辩护策略"已经成为一个独立存在而未被正式记载的理由：曾经受虐待的历史可能在事实上将杀人行为合法化"。[①] 在量刑领域，当犯罪被害人存在过错时相应减轻对犯罪人的刑罚处罚。比如，美国的《联邦量刑指南》第五章"确定判决" K 部分"偏离规则"第二节"其他偏离的情形"中直接规定了犯罪中的被害人过错问题："如果被害人的过错行为明显地促使了犯罪行为的发生，法院可以在指南范围以下处罚以适应犯罪行为的性

---

[①] 王佳明. 互动之中的犯罪与被害——刑法领域中的被害人责任研究 [M]. 北京：北京大学出版社，2007：114.

质和情节。"大陆法系国家在其刑法中总则部分对犯罪被害人责任作出原则性规定，如瑞士《刑法典》第 64 条规定，行为人因下列各项原因之一而为行为的，法官可以对其从轻处罚……行为人因被害人行为的诱惑；非法刺激或侮辱造成行为人愤怒或痛苦。俄罗斯联邦《刑法典》第 61 条（减轻刑罚的情节）第 1 款第 8 项规定，由于被害人的行为不合法或不道德而实施犯罪。大陆法系一些国家在其刑法典分则的具体罪名中对犯罪被害人责任也作出了规定，如德国《刑法典》第 213 条规定，（故意杀人的减轻情节）非行为人的责任，而是因为被害人对其个人或家属进行虐待或重大侮辱，致行为人当场义愤杀人，或具有其他减轻情节的，处 1 年以上 10 年以下自由刑。[①]

2. 我国法律的规定

我国民事、刑事法律规范以及最高人民法院的司法解释等均有关于犯罪被害人责任的相关规定。

我国《民法典》侵权责任编规定了"受害人故意""自甘风险""过失相抵"等，均是犯罪被害人责任的体现。《民法典》第 1173 条规定："被侵权人对同一损害的发生有过错的，可以减轻侵权人的责任。"第 1174 条规定："损害是因受害人故意造成的，行为人不承担责任。"第 1176 条第 1 款规定："自愿参加具有一定风险的文体活动，因其他参加者的行为受到损害的，受害人不得请求其他参加者承担侵权责任；但是，其他参加者对损害的发生有故意或者重大过失的除外。"这些规定体现了在民事法律关系中，被害人的权益受到侵犯，可以要求侵权人进行损害赔偿。但是，在被害人因故意或过失存在过错的情况下，构成犯罪被害人责任，根据其过错责任程度，相应免除或减轻侵权人的责任。

我国刑法对犯罪被害人责任并没有作出明确规定，只是在正当防卫有关条款中体现出了被害人责任对量刑的影响。我国《刑法》第 20 条第 1 款规定："为了使国家、公共利益、本人或他人的人身、财产和其他权利免受正在进行的不法侵害，而采取的制止不法侵害的行为，对不法侵害人造成损害的，属于正当防卫，不负刑事责任。"此种规定体现出因犯罪被害人责任犯罪人不具有可责性，但并没有对犯罪被害人责任作出直接规定。我国的司法解释有对于犯罪被害人责任的直接规定，主要有：1999 年的《全国法院维护农村稳定刑事审判工作座谈会纪要》，这是我国最早对犯罪被害人责任予以认定的刑事法律文件，该文件对犯罪被害人有过错的故意杀人犯罪作出了专门规定："对故意杀人犯罪是否判处死刑，不仅要看是否造成了被害人死亡的结果……对于被害人一方有明显过错或对矛盾

---

[①] 转引自陈晓娟. 论犯罪被害人责任 [J]. 山东警察学院学报，2012（3）：118-125.

激化负有直接责任,或者被告人有法定从轻处罚情节的,一般不应判处死刑立即执行。"① 2007 年 1 月 15 日发布的最高人民法院《关于为构建社会主义和谐社会提供司法保障的若干意见》中第 18 条规定:"对于因婚姻家庭、邻里纠纷等民间矛盾激化引发的案件,因被害方的过错行为引发的案件,案发后真诚悔罪并积极赔偿被害人损失的案件,应慎用死刑立即执行。"最高人民法院发布了《人民法院量刑指导意见(试行)》也对犯罪被害人责任作出了明确规定,其中 2009 年修订的规定,(1) 被害人有严重过错或者对矛盾激化负有直接责任的,可以减少基准刑的 20%-30%;(2) 被害人有一般过错或者对矛盾激化负有一定责任的,可以减少基准刑的 20% 以下。2010 年修订的针对故意伤害罪规定,因被害人的过错引发犯罪或对矛盾激化引发犯罪负有责任的,可以减少基准刑的 20% 以下。另外,在一些地方性规范性文件中也存在对犯罪被害人责任的直接规定,如山东省《关于常见犯罪的量刑指导意见》的实施细则中规定,如果犯罪中存在犯罪被害人过错情节,可以减少基准刑的 40% 以下。

总的来说,我国关于犯罪被害人责任的法律规定较少,仅有的规定也只是概括性规定,地方性规范更是存在地区差异,这必然导致随意性、差异性等适用中的混乱。

3. 我国司法实践对犯罪被害人责任的认定

由于我国法律对犯罪被害人责任作出规定的条款较少,导致司法实践中在对犯罪人进行追责时较少考虑犯罪被害人的责任,有些法官明确表示自己在案件审判时不会考虑被害人的过错。但是近些年犯罪被害人责任作为酌定量刑情节影响判案的情况亦频频出现,法院在对一些案件审判时考虑了犯罪被害人的责任并影响了对犯罪人的刑罚。在法院审结的刑事案件中,法院会考虑犯罪被害人的责任并影响对犯罪人的量刑的案件类型主要集中在侵犯人身权利的犯罪中,以故意伤害、故意杀人、非法拘禁和强奸最为突出。此外,侵财犯罪中的诈骗罪、危害公共安全犯罪中的交通肇事罪两种类型的犯罪中认定犯罪被害人责任的情形也较多。在司法实践中,只有犯罪被害人责任达到一定程度才会被认定,具有刑法中的量刑意义。如果犯罪被害人责任比较轻微,如一般的辱骂、纠纷、争执引发犯罪人的犯罪行为,通常不会从刑法意义上进行被害人责任的认定,而认为此种情况下的被害人只需受到道德范畴的否定性评价即可。只有当犯罪被害人具有明显的过错或严重的过错,明显违反了社会道德、法律规范,甚至严重侵犯了他人的合法权益,在矛盾的激化与升级中起到了明显的推动作用,法官才会认定犯罪被

---

① 转引自陈晓娟. 论犯罪被害人责任 [J]. 山东警察学院学报,2012 (3):118-125.

害人有一定的过错，可以对被告人酌定从轻处罚。

在司法实践中，犯罪被害人责任作为酌定量刑情节，对于准确地对犯罪人定罪量刑、实现司法公正发挥了重要作用。但是，其适用情况受到司法解释、实施细则以及法官的法律素养等多方面的影响，正如前文提到的，目前我国与犯罪被害人责任相关的法律规范性文件非常少，且都是概括性规定，地方性法律文件存在地域差异，法官对该问题的认识也极不统一，导致犯罪害人责任作为酌定量刑情节的适用存在混乱，同案不同判的现象时有发生。

4. 犯罪被害人责任在道德领域的体现

根据前文对犯罪被害人责任概念的界定，犯罪被害人责任是一种事实责任，不依赖于社会规范的评价，突破了社会规范的评价体系，尤其是我国的法律规范评价体系对犯罪被害人责任的认定过于苛刻，只有在犯罪被害人过错程度较大的情况下才具有法律规范评价的意义，而犯罪被害人过错程度较轻，甚至没有主观过错的情况，通常在道德领域得以体现。比如，邻里之间因为噪音问题出现矛盾，楼上住户早出晚归，经常制造一些噪音影响楼下住户生活，楼下住户对楼上住户提出意见却未得到有效解决，一日楼上住户晚归并继续制造出各种噪音，楼下住户从睡梦中被吵醒之后到楼上理论，继而发生肢体冲突，导致楼上住户受伤。这种情况中的被害人责任通常不会进入法律规范的评价体系，但是在道德领域被害人却会受到一定的谴责。

## 三、犯罪被害人责任研究的意义

### （一）有助于实现社会正义与刑罚正义

目前，刑法学中的刑事责任理论完全将责任归结为犯罪人一方，而忽视了犯罪被害人的因素，这样不能全面把握犯罪的规律和实质，根据犯罪被害人与犯罪人的互动关系，犯罪被害人的责任应当被纳入讨论的范畴。根据刑法的罪责原则，犯罪人不应该承受不应归咎于其自身的多余的责任，无罪责则无刑罚，对犯罪人的刑罚不能逾越其罪责的程度。所以，明确犯罪被害人的责任，以正确对犯罪人和犯罪被害人进行归责，具有重要意义，可以更准确地界定犯罪人的责任，使得对犯罪人的保护具有事实依据和法律依据。根据分配正义理论，国家应当在犯罪人与犯罪被害人之间公平地分配权利和义务，犯罪人虽是犯罪行为的实施者，但在犯罪被害人有责任的情况下，则是犯罪被害人先行不当行为的受害者，犯罪被害人虽是犯罪行为的受害者，却是先前不当行为的实施者。因此，国家要想平等地保护双方的合法权益，实现分配正义，则应在对犯罪人进行刑事处罚的同时充分考虑被害人的责任，并最终影响对犯罪人的量刑。一方面，由于犯罪被害人责任的存在，来自犯罪被害人方面的引诱、刺激使得犯罪人产生或强化了犯罪意图，在此情况下，犯罪人的主观恶性相对较小，因而对其进行的道德责难和法律责难也应当较小。另一方面，既然犯罪被害人在犯罪—被害的互动过程中负有责任，就应当正确区分犯罪人和犯罪被害人的责任，在由犯罪人承担责任的同时，要根据犯罪被害人的责任大小由犯罪被害人承担起属于他应当承担的那部分责任，而不是让犯罪人承担其全部损害的责任，这样完全符合公平正义的理念。[①]

### （二）有助于降低控制犯罪的成本，节约司法资源和社会资源

犯罪发生后，出于打击犯罪、控制犯罪、恢复与维护社会秩序的需要，针对犯罪的立案、侦查、审查、起诉、审判、执行等各项司法活动需要耗费大量的司法资源和社会资源，但是单纯地针对犯罪人的事后打击、惩罚与改造措施却表现出有效预防与减少犯罪的局限性。通过研究犯罪被害人责任为我们有效地预防与减少犯罪提供了新的视角。大量犯罪是由于犯罪被害人不恰当的语言或行为诱发或推动的，是犯罪被害人最初实施了不道德的或违法的甚至犯罪的行为促发了犯罪，犯罪被害人是最初的"犯罪人"，而最终的犯罪人实则是最初的"被害人"。这种情况下，犯罪被害人不恰当的言行是犯罪的主要原因，没有被害人不当言行在先就不会有犯罪的最终发生，这时就产生了犯罪被害人责任。如果置犯罪被害人于不顾，仅仅着眼于犯罪人的侵害行为，这类犯罪真的很难控制，只能不断地动用更多的社会资源控制犯罪和利用有限的司法资源处置犯罪，同时犯罪仍然会在犯罪被害人的不当行为的推动之下继续大量生成。如果我们能够正视犯罪被害人责任，对犯罪被害人的不当言行和不良状态作出否定性评价，则可以在全社会范围内对广大的潜在被害人起到教育警示作用，提高广大的潜在被害人的安全意识、责任意识和防范意识，进而使他们改变一些特定的生活方式、行为模式、不良习惯，规范自身的行为，消除自身的不良状态。这样就大大减少了犯罪的诱因或犯罪的机会，犯罪得以遏制，犯罪数量和犯罪人的数量减少，最终我们控制犯罪所要付出的社会成本减少，节约司法资源和社会资源。

### （三）有助于完善犯罪防控对策

犯罪被害人责任研究有助于完善犯罪防控对策。寻找犯罪预防的对策以对犯罪原因的分析为前提。传统犯罪学的研究以犯罪行为和犯罪人为核心，对犯罪原因的分析围绕犯罪人展开，包括导致犯罪人形成犯罪动机、实施犯罪行为的社会

---

[①] 陈晓娟. 论犯罪被害人责任 [J]. 山东警察学院学报，2012 (3)：118-125.

因素、心理因素、生物学因素等。与之相对应地，对犯罪预防体系构建也围绕犯罪人展开，从社会制度、家庭教育、心理干预等诸多方面探寻如何抑制犯罪人犯罪动机的形成、如何制止其犯罪行为的实施等。通过对犯罪被害人责任的研究，学者们意识到犯罪被害人对犯罪行为的推动和促进作用，从某种意义上说，没有犯罪被害人就没有犯罪人，也就没有犯罪。因此，可以通过对犯罪被害人责任的认定，强调犯罪被害人通过改变不良的行为习惯、规范自己的言行，减少对犯罪的刺激与促进，预防被害，以预防犯罪。犯罪被害预防由此产生。从犯罪被害人的角度预防被害可以最大限度地调动、发挥公众及相关组织预防犯罪的积极性。被害预防比犯罪预防可以更有效地发挥预防犯罪的作用，因为改造犯罪人的心理和行为是一个庞大复杂的系统工程，有些措施实施起来周期长、难度大、见效慢。但是，提高广大潜在犯罪被害人的防范意识，调动其预防自身被害的积极性则相对容易得多，相关措施更容易落实、可操作性强、见效快。

### （四）有助于把握犯罪的全貌

虽然犯罪人实施了危害他人、危害社会的行为，但是如果仅仅着眼于犯罪人，研究其犯罪动机、成长经历、对其进行追责等，则无法把握犯罪的全貌。毕竟犯罪行为是犯罪人与犯罪被害人互动的过程，任何犯罪行为都是犯罪人与犯罪被害人互动的结果，犯罪被害人是研究犯罪现象的一个关键要素。事实上，大多数犯罪的原因不仅仅是犯罪人单方面的问题，在犯罪过程中，从犯罪前到犯罪中，再到犯罪后，犯罪被害人都不是一个无辜的、静止的存在，犯罪是犯罪人与犯罪被害人互动的结果，在很多的犯罪行为中，犯罪被害人起到了重要的甚至决定性的作用。因此，只有研究犯罪被害人责任才能对犯罪人有一个更客观的认知，才能对犯罪有一个更全面的把握。

## 四、犯罪被害人责任追究制度的构建

从理念层面上提出犯罪被害人责任，论证了其存在的合理性，但若要在实践中真正发挥作用，还需要使犯罪被害人责任制度化。构建犯罪被害人责任追究制度，使犯罪被害人承担起属于自己的那部分责任，对强化犯罪被害人的防范意识和责任意识，预防犯罪和被害，实现司法公正具有重要意义。

### （一）犯罪被害人责任的认定标准

构建犯罪被害人责任追究制度的前提是要对犯罪被害人责任进行认定。构成犯罪被害人责任的关键要素是犯罪被害人的不当行为或特定状态，但并非所有的不当行为或特定状态均可以构成犯罪被害人责任，认定犯罪被害人责任的标准如下：

1. 犯罪被害人的不当行为或特定状态违背了"共同的社会标准"

探讨该问题的前提立论是：犯罪被害人有能力保护自己的利益。于是产生了犯罪被害人应当承担的保护个人利益的义务，如何认定犯罪被害人的个人保护义务则需要遵循一定的标准，而不是随意分配。比如，贵重的便于携带的物品容易被盗，如手表，那么要求被害人通过不购买手表而避免被盗，这种对被害人保护义务的分配就是不合理的，对被害人的其他权益形成了妨碍。通常认定犯罪被害人的保护义务应遵循"共同的社会标准"，其包括两点，一是社会所共同认可的，二是人们能够合理期待的。如果犯罪被害人的行为或状态违反了以上两点即违反了共同的社会标准，则可以被认为未尽到保护义务，可以构成犯罪被害人责任。比如，停车落锁是常识，是社会共同认可的，也是人们能够合理期待的，因为停车落锁行为不是什么难以完成的事情，不需要行为人投入什么时间和精力，也不会对行为人其他权益形成任何妨碍。因此，如果有人停车之后没有锁车，导致车内财物被盗，这时犯罪被害人没有尽到保护义务，其行为违背了共同的社会标准，因而具有了可责性，构成犯罪被害人责任。再如，在夏天极为闷热的晚上，犯罪被害人敞开窗户睡觉，结果有人从窗户进入室内实施盗窃，此种情形下虽然犯罪被害人敞开窗户的行为为入室盗窃提供了条件，但是此时并不能要求犯罪被害人具有保护义务，因为在极为闷热的晚上关窗会造成身体极度不适，此时关窗以防盗会对被害人的其他权益形成妨碍，不是人们能够合理期待的行为，则不构成犯罪被害人责任。

2. 犯罪被害人的不当行为或特定状态对犯罪产生事实上的影响

构成犯罪被害人责任，要求犯罪被害人的不当行为或特定状态对犯罪产生实质性的影响，但并不要求对犯罪的影响达到一定的程度。通过前文对我国刑事司法中存在的认定犯罪被害人责任影响对犯罪人量刑的情况的介绍，我们发现在刑事司法中要求犯罪被害人存在过错，并且其过错必须达到一定的程度才具有刑法学评价的意义。但在犯罪学及犯罪被害人学的研究领域，认定犯罪被害人责任为一种事实责任，不局限于刑法规范的评价体系，研究的意义不仅仅在于实现对犯罪人准确的定罪量刑，还在于在刑法规范之外通过其他法律规范、组织纪律、社会道德、风俗习惯等各领域的谴责，提高广大潜在犯罪被害人的责任意识，规范自身言行，减少被害，进而减少犯罪。因此，无须要求犯罪被害人的不当行为或特定状态对犯罪的影响达到一定程度，只要对犯罪产生了事实上的影响，就应当对犯罪被害人作出否定性评价。

3. 犯罪被害人的不当行为或特定状态与犯罪具有关联性

犯罪被害人的不当行为或特定状态对犯罪结果的发生必须具有关联性，对犯罪人产生犯罪意图或实施犯罪行为具有刺激、促发或便利的作用。如果犯罪被害人的不当行为与犯罪行为或犯罪结果不具有关联性，则不构成犯罪被害人责任。比如，一个人抢夺别人钱包后快速逃跑，但是在其逃跑的过程中被一辆超速闯红灯的汽车撞死，此种情形下，被撞死的被害人先前的抢夺行为虽然具有可谴责性，但是与其被撞死的犯罪后果没有必然的关联性，因此不构成犯罪被害人责任。犯罪被害人的不当行为与犯罪之间的关联性包括两种情况：一种情况是犯罪被害人的不当行为直接针对犯罪人本人或其财物，这是最常见的情形。比如，盗窃他人电动车被当场发现，被电动车主殴打致伤。另一种情况是犯罪被害人的不当行为不是直接针对犯罪人本人，而是针对与犯罪人有直接利害关系的人，并最终促发了犯罪人的犯罪行为。例如，某男子对一女子实施了强奸，该女子的丈夫怒火中烧，将该男子杀死。此种情形，虽然犯罪被害人的不当行为不是针对犯罪人本人的，但是其伤害了犯罪人的配偶，直接对犯罪人形成极大的精神刺激导致其实施杀人行为，犯罪被害人的先前行为与犯罪人的犯罪行为有直接的因果关系，构成犯罪被害人责任。

4. 犯罪被害人的不当行为或特定状态的发生具有时间性

犯罪被害人的不当行为或特定状态与犯罪人的犯罪行为之间的时间关系可以分为四种情况进行讨论。

（1）犯罪行为很早之前。发生在犯罪行为很早之前的犯罪被害人的不当行为不能构成犯罪被害人责任，犯罪被害人的不当行为发生的时间与犯罪人实施犯罪行为的时间间隔不能太长。通常犯罪被害人的不当行为是对犯罪人造成精神上的刺激，进而促使其实施犯罪行为，然而精神的刺激可以随着时间的推移而慢慢平复，当精神不再被犯罪被害人的不当行为所困扰时，其所实施的犯罪行为就与犯罪被害人的不当行为没有了联系。因此，很早时间之前犯罪被害人的不当行为不能构成犯罪被害人责任。比如，2018年发生的影响极为恶劣的张扣扣杀人案，张扣扣声称自己杀人的理由是因为23年前犯罪被害人将自己的母亲杀死了，自己要为母亲报仇。此种情形下，犯罪被害人杀死张母的行为已经过去23年，虽然会在张扣扣的心里留下创伤，但对张扣扣强烈的精神刺激早已平复，所以在张扣扣杀人案中不构成犯罪被害人责任。

（2）刚刚在犯罪行为之前。犯罪被害人的不当行为或不良状态发生在犯罪行为实施之前不久的时间，可以构成犯罪被害人责任。比如，犯罪被害人先持有武器对犯罪人进行了人身攻击，反遭杀身之祸。

（3）犯罪行为实施之中。犯罪被害人的不当行为或不良状态发生在犯罪行为实施的过程中，可以构成犯罪被害人责任。例如，当前多发的电信网络诈骗犯罪中，犯罪被害人因为急需用钱而轻易相信了贷款诈骗的犯罪分子精心编造的谎言，轻易钻入犯罪分子设置的圈套，导致财物的损失。

（4）犯罪行为实施之后。犯罪被害人的不当行为或不良状态发生在犯罪行为实施之后，可以构成犯罪被害人责任。例如，犯罪被害人被害以后，身体受伤需要就医，但是其故意延误治疗而最终死亡。

**（二）犯罪被害人责任的分类**

依据上文提出的犯罪被害人责任的评判标准可以对犯罪被害人责任进行确认，但是犯罪被害人的责任程度如何，还需要进一步明确，对于构建犯罪被害人责任追究制度才具有意义。为此，可以对犯罪被害人责任进行分类。根据犯罪被害人责任的有无以及犯罪被害人所应承担责任的大小，可以把犯罪被害人责任分为无犯罪被害人责任、道德谴责范畴的犯罪被害人责任和法律规范范畴的犯罪被害人责任三类。如此对犯罪被害人责任进行划分，可以更加明确犯罪被害人责任程度，并据此确定犯罪被害人责任承担的形式，进一步阐明确立犯罪被害人责任追究制度的实践意义，增强潜在犯罪被害人的防害意识以及责任感，减少被害，进而减少犯罪。

第一，无犯罪被害人责任。即犯罪被害人无不当行为或不良状态，或犯罪被害人虽实施了不当行为或处于特定状态但其不当行为或特定状态与犯罪行为和犯罪后果没有因果关系或关系不大。此种情况下，犯罪被害人或积极主动地避免冲突，或没有明显的原因被动地成为犯罪被害人，因此犯罪被害人不承担任何责任。根据被害人盲点症的观点，当犯罪被害人有一种迫切的愿望时，往往会注意力狭窄、判断力减弱，对危险情境缺乏应有的注意，而导致自己被害。比如，家境贫寒的大学生为了减轻家庭负担，申请了助学金，并且特别希望能够得到一笔助学金，当他（她）面临助学金诈骗时，很容易就钻入诈骗分子精心设置的圈套，最终被骗。此种情形下，犯罪被害人虽然处于某种特定的状态（得到助学金的迫切的愿望），并且这种状态与其被害有一定的关联性，但是这种特定状态与诈骗分子实施诈骗犯罪行为的联系不大，即便犯罪被害人不具有这种特定状态，诈骗分子仍然会对其实施诈骗行为，所以不构成犯罪被害人责任。

第二，道德评价范畴的犯罪被害人责任。即犯罪被害人对于自己的被害具有责任，但是仅应在道德范畴内受到否定性评价，进入不了法律规范的评价体系。一般情况下，犯罪被害人所具有的不良状态、无意识的或者不自觉的行为导致犯罪侵害通常会形成道德谴责范畴的犯罪被害人责任。比如，年轻女性独自一人在夜跑时选择了僻静的公园小路，虽然此处环境优美、绿树成荫，但是恰恰成为一些不法分子实施犯罪行为的天然掩护，结果导致该女性在此处遇害。此种情形可构成道德评价范畴的犯罪被害人责任。此外，有些不当行为虽是犯罪被害人故意为之并对犯罪侵害产生直接影响，但与犯罪的恶性程度相比显然较轻，也可构成道德谴责范畴的犯罪被害人责任。比如，邻里之间长期存在矛盾，一日双方在路上相遇，一方向另一方身上吐痰，激怒了对方，形成对对方的挑衅，导致被挑衅方将挑衅方杀死。此种情形下，虽然犯罪被害人的吐痰行为直接推动了杀人行为的发生，但是，吐痰行为的恶性程度明显较轻，只构成道德谴责范畴的犯罪被害人责任。此种情况下，犯罪被害人责任较小，无须承担法律上的不利后果，对于犯罪人的法律责任不会产生影响。对犯罪被害人提出道德范畴的谴责，其目的并不是对犯罪被害人的责难，不是为了谴责而谴责，其最终的目的是提醒犯罪被害人其责任的存在，对广大的潜在犯罪被害人予以警示，增强其预防被害的意识和责任感。

第三，法律评价体系内的犯罪被害人责任。即犯罪被害人的不当行为对犯罪的发生起到至关重要的甚至是决定性的作用，犯罪被害人对于自己的被害具有很大的责任，应当承担法律上的不利后果，并合理减轻犯罪人的法律责任。此种情况下，犯罪被害人积极主动地制造冲突或者放任犯罪结果的发生，责任较大，并影响犯罪人的法律责任，犯罪被害人与犯罪人应当根据各自的责任大小，承担其应当承担的那部分责任。其意义一方面在于警示犯罪被害人和潜在犯罪被害人，另一方面在于实现司法公正，促进司法和谐。法律规范范畴的犯罪被害人责任又可以分为民法规范范畴的犯罪被害人责任和刑法规范范畴的犯罪被害人责任。民法规范范畴的犯罪被害人责任是对加害人的民事责任产生影响，根据民法的过失相抵原则，由犯罪被害人和加害人各自承担相应的民事责任。刑法规范范畴的犯罪被害人责任较之民法规范范畴的犯罪被害人责任程度更深，会影响对犯罪人的定罪量刑。[①]

### （三）我国犯罪被害人责任追究制度的构建[②]

所谓犯罪被害人责任追究制度，是指通过立法、司法等环节确认犯罪被害人责任的存在，以提高潜在犯罪被害人的防范意识和责任意识，最终达到减少被害、减少犯罪、实现司法公正的目的。虽然犯罪被害人责任根据其责任程度可以分为道德评价范畴的被害人责任和法律评价范畴的被害人责任，但是犯罪被害人

---

① 陈晓娟. 论犯罪被害人责任 [J]. 山东警察学院学报，2012 (3)：118-125.
② 参见陈晓娟. 论犯罪被害人责任 [J]. 山东警察学院学报，2012 (3)：118-125.

责任追究制度的构建主要在法律规范领域实现。且所谓"追究"并非对犯罪被害人进行苛责,对其某种权利予以剥夺,使其承担某种义务,而主要体现为根据犯罪被害人责任程度相应减轻犯罪人的罪责。

1. 在刑事立法中体现

刑法在我国法律体系中最具有惩罚的严厉性和威慑性,在刑法体系中对犯罪被害人责任作出规定,更能体现出"追究"的意义,可以更好地对社会主体进行敦促,促使其内省、自律、增强责任感,减少自身的不当行为或消除不良状态,进而减少被害,减少犯罪,也可以实现刑事司法的公平正义与权利均衡。目前我国刑法对犯罪被害人责任的规定非常少,仅在正当防卫制度中有明显体现,在司法解释中略有涉及。借鉴国外的立法实践,我们可以在我国刑法总则中对犯罪被害人责任作出专门规定,将犯罪被害人责任因素作为确定犯罪人刑事责任的直接参考依据,同时在分则中针对那些犯罪被害人责任比较明显的犯罪类型,诸如杀人、故意伤害、强奸、诈骗、交通肇事等,设定减轻犯罪人刑事责任的犯罪被害人责任事由。另外,在刑事附带民事诉讼部分,借用民法中的过错责任原则,对犯罪被害人有责任的案件,根据其责任大小,相应减轻或免除犯罪人的民事赔偿责任。需要指出的是,在刑法总则和分则中对犯罪被害人责任的认定会影响对犯罪人的量刑,因此设定的认定标准应当相对较高,严格把握,只有犯罪被害人积极主动地实施了不恰当的行为达到一定的程度才予以规定,犯罪被害人的不良状态不能构成刑法规范领域的犯罪被害人责任;只有刑法规范范畴的犯罪被害人责任可以影响对犯罪人的量刑,道德谴责范畴的犯罪被害人责任和民法规范范畴的犯罪被害人责任不具有刑法规范意义。而在刑事附带民事诉讼部分,对犯罪被害人责任的认定标准可相应放宽,民法规范范畴的犯罪被害人责任和刑法规范范畴的犯罪被害人责任均可减轻犯罪人的民事赔偿责任。

2. 在犯罪被害人国家补偿法中体现

犯罪被害人的国家补偿是指犯罪被害人遭受犯罪侵害后,在得不到相应赔偿的情况下,由国家对其进行一定的物质补偿。当前世界上绝大多数的发达国家及部分发展中国家均通过立法实现了对犯罪被害人的国家补偿,通常是对遭到严重暴力犯罪侵害的被害人,由于犯罪人的原因没有得到相应的赔偿,生活或就医陷入困境的情形。但是并不是所有符合此种情形的犯罪被害人都可以获得国家补偿,如果被害人对暴力犯罪的发生存在过错,则无法获得国家补偿。我国尚未进行犯罪被害人国家补偿的立法,但是已经出现了对犯罪被害人进行特困救助的地方性法规,制定全国统一的犯罪被害人补偿法符合国内外的发展趋势。在将来制定我国的犯罪被害人补偿法时,应当将犯罪被害人的责任与其可以获得的物质补偿挂钩，根据被害人责任程度来决定是否对其补偿以及补偿多少。可以作出规定，那些具有法律评价范畴责任的犯罪被害人不得获得国家补偿，那些具有道德评价范畴责任的犯罪被害人可以获得国家补偿，但补偿数额依责任程度相应减少。借此，可以使得犯罪被害人内心产生触动，加深对自己被害角色的认知，引起对自身不良行为的约束，防止被害。

3. 通过司法判例体现

虽然我国并非判例法国家，但是由最高人民法院选择性地将全国各地法院已判决生效的典型案例编纂成册以指导各级法院的审判工作，这种作法在我国的司法实践中已经在持续发挥作用。对犯罪行为产生影响的犯罪被害人的不当行为具有复杂性和多样性，法律难以作出全面的规定，在这种情况下，关于犯罪被害人责任的一些案例形成司法判例，可以为以后的司法实践提供断案的参考和依据。上文提出在我国刑法总则和分则中分别规定犯罪被害人责任、通过将来制定的犯罪被害人补偿法确立犯罪被害人责任。但这种立法上的举措需要一个漫长的过程，司法判例可以走在立法的前面，对司法实践进行指导并实现对我国犯罪被害人责任追究制度的初步确认，推进确立犯罪被害人责任追究制度的进程。

4. 司法实践中正视犯罪被害人责任的存在

通过立法确立犯罪被害人责任追究制度不能够在一朝一夕间实现，因为无论是刑法的修订还是新的犯罪被害人国家补偿法的出台都需要一个循序渐进的过程。在相关立法出台前后，司法实践中相关工作人员均应当正确认识并充分重视犯罪被害人责任问题。在调查取证过程中，司法机关对证据的收集要全面，不能只收集犯罪人的犯罪证据，还应当有义务收集犯罪被害人存在不当行为的证据，并提交给法庭。在庭审过程中，审判方应对犯罪被害人责任给予充分考虑。有些案件中犯罪被害人责任仅限于道德谴责的范畴而对犯罪人的法律责任不产生影响。即便如此，法官在写判决书时也应当一并指出犯罪被害人责任的存在，以对犯罪被害人和潜在的犯罪被害人起到批评、教育和警示的作用。

# 第四章 重复被害

事实上,犯罪被害现象并不是均匀地分布在每一个人身上,也不是均匀地分布在每一个时间点上或时间段中,也不是均匀地分布在每一个区域或每一处空间。通常的情况是,某一类人或群体比另一类人或群体遭受被害的风险更大,某一段时间比另一段时间、某一个区域比另一个区域发生被害的风险更大。换言之,犯罪被害现象往往集中在某一类人或群体身上,集中在某一段时间之内,集中在某一些区域之中,而这些犯罪被害现象的"集中"体现了重复被害的存在。重复被害的研究在犯罪学及犯罪被害人学的研究中具有重要意义,因为重复被害研究的一个重要发现是,遭受过犯罪行为侵害的人或地点再次遭受侵害的可能性比从未遭受过犯罪行为侵害的人或地点更大。借此我们可以对犯罪被害进行预测,途径是观察一个个体或空间在过去是否遭受过犯罪行为的侵害,通过这种被害预测,可以为犯罪预防提供重点。"如果具有某些特征的人或企业比其他人更有可能成为犯罪被害人,某些场合比其他场合更容易发生犯罪,而这些特异性能够得到充分确认,对犯罪的控制和预防就会更有成效。然后,才能告诉公众何时何地遭遇犯罪的风险最大;预防措施,如警察巡逻、夜盗警报器和特制锁的安装才能更加发挥效率和作用,人们也才能以客观的风险判断取代笼统的安全焦虑,从而不必像现在这样可能是不必要地和过度谨慎地限制自己夜幕下逛公园的乐趣和逛街的自由。"①

## 一、被害现象的一个突出表现——重复被害

所谓重复被害,是指在特定的时间范围内,犯罪在相同的地方发生,或者相同的人员重复成为犯罪被害人的现象。重复被害需要发生在特定的时间范围之内,如果时间太长则无法构成重复被害现象,对其研究不具有实际意义,因为我

---

① [美]安德鲁·卡曼. 犯罪被害人学导论(第六版)[M]. 李伟等译. 北京:北京大学出版社,2010:16.

们研究重复被害问题是为了寻找导致重复被害的因素,以进行更好的犯罪预防,如果时间太长,则影响被害的各因素相互之间缺乏相应的联系,无法共同构成某种现象,不具有研究的意义。特定的时间范围应该多长,是1年、2年、3年、还是5年,这个时限没有统一的规定,根据研究的需要而确定。对重复被害的理解,可以是人员的重复被害,即同一个人在特定的时间范围内再次甚至多次遭到犯罪行为的侵害,如一个女孩在某个时间范围内多次遭受性侵犯;也可以是空间的重复被害,即同一个地方在特定的时间范围内又一次或多次发生犯罪行为,如某个居民小区在某个时间范围内接连发生入室盗窃犯罪。

重复被害具体可以分为四种类型[①]:(1)真正重复被害,即遭受过两次及以上犯罪行为侵害的人或空间。比如,一个留守女童多次遭受到性侵犯,并且遭到性侵的地点都是在她放学回家的某个路段,被犯罪人拖入路边的树林。(2)相近被害,即遭受到犯罪行为侵害的被害人或被害目标空间距离相近,并且具有相似性。比如,一个晚上同一栋楼上的几户人家均遭受了入室盗窃,被盗的这几户人家房屋结构相同,且都没有安装防盗网,夜间窗户都是敞开的。(3)同事实重复被害,即具有相似性的不同的人或目标因同样的犯罪事实而遭到侵害,或者同一个人在不同的空间遭到同一类犯罪事件的侵害。比如,某一连锁便利店在不同城市的几个门店的食品均被人注射有毒物质,导致顾客误食中毒,严重影响该品牌连锁便利店的经营;再如,有人曾遭遇入室盗窃,在他搬家至另外一处住所之后,又一次遭遇了入室盗窃。(4)习惯性被害,即在比较长的时间范围之内同一个人或目标反复多次遭受不同犯罪人实施的不同类型的犯罪行为的侵害。比如,一个人曾遭遇入室盗窃、在公共交通工具上被扒窃、上网找兼职遭遇刷单诈骗等。

重复被害现象在世界各国是普遍存在的。国际犯罪被害调查发现,最容易重复遭受犯罪侵害的群体是女性,典型的是家庭暴力犯罪中的受害女性、强奸等性侵害行为中的被害女性;就犯罪类型而言,侵犯人身类犯罪中的重复被害现象高于侵犯财产类犯罪;犯罪黑数大的犯罪类型中重复被害率高,这与此类犯罪隐蔽性强、不易被发现有直接关系。在美国,犯罪被害人中的10%与大约40%的被害案件有关[②],也就是说,40%的犯罪行为集中发生在10%的犯罪被害人身上,存在大量重复被害人。英国的调查结果也显示,44%的犯罪集中发生在4%的被

---

① 参考[美]蕾切尔·博巴·桑托斯.犯罪分析与犯罪制图[M].金诚,郑滋椀译.北京:人民出版社,2014:44.
② [英]彼得·艾思沃斯.犯罪人特征剖析[M].赵桂芬译.北京:中国轻工业出版社,2007:97.

害人身上①，重复被害的比率更高。这些都说明了，现实中存在易被害的人和易被害的空间。

为什么会发生重复被害现象，这与犯罪人的作案方式、作案习惯、主观理性等有关，更与犯罪被害人的人口学特征、生活方式特征、性格特征、行为习惯等存在关联，这些内容将在下文进行详细阐述。

## 二、重复被害的理论依据

### （一）二八定律

二八定律又被称为 80/20 定律、巴莱特定律、帕累托法则（Pareto's principle）、不重要多数法则（Trivial Many Rule）、关键少数法则（Vital Few Rule）等，19 世纪末意大利经济学家巴莱特偶然发现 19 世纪英国大部分的社会财富流向了少数人手里，然后他通过查阅一些早期的资料发现很多国家都存在这一现象，并呈现出数学上的一种稳定的关系。明确提出二八法则的是意大利经济学家维弗雷多·帕累托，他在巴莱特之后通过大量的具体的事实发现，社会上 80%的财富掌握在 20%的人手中，即社会财富的分配是不均衡的。二八定律成为这种不平衡现象的简称。这种不平衡现象在很多领域都是存在的，如一个企业 80%的利润来自于 20%的项目，人类 80%的智慧集中在 20%的人身上。不过，从统计学上来说，不平衡现象保持绝对的 80%和 20%是不可能的，所谓的 80%和 20%是大部分和少部分的关系，如世界各地发生了很多的地震，但是与地震有关的大部分的破坏是由少部分地震造成的。学者们在对犯罪的观察中同样发现了符合二八定律的现象，即大部分的犯罪是由少部分的犯罪人实施的，大部分的被害发生在少部分的犯罪被害人身上，少部分的区域或位置发生了大部分的犯罪与被害。二八定律为我们研究重复被害现象提供了理论支持，大部分的犯罪人重复对少部分的被害人或在少部分的区域实施了犯罪侵害，我们不需要纠结于这个"大部分"和"少部分"分别占有多大的比例，在不同的犯罪类型中、在不同的区域发生的犯罪中具体的比例是不同的。二八定律提出的现实意义在于，发现并关注关键的起主要作用的少数并提出相应的对策解决问题。比如，当一家公司发现自己 80%的利润来自于 20%的产品，那么这 20%的产品就是这家公司的高利润产品，公司就应该重点关注这些高利润产品并全力销售。同样地，对于重复被害

---

① 张鸿巍.刑事被害人保护的理念、议题与趋势——以广西为实证分析［M］.武汉：武汉大学出版社，2007：97.

的研究,根据二八定律,我们应该识别出重复遭受大部分犯罪行为侵害的那少部分被害人或者被害空间,针对他们或它们提出有效的干预措施,以取得最佳的犯罪预防效果,如警察可以只针对关键的20%的区域中的犯罪,就可以解决80%的犯罪问题。

## (二) 日常活动理论①

日常活动理论的主要观点是解释人们的日常活动会对不同的时间和空间中的犯罪产生影响,该理论最早是由美国的犯罪学家科恩(Cohen)和费尔森(Felson)于19世纪70年代末提出的,用以解释"二战"以后美国犯罪率的不断增加,尤其是掠夺性犯罪的上升。他们认为原因在于社会发生了显著的变化,导致了大量的潜在犯罪被害人与犯罪人接触的机会,这种机会就在人们的日常生活中。日常活动理论的主要观点是,能够实施犯罪的机会在日常生活中大量存在,犯罪目标处于毫无戒备的状态是引发犯罪的原因,犯罪不仅仅是犯罪人单方面的活动,而且需要同时具备三方面要素:一是有犯罪动机的犯罪人,即可能实施犯罪的人(likely offender);二是合适的作案目标(suitable target),即对犯罪人产生吸引力的潜在被害人或被害物品;三是缺乏适当的保护者(suitable guardian),即潜在的被害人或被害物品缺乏保护,此处所言保护者既包括可以保护作案目标的人,如警察、保安、被害人的监护人、被害物品的所有者、邻居、行人等,也包括对作案目标起到保护作用的物,如监控、锁具、防盗门等。可以表示为图4-1:

图4-1 日常活动理论

当这三方面要素同时具备了,犯罪才会发生,而在人们的日常生活中这三方面要素同时具备的情形是非常多的,导致犯罪多发。有人将日常生活中三要素同时出现导致犯罪的情形称为"犯罪的化学过程"(chemistry of crime),潜在的犯

---

① 参考〔美〕亚历克斯·皮盖惹. 犯罪学理论手册[M]. 吴宗宪主译. 北京:法律出版社,2019:213-214.

罪人、适合的作案目标、缺乏保护者则可以被称为"犯罪化学成分"。根据以上观点可以得出如下结论：（1）犯罪发生在犯罪人与被害人日常活动重叠的地方；（2）这些日常活动可以是与犯罪无关的正常合法的活动；（3）缺少某一种犯罪化学成分，就无法发生犯罪化学反应，犯罪即得以预防。

日常生活中发生的大量的犯罪印证了日常活动理论。比如，科恩和费尔森提出日常活动理论的社会背景就是，19世纪60年代美国白天的入室盗窃犯罪率明显增加，原因是美国社会经济在"二战"后有了长足发展，社会财富极大丰富，人们的生活方式也发生了很大变化，有如下一些表现：（1）青少年人口增加，导致潜在犯罪人增加；（2）人们生活富裕，家庭有了大量的昂贵的便携式消费品，成为合适的作案目标，入室盗窃有利可图；（3）大量女性走出家庭进入劳动力市场，家中少了看护者。再如，有学者指出，与少年有关的犯罪（犯罪人和被害人都是少年的情形）通常在周一至周五的下午高发，周末反而不多，这是因为周一至周五下午学生放学以后，大量学生在同样的时间出现在同样的空间，潜在犯罪人与潜在被害人的活动出现重叠。

### （三）生活方式暴露理论

根据日常活动理论，能够实施犯罪的机会在日常生活中大量存在，犯罪被害人或犯罪目标与犯罪人的日常活动发生重叠，并且缺乏保护是引发犯罪的重要原因。那么，是什么导致了这种局面？这与犯罪被害人的生活方式密切相关。生活方式是人们日常生活中的活动方式，体现在工作、学习、居家、休闲娱乐等各种活动中。而一个人的生活方式决定了这个人的日常活动轨迹，他可能在什么样的时间出现在什么样的空间，可能遭遇什么样的事情，可能与什么样的人接触和互动，自己的人身或财物可能处于具有危险因素的情境中。生活方式暴露理论解释了生活方式与被害的关系。

美国的犯罪学家迈克尔·亨德兰、迈克尔·戈特弗雷德森和詹姆斯·加罗法洛三人于1978年合著的《个体犯罪的被害人——对一个个体被害理论的实证研究》提出了生活方式暴露理论。该理论的核心观点是一个人的被害与其具有某种特性的生活方式具有密切关系，生活方式的某些特性决定着个体经常处于可能遭遇被害的危险情境之中，或者使得个体经常与具有犯罪危险性的人接触和互动，因此增加了个体遭遇被害的危险性，最终成为犯罪被害人。具有某种特性的生活方式主要是指使得个体经常暴露于公共场所、个体的财物或身体经常暴露在具有犯罪危险性的人的面前的生活方式。具有这种暴露性生活方式的个体更容易成为被侵害对象。并且由于生活方式的形成受个体自身的基本条件（包括性别、年龄、职业、能力、文化程度、婚姻状况等）、社会的文化传统、经济环境、政治体制等多种因素的共同制约,一旦形成则具有稳定性,因暴露性的生活方式而成为犯罪被害人的个体更容易遭受重复被害。

犯罪被害与生活方式之间的关系,亨德兰等人提出了如下八个命题①:

命题一:个体被害的可能性与其暴露于公共场所的时间的多少成正比。

命题二:个体是否经常置身于公共场所是由其生活方式决定的。

命题三:个体之间越具有相似的生活方式,彼此接触互动的机会就越多。

命题四:犯罪被害人与犯罪人具有相似的生活方式是个体被害的因素之一。

命题五:个体被害的可能性与他和家庭以外的人员接触的时间的多少成正比。

命题六:个体与其家庭以外的人员接触的时间的多少是由其生活方式决定的。

命题七:个体越是经常与具有犯罪特性的人接触,其被害的可能性也就越大。

命题八:个体是否具有被害的便利性、诱发性及易于侵害性与其生活方式相关。

通过对以上八个命题的解读,我们可以认为,一个人的生活方式决定了他是否会经常暴露于公共场所,如果一个人经常暴露于公共场所,决定了他(她)与家庭以外的人员接触的时间多,如果一个人与家庭以外的人员接触的时间多,决定了他(她)接触一些复杂的具有危险性的人员的机会多,进而决定了他(她)被害的风险大。如图4-2所示:

图 4-2　生活方式决定被害风险

由此可见,暴露性的生活方式与犯罪被害紧密相关,有些人的生活方式的某些特性,使得他们更容易被害,甚至重复被害。世界上多个国家的实证研究均证实了生活方式暴露理论的观点。比如,英国的调查发现,16-30岁的暴力犯罪被害人,其被害与夜间外出、有酗酒习惯紧密相关;加拿大的研究表明,个体经常在晚上外出活动,与其遭受盗窃、伤害及抢劫被害明显相关;美国的全国犯罪被害调查表明,单身男性和女性要比已婚人士更容易遭到抢劫,因为单身的年轻人

---

① 转引自李伟. 犯罪被害人学教程[M]. 北京:北京大学出版社,2014:124.

更愿意在夜间外出寻找朋友甚至是陌生人的陪伴，而有孩子的已婚男女要履行更多的家庭义务使得他们较少地出入危险的场所及接触危险的人。①

### (四) 同质群理论

生活方式暴露理论隐含了犯罪被害人与犯罪人具有同质性的观点。所谓同质性，一般是指研究对象具有相同的状况或属性，将其运用于解释犯罪被害人与犯罪人的关系，是指犯罪被害人与犯罪人在某些方面表现出相似性，如生活方式具有相似性、人口统计学特征具有相似性等。西方学者通过犯罪被害调查研究得出了同质群理论，该理论认为，犯罪被害人与犯罪人具有很多的相似性，包括他们的性别、年龄、社会地位、学历水平、婚姻状况、居住区域、生活方式、价值观、兴趣爱好等诸多方面。"犯罪人会从他们自己圈子里选择对手，把熟识的人甚至以前的朋友作为被害人。坚持或是参与犯罪亚文化群会极大提高伤亡的概率。犯罪被害人被看作'可攻击的对象'或'容易捕获的猎物'，因为他们自己牵涉在犯罪活动之中，这堵上了他们向官方寻求帮助的路子。"②

西方国家的研究表明，犯罪被害人与犯罪人在人口统计学方面具有很强的同质性。"犯罪人具有如下特征：男性、年轻、城市居民、较低的社会——经济地位、无业（或不在校就读）、未婚。被害调查显示，被害人同样具有上述特性，被害人与犯罪人的人口统计剖面图极其相似。"③我国的犯罪学及犯罪被害人学研究也证实了这一点。我国犯罪人中男性占绝大多数，年龄普遍偏低，以青少年为主，文化程度普遍偏低，初中及以下居多，婚姻状态多数是未婚，职业以无业、务工、务农为主。犯罪被害人呈现出相似的特征：男性、30岁以下的年轻人、初中及以下学历、收入普遍偏低。

研究发现，在暴力伤害案件中同质群现象表现得更为突出，加拿大著名的犯罪学家依扎特·法塔（Ezzat A. Fattah）曾经指出："这种现象是可以理解的，一些有暴力倾向的人，既可能实施暴力，也可能成为暴力的承受者；既可能攻击他人也可能被攻击；既可能伤害他人，也可能被伤害。谁最终成为被害人，或者法律上的犯罪人，经常取决于机会因素，而不是深思熟虑的行动、计划或企图。这样，被害人与犯罪人的角色并非是对立的，而经常是互相补充和可以互换的。"④

---

① 参考李伟. 犯罪被害人学教程 [M]. 北京：北京大学出版社，2014：126.
② [美] 安德鲁·卡曼. 犯罪被害人学导论 [M]. 李伟等译. 北京：北京大学出版社，2010：110.
③ 转引自李伟. 犯罪被害人学教程 [M]. 北京：北京大学出版社，2014：131.
④ 转引自李伟. 犯罪被害人学教程 [M]. 北京：北京大学出版社，2014：132.

生活方式暴力理论和同质群理论可以共同解释，为什么有些人比其他人更容易遭到犯罪行为的侵害，为什么有些人会重复被害，其生活方式的特定性及与犯罪人的同质性，大大增加了其与具有犯罪特性的人接触互动的机会，进而增加了其被害及重复被害的可能性。比如，很多年轻人喜欢在工作之余去酒吧放松，饮酒至深夜，这是日常生活中的一种活动方式，但是夜间出入酒吧的人员复杂，犯罪被害人与犯罪人因具有相似的生活方式，活动空间上出现了重叠，彼此接触互动，最终导致犯罪被害人的被害。如果犯罪被害人保持类似的生活方式，则其重复被害的可能性是非常大的。

### （五）理性选择理论

日常活动理论存在一个突出的缺陷，即对犯罪原因的解释忽视了个体差异，当有犯罪动机的人、适宜的作案目标、缺乏适当的保护者同时出现时，可能会发生犯罪行为，但不是必定发生犯罪行为。如果发生了犯罪行为，那么发生的机制是什么，如果没有发生犯罪行为，那么为什么有的人在遇到缺乏保护的适宜的作案目标时没有进行犯罪行为；为什么有些目标对一些人是适宜的，而对另一些人是不适宜的；为什么特定形式的保护会遏制一些人实施犯罪行为，而对另一些人却起不到遏制的作用，这些问题日常活动理论都无法进行准确的解释。理性选择理论从犯罪人受特定情境的影响而选择是否实施犯罪行为的角度进行了解释。

理性选择理论认为，行为人作为一个理性人，是能够正常、理智地思考和计算，能够对自己行为的预期成本和收益进行比较，只要有可能，理性人都会基于功利性而作出行为选择，倾向于用最小的成本获取最大的收益。犯罪人作为一名理性人，能够对实施犯罪行为的预期成本和收益进行衡量，当他（她）处在某种情境之下，通过对情境的评估，他（她）相信实施犯罪行为能够获得超过潜在成本的期望结果和预期收益，那么就会实施犯罪行为。所以，理性选择理论探讨的重点是犯罪决策过程，这个过程包括两个环节，一是参与决策（involvement decision），这个过程是在潜在犯罪人进入某种犯罪情境之前就发生的，是潜在犯罪人理性地决定自己是否要在特定的情境下实施犯罪行为，是否要把犯罪行为作为满足自己的欲望或需要的手段；二是事件决策（event decision），这个过程是潜在犯罪人已经处于某种犯罪情境之中，他（她）理性地决定当时的条件是否适合实施犯罪行为以及如何实施犯罪行为。当然这个过程会受到理性的有限性的影响，即行为人具有有限的理性，对于行为或事件的预期通常缺乏足够的完美的认识，缺乏足够准确的评估和判断。事实是，行为人通常会以自己有限的信息，甚至是歪曲的错误的信息作出判断、决策和行为。

根据理性选择理论，既然犯罪人实施犯罪行为是以针对特定的犯罪情境进行风险与收益的评估为前提的，而犯罪人是具有有限理性的人，通常会对行为或事件的评估缺乏足够完美的认识，那么，尽量获取足够多的、准确的信息可以帮助犯罪人更好地进行风险评估和犯罪决策。如果犯罪人曾经对某人或某地成功地实施了犯罪行为，那么这种成功的经历一方面会对他（她）形成极大的鼓励，另一方面也会帮助他（她）获取更多的关于该人或该地的准确信息，当他（她）想要再次实施犯罪行为的时候，之前的成功经历和获取的相关信息会促使他（她）更容易作出风险和收益评估，进而理性地选择再次对曾经的犯罪被害人或地域实施犯罪行为。比如，一个人曾经在某个居民小区成功地实施了入室盗窃，当他想要再次实施入室盗窃时，他还会倾向于在该小区作案，因为之前的经历使他了解到，如何避开该小区的监控探头、如何躲避小区的保安、小区的住户防范措施做得是否到位、哪几个单元门是坏的，等等。这些信息可以帮助他更准确地对风险与收益作出评估，进而决定再次在该小区实施入室盗窃。

### 三、对重复被害的识别

研究重复被害问题，对重复被害进行识别是第一步，即对是否存在重复被害进行判断。重复被害是在特定的时间范围内，同一个人员或同一个地方多次遭受犯罪行为的侵害。对重复被害问题的识别通常是收集一定时间范围内发生的犯罪数据进行统计，对多长时间范围内的数据进行统计是一个需要确定的问题。时间范围太短无法对是否存在重复被害以及重复被害的程度进行有效评估，时间范围太长则需要收集的数据量过大，增加研究的成本，也没有太大必要，而且有时因为时间过久，有些数据也会存在缺失。研究人员法雷尔（Farrell）、苏萨（Sousa）和维塞尔（Weisel）建议识别重复被害至少需要 3 年的数据以进行确定。也就是说，研究人员应当从 3 年的数据中去发现重复被害的人或地点。比如，有人在 2020 年 11 月 23 日遭遇犯罪行为的侵害，从 3 年的数据中去分析该被害人是否重复被害，就应当使用 2017 年 11 月 23 日至 2020 年 11 月 23 日的数据。但是，有时相关的数据并没有被保存太久，研究人员无法获取 3 年的数据，此种情形下，研究人员应该至少分析 1 年的数据。

对重复被害问题进行评估，需要几个重要的数据项，包括特定时间范围内犯罪被害人或被害目标（通常指地点）的数量、重复被害人或被害目标的数量、犯罪被害人或被害目标受到侵害的数量、重复被害人或被害目标受到侵害的数量。比如，针对盗窃电动自行车的重复被害问题研究，研究人员掌握了 25 个犯罪被害人的相关数据。这 25 个被害人中有人有一次被盗窃电动自行车的经历，有人有两次甚至更多的被盗窃电动自行车的经历，那么盗窃电动自行车类犯罪中就存在重复被害问题,或者研究人员掌握了 25 个发生过电动自行车被盗的地点的相关数据,这 25 个被害地点中有的地点发生过 1 次电动自行车被盗事件,有的地点发生过 2 次甚至更多的电动自行车被盗事件,这也是重复被害要研究的内容。通常研究人员会按照犯罪被害人或者被害目标所遭受到的被害次数进行降序排列,如表 4-1 所示。

表 4-1 犯罪被害人的被害次数排序

| 犯罪被害人 | 受到侵害的数量 |
| --- | --- |
| 犯罪被害人 1 | 5 |
| 犯罪被害人 2 | 4 |
| 犯罪被害人 3 | 4 |
| 犯罪被害人 4 | 3 |
| 犯罪被害人 5 | 3 |
| 犯罪被害人 6 | 2 |
| 犯罪被害人 7 | 2 |
| 犯罪被害人 8 | 2 |
| 犯罪被害人 9 | 2 |
| 犯罪被害人 10 | 1 |
| 犯罪被害人 11 | 1 |
| 犯罪被害人 12 | 1 |
| 犯罪被害人 13 | 1 |
| 犯罪被害人 14 | 1 |
| 犯罪被害人 15 | 1 |
| 犯罪被害人 16 | 1 |
| 犯罪被害人 17 | 1 |
| 犯罪被害人 18 | 1 |
| 犯罪被害人 19 | 1 |
| 犯罪被害人 20 | 1 |

续表

| 犯罪被害人 | 受到侵害的数量 |
| --- | --- |
| 犯罪被害人 21 | 1 |
| 犯罪被害人 22 | 1 |
| 犯罪被害人 23 | 1 |
| 犯罪被害人 24 | 1 |
| 犯罪被害人 25 | 1 |
| 总数 | 43 |

我们可以通过表4-1得知，共有25人的电动自行车被盗，其中有9人有过2次及以上电动自行车被盗的经历，占比36%，这说明在研究盗窃电动自行车的犯罪问题中是存在重复被害的，重复被害率达36%。这25位犯罪被害人共遭受43次犯罪行为的侵害，其中9位重复被害人共遭受了27（5+4+4+3+3+2+2+2+2）次被害，占60%。综上，我们可以表述为36%的犯罪被害人是重复被害人，他们承受了60%的犯罪行为的侵害，或者说60%的犯罪侵害集中在36%的犯罪被害人的身上。

### 四、重复被害现象的构成要素

重复被害是犯罪被害人在一定的时间范围内于特定的空间范围内重复遭受犯罪行为的侵害，据此，重复被害现象的构成要素应当包括容易遭受到犯罪行为侵害的被害人、易被害时间和易被害空间。如果我们能够有效鉴别出容易遭受到犯罪行为侵害的人是哪些人，他们容易在什么样的时间被害，容易在什么样的空间被害，我们就可以有针对性地采取干预措施，有效地预防和减少被害。

#### （一）高风险犯罪被害人

那些容易遭受到犯罪行为侵害的人，我们可以称其为高风险犯罪被害人，他们比一般人遭受到犯罪侵害的风险更大。在大部分案件中，犯罪被害人是自然人，有时也是组织，犯罪行为的具体的承受物可以是被害人的财物或身体，所以，我们研究高风险犯罪被害人，具体包括被犯罪侵害的自然人、组织及其物品。

1. 具有被害高风险的自然人、机构或组织

具有被害高风险的自然人、机构或组织我们统称为高风险被害人，即容易遭受到犯罪侵害的人。

有些机构或组织具有被害的高风险，有时是因为这些机构或组织处于风险因素比较多的复杂的环境中，如处于商业区的电子设备商城被多次入室盗窃；有时是因为一些机构或组织位于偏僻之所，如位于郊区的培训机构的财务室多次被盗；有时是因为一些机构或组织管理制度存在缺陷或疏漏，如对财务人员缺乏有效的监督，导致财务人员大量挪用公司公款，或者存在监控死角，导致公司财物被盗，等等。

具有被害高风险的自然人是重复被害研究的重点，这类人通常有其自身的特性，而绝不仅仅是因为他们的运气比别人更坏。我们可以从犯罪被害人的人口统计学特征、生活方式特征和人格特征几个方面进行分析。

（1）犯罪被害人的人口统计学特征。对于遭受犯罪行为侵害的自然人，我们通常从人口统计学特征对重复被害人进行识别，包括犯罪被害人的年龄、性别、职业、文化程度、婚姻状况、经济状况、民族（种族）等。

第一，犯罪被害人的年龄特征。世界各国的研究表明，犯罪被害人的年龄普遍偏低，主要集中在青少年。我国司法部预防犯罪研究所在1994年就北京市开展的被害调查显示，犯罪被害人的年龄集中在35岁以下，其中18-25岁的占比33.6%，26-35岁的占比30.2%，这个年龄段（18-35岁）所占比例高达63.8%，占到近2/3，具体年龄分布如表4-2所示。[①]

表4-2 犯罪被害人的年龄分布

| 年龄分布 | 占犯罪被害人总数的比例 |
| --- | --- |
| 18岁以下 | 10.6% |
| 18-25岁 | 33.6% |
| 26-35岁 | 30.2% |
| 36-45岁 | 14.8% |
| 46-60岁 | 8.2% |
| 60岁以上 | 2.6% |

---

① 参见郭建安. 犯罪被害人学 [M]. 北京：北京大学出版社，1997：94.

有学者在天津市开展的犯罪被害实证研究表明,14 岁到 35 岁的犯罪被害人占绝大多数,1996 年、1999 年和 2002 年的占比分别为 74.3%、73.8%、67.8%。[①] 有学者于 2006 年在广西南宁进行的被害调查显示,犯罪被害人的年龄主要集中在 29 岁以下,其中占比最高的年龄段是 20-29 岁,占比高达 68.1%;其次是 20 岁以下,占比 13.4%,这个年龄段(29 岁以下)所占比例高达 81.5%,具体年龄分布如表 4-3 所示。[②]

表 4-3 犯罪被害人的年龄分布

| 年龄分布 | 占犯罪被害人总数的比例 |
| --- | --- |
| 20 岁以下 | 13.4% |
| 20-29 岁 | 68.1% |
| 30-39 岁 | 9.7% |
| 40-49 岁 | 5.7% |
| 50 岁及以上 | 3% |

我国台湾地区关于被害人的实证研究表明,犯罪被害人的年龄主要集中在青年阶段,即 21-40 岁,西方国家的研究显示犯罪被害人的年龄主要集中在 12-24 岁的青少年阶段[③]。

在犯罪学及犯罪被害人学的研究中,学者们更多的是就某一种特定的犯罪类型中的被害人展开人口统计学研究。例如,近几年来多发的电信网络诈骗犯罪中,笔者曾就犯罪被害人的人口统计学特征进行分析,对山东省济南市某派出所于 2019 年 1 月至 12 月共接报的 105 起电信网络诈骗犯罪案件进行了梳理,从犯罪被害人的年龄分布来看,21-30 岁的人被害的比例最大,共 41 人,占样本总量的 39%;其次是 31-40 岁的人,共 31 人,占样本总量的 29.5%;再次是 20 岁以下的人,共 23 人,占样本总量的 21.9%,41 岁以上的人所占比例较低,其中 41-50 岁的犯罪被害人有 9 人,占样本总量的 8.6%,51-60 岁的犯罪被害人只有 1 人,60 岁以上的犯罪被害人为 0。其中,40 岁以下的被害人共 95 人,占样

---

① 参见周璐. 当代实证犯罪学新编——犯罪规律研究 [M]. 北京:人民法院出版社,2004:252.

② 参见张鸿巍. 刑事被害人保护的理念、议题与趋势——以广西为实证分析 [M]. 湖北:武汉大学出版社,2007:204.

③ 参见李伟. 犯罪被害人学教程 [M]. 北京:北京大学出版社,2014:45.

本总量的比例高达 90.4%，占犯罪被害人总数的绝大多数，如表 4-4[①] 所示。

表 4-4 电信网络诈骗犯罪被害人的年龄分布

| 年龄 | 人数 | 百分比 | 累计百分比 |
| --- | --- | --- | --- |
| 20 岁以下 | 23 | 21.9 | 21.9 |
| 21-30 岁 | 41 | 39 | 60.9 |
| 31-40 岁 | 31 | 29.5 | 90.4 |
| 41-50 岁 | 9 | 8.6 | 99 |
| 51-60 岁 | 1 | 1 | 100.0 |
| 60 岁以上 | 0 | 0 | |
| 总计 | 105 | 100.0 | |

深圳市公安局也曾于 2019 年就深圳市的电信网络诈骗犯罪被害人展开相关调查，调查结果显示，犯罪被害人中年龄在 21-30 岁的占犯罪被害人总数的 45%，31-40 岁的占 29%，这两个年龄段（21-40 岁）的人占比高达 74%，具体各年龄段占比如图 4-3 所示：

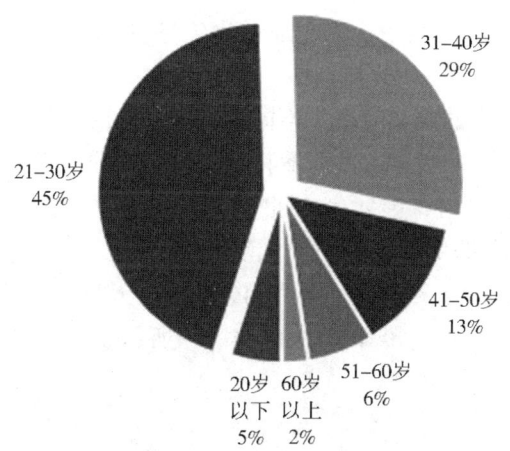

图 4-3 深圳市电信网络诈骗犯罪被害人的年龄分布

通过以上分析，当前我国电信网络诈骗犯罪中高风险犯罪被害人是 40 岁以

---

① 陈晓娟. 电信网络诈骗犯罪的被害人责任分担 [J]. 山西警察学院学报，2021（2）：92-100.

下的中青年人群。

第二，犯罪被害人的性别特征。世界各国的研究均表明，总体而言犯罪被害人中男性多于女性。美国 2000 年的被害调查显示，各种类型的暴力犯罪（强奸犯罪及性骚扰案件除外）被害人中男性的比例远高于女性，平均来说，男性的被害率高出女性 42%。美国联邦调查局的统一犯罪报告指出，杀人案件中男性占 3/4。我国学者针对珠江三角洲的犯罪被害人研究表明，犯罪被害人中男性占比为 68.99%，女性只占 31.01%[①]。

就犯罪被害人的性别特征，学者们仍然主要针对某种特定的犯罪类型展开研究。比如，在电信网络诈骗犯罪中，笔者就山东省济南市某派出所于 2019 年 1 月至 12 月共接报的 105 起电信网络诈骗犯罪案件进行梳理发现，犯罪被害人中男性占样本总量的 52.7%，女性占样本总量的 47.3%[②]。深圳市公安局 2019 年就深圳市的电信网络诈骗犯罪被害人展开的调查显示，犯罪被害人中男性占比 51%，女性占比 49%。研究表明，整体而言在电信网络诈骗犯罪中被害人的性别比例差别不大，男性稍多于女性，不存在高风险被害群体。但是，如果把电信网络诈骗犯罪的具体类型再进行细化，就会发现有些类型的电信网络诈骗犯罪中被害人的性别比例差异还是很大的，如刷单类诈骗、购物退款类诈骗中女性被害人占绝大多数，而贷款诈骗中男性被害人的比例则远远高于女性。因此，在某些特定的电信网络诈骗犯罪类型中，就犯罪被害人的性别而言，存在高风险犯罪被害人。

第三，犯罪被害人的职业特征。不同的国家或地区由于其经济体制、社会发展水平等存在差异，犯罪被害人的职业特征具有不同的表现。我国司法部研究所于 1994 年在北京市的调查显示，在犯罪被害人中农民所占的比例最高，达 30.3%；工人所占比例略低于农民，占比 27.9%；其次为公司职员，占比 10.5%；学生占比 8.1%；个体户占比 7.4%；无业人员占比 5.5%，公务员和军人占比最低，分别为 1.1%、0.4%，如表 4-5[③] 所示。

---

① 参见徐建华、宋晓明. 珠江三角洲刑事犯罪人、被害人的人口特征分析 [J]. 男方人口，2005（3）.
② 陈晓娟. 电信网络诈骗犯罪的被害人责任分担 [J]. 山西警察学院学报，2021（2）：92-100.
③ 参见郭建安. 犯罪被害人学 [M]. 北京：北京大学出版社，1997：102.

表 4-5 我国犯罪被害人的职业分布

| 职业 | 百分比 | 累计百分比 |
| --- | --- | --- |
| 农民 | 30.3% | 30.3% |
| 工人 | 27.9% | 58.2% |
| 公司职员 | 10.5% | 68.7% |
| 学生 | 8.1% | 76.8% |
| 个体户 | 7.4% | 84.2% |
| 无业人员 | 5.5% | 89.7% |
| 公务员 | 1.1% | 90.8% |
| 军人 | 0.4% | 91.2% |
| 其他 | 8.8% | 100% |

而在我国台湾地区，无业和无固定职业的被害人被害的比例最高，其次是工业、商业、自由职业、特种行业。美国的犯罪学家根据全美犯罪调查统计资料（1973—1981年），探讨了246种职业与伤害、抢劫、普通盗窃、家庭盗窃以及汽车盗窃五种类型的犯罪被害的关系。研究发现，在娱乐场所工作的人员在上述五种类型的犯罪中均有非常高的被害率，在餐厅工作的服务生、洗碗工也有非常高的被害风险。①

不同的犯罪类型中的犯罪被害人，他们的职业特征表现出巨大的差异性。比如我国的电信网络诈骗犯罪，我国学者在宁波市北仑区的犯罪被害调查显示，电信网络诈骗犯罪被害人以无业、务农、务工人员为主，2016年这三者的比例占被害人总数的73.4%；在江苏省某县的犯罪被害调查显示，犯罪被害人中无业、小商人/个体户、普通工人合计占被害人总数的33.5%，达到了1/3，其次是临工、职员和服务员②。所以，我国电信网络诈骗犯罪的高风险被害人的职业特征具有不稳定性、临时性、低收入性的特征。美国的犯罪被害调查统计表明，成为

---

① 转引自李伟. 犯罪被害人学教程 [M]. 北京：北京大学出版社，2014：46.
② 参见陈晓娟. 电信网络诈骗犯罪中的被害人责任分担 [J]. 山西警察学院学报，2021（2）：92-100.

抢劫犯罪高风险犯罪被害人的职业往往是不太受人喜欢的职业，包括出租车司机、餐厅工作人员、洗车工人、园丁、游乐场工人、洗碗工、邮差、粉刷工人、建筑工人以及沿街小商贩。此外，作曲家、音乐家、雕刻家、摄影师被抢劫的风险也比较高，被抢劫率在平均值以上。[1]

第四，犯罪被害人的经济状况。国内外的犯罪被害调查研究显示，犯罪被害人的经济收入与其被害风险成反比，被害风险高的人往往是低收入者，而收入越高，被害的风险越小。我国学者在上海部分社区的被害调查发现，被害风险最高的犯罪被害人的月平均收入在1500元至3000元，占比高达64.6%；其次是月平均收入在1500元以下的人群，占比21.5%；而随着月平均收入逐步增多，犯罪被害的比例逐步下降，月平均收入在3000元至4500元的被害人占比9.2%；月平均收入在4500元以上的被害人占比4.6%，如表4-6所示。

表4-6 犯罪被害人的收入状况

| 月平均收入 | 占犯罪被害人总数的比例 |
| --- | --- |
| 1500元以下 | 21.5% |
| 1500-3000元 | 64.6% |
| 3000-4500元 | 9.2% |
| 4500元以上 | 4.6% |

我国国务院新闻办发布的《2007年美国的人权报告》指出，处于贫困线以下的家庭中发生的针对女性施暴的案件是普通家庭的5倍，家庭收入在1万美元以下的女性被暴力伤害或被强奸的可能性是家庭收入在1万美元以上的女性的1.8倍。[2] 这说明，在美国收入越低的女性遭遇暴力犯罪侵害的风险越高。美国的被害调查显示，抢劫犯罪中，被害率与家庭收入成反比，收入越低，被抢劫的风险越高，"具有讽刺意味的是，极端贫困的人，尽管收入微薄，可遭受抢劫的比率却高于其他收入群体"。[3] 我国有学者在上海的调查研究显示，电信网络诈

---

[1] [英]安德鲁·卡曼. 犯罪被害人学导论（第六版）[M]. 李伟等译. 北京：北京大学出版社，2010：98.

[2] 参见李伟. 犯罪被害人学教程[M]. 北京：北京大学出版社，2014：46.

[3] [英]安德鲁·卡曼. 犯罪被害人学导论（第六版）[M]. 李伟等译. 北京：北京大学出版社，2010：98.

骗犯罪被害人中也呈现出经济收入与被害风险成反比的特征，月收入 5000 元以下的被害人占总数的 74%。①

第五，犯罪被害人的婚姻状况。研究表明，未婚者的被害率高于已婚人士，即未婚的人比已婚的人具有更高的被害风险。美国关于犯罪被害人的统计资料显示，在暴力犯罪中，未婚者的被害率是已婚人士的 4 倍多，比丧偶者的 6 倍还要多，在抢劫犯罪中，从未结过婚的单身人士以及分居、离异的人士比已婚人士更容易遭到抢劫②。我国学者在广西的被害调查表明，犯罪被害人中未婚人士占比 76.8%③，比例远远高于已婚人士。

第六，犯罪被害人的文化水平。虽然各个文化层面的人都会有被害的经历，但是整体而言犯罪被害人的文化水平普遍偏低，初中及以下文化水平的群体被害的风险最大。随着学历逐步升高，被害的风险逐步降低。我国司法部预防犯罪研究所 1994 年的统计表明，在我国初中文化水平的犯罪被害人占比 48.4%，被害的风险最大；其次是小学文化水平的被害人，占比 20.6%；再次是高中文化水平的被害人，占比 14.8%；高中以上文化水平的被害人占比 8.3%。④ 这一数据虽然距今时间较长，但与近期的被害调查结果基本一致。比如，深圳市公安局 2019 年针对电信网络诈骗犯罪的被害调查表明，遭遇电信网络诈骗犯罪的被害人分布在各个文化层次中，其中初中及以下文化水平的被害人所占比例最大，占比约 45%；其次是具有大专及本科学历的被害人，占比 33%；再次是高中学历的被害人，占比 19%；研究生学历的被害人占比最低，只占 3%，如图 4-4 所示。

---

① 陈晓娟. 电信网络诈骗犯罪中的被害人责任分担 [J]. 山西警察学院学报, 2021 (2): 92-100.
② [英] 安德鲁·卡曼. 犯罪被害人学导论（第六版）[M]. 李伟等译, 北京: 北京大学出版社, 2010: 98.
③ 张鸿巍. 刑事被害人保护的理念、议题与趋势——以广西为实证分析 [M]. 湖北: 武汉大学出版社, 2007: 275.
④ 郭建安. 犯罪被害人学 [M]. 北京: 北京大学出版社, 1997: 103.

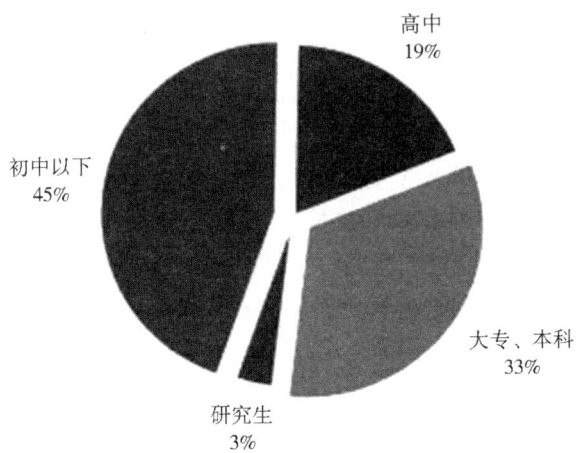

图 4-4 深圳市电信网络诈骗犯罪被害人的学历分布

第七，犯罪被害人的民族或种族特征。我国的犯罪被害人研究较少涉及民族或种族的问题研究，虽然我国是一个多民族国家，但是我们的民族政策有力地推动了民族大融合与民族大团结，各民族一律平等，禁止民族歧视和民族压迫，所以我国的犯罪被害人特征基本体现不出民族特征。但是国际上有些国家的犯罪问题表现出了强烈的、明显的民族或种族特征，他们围绕犯罪人以及犯罪被害人进行相关研究的过程中，民族与种族问题是一个非常突出的问题。这个问题在美国表现得就比较突出。在美国，"从统计学意义上讲，种族是和不同风险相关的最重要的人口因素。非洲裔美国人面临死于暴力的风险更大，亚裔美国人死于暴力的风险则小很多。在 2004 年被杀的所有人中，黑人占 48%……整个美国黑人社区遭受了不成比例的高暴力致死风险。《统一犯罪报告》的另一统计数字进一步强化了黑人遭受超额风险的事实：尽管黑人男性大约只占总人口的 6%，却占到了全国暴力死亡人数的 39%。黑人女性占美国人口的 7%，占暴力死亡人数的 8%"[1]。在美国发生的抢劫犯罪中，"就种族和民族而言，黑人、亚裔和西班牙语系人遭受抢劫的比率要高于白人"[2]。

在对各类犯罪中犯罪被害人的人口统计学特征进行分析的基础上，可以对某一个群体的被害风险进行评估，对不同群体的被害风险进行比较，预测某一类犯

---

[1] [英]安德鲁·卡曼. 犯罪被害人学导论（第六版）[M]. 李伟等译. 北京：北京大学出版社，2010：86.

[2] [英]安德鲁·卡曼. 犯罪被害人学导论（第六版）[M]. 李伟等译. 北京：北京大学出版社，2010：98.

罪的高风险犯罪被害人。比如，综合上文所介绍的我国不同学者对我国电信网络诈骗犯罪被害人的人口统计学特征的分析，我们可以预测，在我国，电信网络诈骗犯罪的易被害群体是具有中低学历的、无业或工作不稳定的、收入偏低的青壮年。再如，美国学者针对抢劫犯罪的被害人进行人口统计学分析，对不同群体的遭抢率进行分析，如表 4-7[①] 所示，进而预测出遭遇抢劫的高风险被害人。

表 4-7　美国抢劫犯罪被害人的人口学特征与被害的关系

| 犯罪被害人的人口统计学特征 | | 遭抢率（每年每 1000 人中被害的人数） |
|---|---|---|
| 总体比率 | | 2.1 |
| 性别 | 男性 | 2.9 |
| | 女性 | 1.3 |
| 种族民族 | 白人 | 1.8 |
| | 黑人 | 3.7 |
| | 其他 | 2.6 |
| | 西班牙语族 | 2.8 |
| 年龄 | 12-15 岁 | 3.8 |
| | 16-19 岁 | 4.8 |
| | 20-24 岁 | 3.1 |
| | 25-34 岁 | 2.4 |
| | 35-49 岁 | 2.1 |
| | 50-64 岁 | 1.1 |
| | 65 岁以上 | 0.3 |
| 婚姻状况 | 已婚 | 0.8 |
| | 寡居 | 0.6 |
| | 离婚或分居 | 3.0 |
| | 从未结婚 | 4.0 |

---

① ［英］安德鲁·卡曼. 犯罪被害人学导论（第六版）[M]. 李伟等译. 北京：北京大学出版社，2010：97-98.

续表

| 犯罪被害人的人口统计学特征 | | 遭抢率（每年每1000人中被害的人数） |
|---|---|---|
| 家庭收入 | 少于7500美元 | 6.4 |
| | 7500-14999美元 | 4.4 |
| | 15000-24999美元 | 2.1 |
| | 25000-34999美元 | 2.1 |
| | 35000-49999美元 | 1.4 |
| | 50000-74999美元 | 1.3 |
| | 75000美元以上 | 1.3 |
| 居住地 | 城市 | 4.0 |
| | 郊区 | 1.4 |
| | 农村 | 1.4 |

通过表4-7可以得出结论，更容易遭到抢劫的群体特征是男性、少数民族、年轻人、单身、经济条件差、城市居民，综合这些因素，在美国抢劫犯罪的高风险被害人是居住在城市中穷困潦倒的年轻非洲裔美国人。

（2）犯罪被害人的生活方式特征。根据日常活动理论和生活方式暴露理论，一个人具有某种特性的生活方式与其被害具有密切关系。生活方式是人们日常生活中的活动方式，体现在工作、学习、居家、休闲娱乐等各种活动中。而一个人的生活方式决定了这个人的日常活动轨迹，即他可能在什么样的时间出现在什么样的空间，可能遭遇什么样的事情，可能与什么样的人接触和互动，自己的人身或财物可能处于具有危险因素的情境中。

假设一个人的生活日常如下：每天按时起床，驾驶自己的汽车去上班，在单位工作一天，下班后驾驶自己的汽车回家，与家人共进晚餐，共享晚间居家时光，晚上11点之前上床睡觉，周末及节假日与家人共同度过。而另一个人则有着完全不同的生活日常：每天乘坐地铁或公交车去上班，在单位工作一天，下班之后通常是呼朋引伴一起去饭店吃饭、娱乐场所娱乐，或者下班后通常因工作关系与各色人等以各种方式应酬，深夜回家。这是两种完全不同的生活方式，显然后一种生活方式使得个体遭受犯罪侵害的风险更大。根据生活方式暴力理论，后一种生活方式具有暴露性，这种生活方式使得个体经常出入公共场所，有更多的机会与家庭之外的人接触互动，有更大的风险接触到具有危险性的人或置身于具有危险性的情境之中,因此被害的风险更大。

前文分析到,从犯罪被害人的人口统计学特征来看,未婚人士比已婚人士被害的风险更大,被害更多地集中在年轻人群体中。究其原因,正如有些学者所言,犯罪人在实施犯罪行为时不会去问被害人是否已经结婚或者年龄有多大,更不会去检查他们的手指是否戴着婚戒,是否持有结婚证,一定是这类群体具有某种特定的风险因素,使其被害的风险更大。有研究表明,未婚的年轻男女更倾向于在晚上外出寻找朋友的陪伴,甚至是寻找陌生人的陪伴,而已婚人士通常更倾向以家庭为中心进行各种日常活动,尤其是在晚上更少外出(很多时候是因为要照看家人或孩子无法外出)。所以,大量的风险因素是隐藏在特定的生活方式中的。

既然如此,广大的潜在被害人是否可以通过适当调整或改变日常活动方式而减少被害呢?一定程度上是可以的,如适当减少去娱乐场所的次数和时间,适当减少夜间外出。但是,更多的时候存在一个人想要改变其生活方式而不能的情况。毕竟,一个人的生活方式看似是其自由选择的结果,但是这种选择是建立在自身条件(包括自己的性别、年龄、学历、婚姻、能力、经历等)和社会环境(包括政治环境、经济环境、法治环境、文化传统、社会舆论等)综合条件之上的,所以,一个人的生活方式是其自身条件与社会环境共同塑造的。当一个个体基于自身条件和社会环境形成了其特定的生活方式之后,这种生活方式便具有了稳定性,如果这种特定的生活方式具有暴露性,使其经常暴露于具有高风险的情境中,或者使自己的财物或人身经常暴露于具有犯罪高风险的人的面前,那么,这个个体就属于高风险犯罪被害人。

(3)犯罪被害人的人格特征。一个人的人格特征属于心理特征的范畴,是个体先天的内在的生物学因素与其后天成长环境中的各种外在因素共同作用而逐步形成的独特而稳定的心理特征,具体体现为一个人的性格、气质、能力等。发展心理学认为,个体的需要是一切心理活动的源泉,个体在追求其需要获得满足的过程中,势必与其所处的客观环境发生联系,并与该环境中的人物或事物发生相互作用,在个体与外在环境及相关要素进行长期互动的过程中,逐步形成个体的兴趣爱好,在此基础之上进而形成个体对事物的信念、态度、价值观等,即形成了个体的个性倾向性。另外,个体在追求其需要获得满足的过程中,会经常出现一些特定的行为特征,形成其行为习惯。个体的个性倾向性与其行为习惯相结合,就表现为个体的人格特征。个体的人格特征一旦形成,具有特定性和稳定性,会对一个人的行为产生深刻的影响。一个人是否会实施犯罪行为,会受到其人格特征的影响,一个人是否比其他人更容易遭到犯罪行为的侵害,也会受到其人格特征的影响。比如，粗心大意的人更容易遭遇财物的被盗、被抢，爱贪小便宜、轻听轻信的人更容易遭遇诈骗犯罪。日本学者研究显示，遭遇不法商贩诈骗犯罪的被害人中，比例最大的是性格爽朗之人，占比高达67.8%；其次是爱交谈的人，占比50.5%；再次是遇事难以拒绝他人的人，占比47.7%。[①]

电信网络诈骗犯罪近几年来在我国呈高发的态势，诈骗分子每天大量向外拨打诈骗电话、发送诈骗短信或诈骗邮件等，但是能够得逞的只占极少数。反过来说，接到诈骗电话或收到诈骗短信或诈骗邮件的人中，最终落入骗子的圈套，造成财产损失的，只占很小的比例。有些骗子的骗术并不高明，甚至拙劣、漏洞百出，可是一少部分人仍然上当受骗，这部分人通常具有一些特定的心理特征，主要体现为：(1) 贪利心理，被诈骗分子给出的诱人条件所吸引，放松警惕；(2) 轻信心理，容易相信他人，辨别是非的能力相对较弱；(3) 投机心理，"赌一把"的心理，虽然对诈骗事实有所怀疑，但又不确定真假；(4) 利他心理，有些人心思善良、单纯、乐于助人，但是善良却被坏人利用；(5) 求成心理，有一种迫切的愿望、急于达到某种目的或实现某种目标，对一些危险情况不能作出正常的判断，或选择性忽略一些关键细节；(6) 服从权威心理，受中国传统文化的影响，社会公众对师长、官员等高度服从和尊重，这种服从和尊重是普遍性的，不受性别、年龄、学历、职业等的影响；(7) 挽回损失心理，在被害人已经有部分钱款被骗的情况下，希望能够通过一些举措挽回前期损失；(8) 急性应激心理，被害人在受到强烈的精神刺激后，对于诈骗信息无法按照正常认知行为模式进行正确认识，坚信只有按照诈骗分子的指示才能避险，任何人都无法对其进行干预，甚至有些人在这个过程中伴有轻微的意识状态模糊。所以，具有以上人格特征的人，比其他人更容易被骗，最终成为电信网络诈骗类犯罪的高风险被害人。

2. 具有被害高风险的物品

在侵财犯罪中，有一些物品往往比其他物品更加受到犯罪分子的青睐，这些物品我们可以称之为热门标的物，如现金、钱包、手机、手表、金银首饰、笔记本电脑、电动自行车、汽车等。这些物品因为其独有的一些特征，增加了其被盗的风险，成为具有被害高风险的物品。美国损害预防研究协会的调查显示，经常被商店扒手们顺手牵羊的物品，往往是CD、香烟、酒和流行商品，因为这些商

---

① [日] 诸泽英道. 被害者学入门——间接被害化要因 [J]. 隆霁译. 青少年犯罪研究，1997 (11).

品很容易被卖掉。① 对被害高风险的物品特征进行分析，了解人们所拥有的物品特征，并采取相应的保护措施，可以有效减少被害风险，预防被害。

英国犯罪学家克拉克总结了容易遭受犯罪侵害的物品所具有的六大特征：（1）可隐藏的（Concealable），具有这一特征的物品可以很好地隐藏在手提袋、口袋中，如现金、手表、手机、金银首饰等，因其具有可隐藏性且难以被鉴定，因而具有被盗窃的高风险。（2）可移动的（Removable），具有这一特征的物品很容易被移动或搬运，因此很容易成为被侵害目标。可隐藏的物品亦具有可移动性，除此以外，还有一些物品虽然不够小巧、不具有可隐藏性，但是因其具有可移动性，也具有被盗窃的高风险，如电动自行车、摩托车、汽车等。（3）可触及的，或可获得的（Available），具有这一特征的物品容易被发现、被接触、并被获取，因此容易成为犯罪侵害的目标。比如，现金、珠宝等具有可隐藏性和可移动性，具有被盗窃的高风险，如果所有人都将其放到保险柜中妥善保管，则不容易被发现、被接触、被获取，因此不容易被盗。但是如果有人将现金、珠宝等随意放置于桌面或未上锁的抽屉里，则容易被发现、被接触、被获取，大大增加了被盗窃的风险。（4）有价值的（Valuable），这一特征是被害高风险物品的核心特征，只有有价值的物品才会成为犯罪分子猎取的目标，盗窃价值高的物品会在变现时获取更高的收益，即便犯罪分子盗窃某个物品的目的不是变现而是自己使用，也更倾向于选择价值相对高的物品，以显示自己的品味和地位。（5）可享用的（Enjoyable），犯罪分子盗窃财物不都是为了变现，有时是为了自己享用，如盗窃超市里的香烟、酒、食物等自己食用，或者盗窃平板电脑、手机等一些电子产品自己使用，或者盗窃手表、首饰等自己佩戴。（6）可脱手的（Disposable），即容易变卖、容易销赃，犯罪分子盗窃财物的目的除了少数用于自己享用外，大多数情况还是为了变现，如果某一物品不容易变卖，于犯罪分子而言则毫无价值。因此，只有那些容易变卖、容易销赃的物品才会成为犯罪分子的目标，具有被盗窃的高风险。这样说明了盗窃犯罪与销赃市场之间的关联性。我国的电动自行车被盗率非常高，一个重要的原因就是存在一个庞大的买赃用赃市场，容易变卖、容易销赃。所以，分析被害高风险物品的特征，有效地切断这类物品的销赃渠道，就可以起到非常好的抑制犯罪的作用。

## （二）高风险被害时间

犯罪行为在时间上的分布并不是平均的，一天之中不同的时辰、一周之内不

---

① 转引自吕雪梅，丁文俊. 犯罪分析及其社会治理［M］. 北京：群众出版社，2016：209.

同的天数、一年之内不同的月份和季节，发案率都是不同的，有些犯罪案件集中发生在某些特定的时间，在这些特定的时间被害的风险增加，这些特定的时间就成为高风险被害时间。

就一年之内的不同季节而言，不同的季节存在高发的犯罪类型，如侵财类犯罪在秋冬季节比其他季节更为多发，尤其是冬季，我国每年的12月和次年的1月是最为高发的月份，公安机关通常也会在每年的11月或12月开展打击盗抢骗犯罪的集中行动。到了春末夏初，侵犯人身类犯罪会大量增加，公安机关处理的打架斗殴类警情也在这时开始急剧增多，直到10月逐步减少。性侵类犯罪发生的季节性最强，每年的6月、7月、8月三个月份最为高发。犯罪与被害的这种季节上的分布情况，与犯罪被害人的生活方式随季节变化而变化的情况是密切相关的。比如，犯罪被害人在夏季会大大增加户外休闲娱乐活动的时间，这个时间甚至会延长到凌晨两三点，这就使得犯罪被害人的人身安全有更多的时间暴露在复杂危险的环境中，与具有危险性的人员接触的机会大大增加，因此大大增加了其被害的风险。

就一天之内的不同时间而言，晚上的犯罪率和被害率明显高于白天，发案数量从17点、18点钟开始逐步增多，一直持续到24点，凌晨1点以后案发数量大幅度减少，直到早晨5点，这一时间段是一天之内案发数量最少的时间段。这是整体发案数量在一天24小时的分布，不同的犯罪类型在一天之内的分布存在具体的差异。我国司法部预防犯罪研究所于1994年在北京市的被害调查显示，发案数量最多的前六类犯罪类型中，诈骗犯罪的时间性最强，主要发生在白天，占诈骗总量的92.5%，抢劫、杀人、强奸类犯罪主要发生在晚上，分别有61%、61.4%、64.7%，具体的时间分布情况如表4-8[①]所示：

表4-8 我国不同类型犯罪的时间分布

| 时间 | 盗窃 | 诈骗 | 抢劫 | 杀人 | 伤害 | 强奸 |
| --- | --- | --- | --- | --- | --- | --- |
| 8：00—17：00 | 48.8% | 92.5% | 38.9% | 35.8% | 50.6% | 35.3% |
| 17：00—24：00 | 32.9% | 2.5% | 44.2% | 42.5% | 43.6% | 53.9% |
| 24：00—8：00 | 18.3% | 2.5% | 16.8% | 18.9% | 5% | 10.8% |
| 时间不明 | 0 | 2.5% | 0.1% | 2.8% | 0.9% | 0 |

---

① 郭建安. 犯罪被害人学 [M]. 北京：北京大学出版社，1997：107.

再如，近些年最为常见的盗窃电动自行车类犯罪，有学者在宁波市北仑区展开了被害调查，发现电动自行车被盗率最高的两个时间段分别是 11：00-13：59 和 17：00-19：59，具体时间分布如表 4-9[①] 所示：

表 4-9　电动自行车被盗时间分布

| 被盗时间段 | 被盗车辆数 | 占比（%） |
| --- | --- | --- |
| 5：00—7：59 | 37 | 7.19 |
| 8：00—10：59 | 77 | 14.96 |
| 11：00—13：59 | 117 | 22.72 |
| 14：00—16：59 | 81 | 15.73 |
| 17：00—19：59 | 104 | 20.20 |
| 20：00—4：59 | 99 | 19.23 |

（三）高风险被害空间

犯罪现象和被害现象不是平均地分布于地理空间，有些区域或地点比其他区域或地点发生了更多的犯罪和被害，甚至会出现犯罪现象与被害现象在某一特定空间的聚集，这一特定空间我们称之为犯罪的高危空间，也属于高风险被害空间。

1. 犯罪模式理论的解释

犯罪模式理论（crime pattern theory）解释了犯罪行为在空间上的聚集。犯罪模式理论认为，人们的日常流动是有规律的，我们在日常生活中活动轨迹通常是在居住场所与工作（学习）场所之间往返，此外还会造访一些休闲娱乐场所。日常生活中我们频繁往返的一些关键位置（Key location），包括居住地点、工作地点、学习地点、娱乐地点等，被称为节点（node），往返于这些节点的常规路线被称为路径（path）。注意，这里的路径是指常规路线，即惯常行走的路线，如果行为人某天突发奇想、独辟蹊径走了一条陌生的路线则不属于此时研究的路径。这些节点和路径是我们日常生活中所熟悉的，在这些节点和路径周围的区域是我们所熟悉的，这些区域被称为"感知空间"（awareness spaces），在感知空间

---

① 张应立，罗祁慧. 盗窃电动自行车犯罪被害问题实证研究［J］. 山东警察学院学报，2020（2）：95-102.

之外，是人们很少到访的陌生空间，对于这样的陌生区域，人们缺乏认识。犯罪模式理论可用图4-5表示：

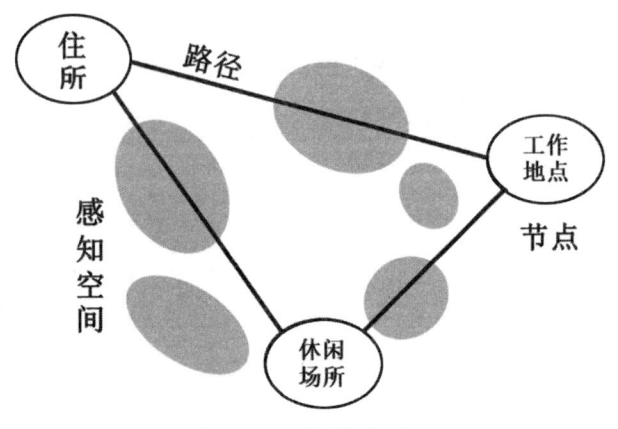

图4-5 犯罪模式理论

根据犯罪模式理论，人们更倾向于在感知空间犯罪，因为在这些区域中，他们非常熟悉对其实施犯罪行为产生影响的各种要素，如他们了解可以获取的或易被攻击的犯罪目标，了解甚至熟悉建筑物的结构和布局，了解监督控制力量的时间空间分布等。因此，在他们熟悉的区域，他们知道有什么样的犯罪目标，具备什么样的犯罪机会和犯罪条件，采取什么样的行动可以降低犯罪风险。犯罪模式理论提出了一种预测，即犯罪人实施犯罪行为通常不会远离他们的节点。其他的相关研究也证实了这一点，如犯罪行程研究。斯努克（Snook）通过对41名系列入室盗窃案件的犯罪人进行研究发现，节点与案发地点的平均距离是1.7公里，盗窃地点与犯罪人的居住地的距离在一公里之内的案件占33%，距离在1-2公里的案件占25%，距离在2-3公里的案件占15%，犯罪出行距离（crime trip distance）的衰减速度非常快，符合反向的J曲线（J-curve）①。

犯罪模式理论进一步提出更容易发生犯罪的四类空间。

（1）犯罪产生地（crime generator）。这一类空间通常聚集了大量人员从事合法活动，属于人们最为日常的活动空间，如购物中心、体育场、酒吧、火车站等。此类空间为犯罪人提供了大量的适宜的潜在犯罪被害人或作案目标，具有大量的犯罪机会和犯罪条件，盗窃、扒窃、抢劫等犯罪高发。

---

① ［美］亚历克斯·皮盖惹. 犯罪学理论手册［M］. 吴宗宪主译. 北京：法律出版社，2019：216.

(2) 犯罪吸引地（crime attractor）。这一类空间具有一些特殊的属性会吸引潜在犯罪人在此地实施特定类型的犯罪，如二手车销售市场、破旧的酒吧、红灯区等。此类空间为犯罪人实施犯罪行为提供了适合的空间，他们在这里销赃、进行非法交易等。

(3) 犯罪促成地（crime enabler）。这一类空间缺乏规范或存在管理漏洞，按照日常活动理论的观点，是缺乏有能力的保护者，如某一处停车场没有管理人员或没有安装监控，在此处犯罪风险很小，不容易被发现，因此成为犯罪的高危空间。

(4) 边缘地带（edge）。这一类空间是个人在其节点或者路径的边缘遇到的不同区域之间的边界，处于感知空间的边缘。处于边缘地带两边的人们可能会发生领域冲突，犯罪人也可能会在其所属空间的边缘之外去实施犯罪而不用担心会被他人认出来。比如，城乡接合部就存在类似的问题，导致犯罪机会增加，成为犯罪的高危空间。

这四类空间因其具有的特定属性导致犯罪的高发，亦成为容易遭受被害的高风险空间。

2. 犯罪热点

犯罪总是聚集在某一些特定的区域而在另一些区域却很少发生，有些区域发生的犯罪事件数量大于平均数量或者被害的风险高于平均风险，这样的区域通常被称为"热点"。犯罪热点的存在是二八定律在犯罪学研究中的典型体现，即少部分的地点或场所发生了大部分的犯罪。比如，美国的一项犯罪实证研究表明，6%的地址报警数占所有报警次数的60%，一份马萨诸塞州的警察记录表明，78家商店中有3家（约占5%）发生了55%的商店盗窃案件[1]。对犯罪热点进行分析，就是要识别出犯罪的高风险区域，识别出犯罪高风险区域的地理特征，进而提出有针对性的干预措施，帮助解决这一热点区域的犯罪问题，有效地减少犯罪与被害。犯罪热点区域也是被害的高风险空间。

犯罪热点在地图上是以点、线、面体现，据此可以分为三种类型：犯罪热点、犯罪热线、犯罪热区。

(1) 犯罪热点。经常集中发生重复犯罪的具体的地点，这个地点可以是一个具体的地址，如一个商店、一所住宅、一个学校、一家娱乐场所等，也可以是诸如街角的一个较小的位置。这样的地点通常具备某一项特定的功能或具有一个具体的所有者。这样的一个地点之所以会重复发生犯罪，成为被害的高危场所，

---

[1] 吕雪梅，丁文俊. 犯罪分析及其社会治理 [M]. 北京：群众出版社，2016：170.

可以用日常活动理论进行解释。日常活动理论认为，一个位置上会发生什么样的行为是由该地点的所有者或管理者进行控制的，当潜在的犯罪人与被害人在日常活动中的某一地点相聚，而该地点缺乏管理和控制，犯罪就不可避免地要发生了。比如，一处停车场盗窃、抢劫甚至伤害案件多发，而另一处停车场则很少或没有发生类似的犯罪事件，这与两处停车场的管理规范是密不可分的。犯罪事件多发的停车场缺乏管理，存在诸如电子监控缺损、照明设备明显不足、光线暗淡、环境不整洁、停车位规划不合理、乱停乱放现象严重等一些问题，导致进入此环境的人员行为不受约束和控制，行为不规范，且行为的不规范性会逐步升级，最终使得该停车场成为一个犯罪热点。所以，缺乏有效的地点管理是此类空间成为高危空间的关键所在。

（2）犯罪热线。犯罪事件以线的形式进行集中，通常表现为发生犯罪事件聚集的一些街道或公路。犯罪人有时需要寻找他的作案目标，他们可能会沿着街道进行搜寻，或者犯罪人通常在他们娱乐、购物、工作、居住的日常活动空间附近寻找作案目标，如果一个人的活动轨迹接近上述犯罪人的搜寻路径，此人被害的风险则大大提高。比如，一些街头犯罪，犯罪人可能会沿着某一条特定的路段寻找作案目标，实施抢劫、抢夺、盗窃车内财物等行为，这一特定路段就会形成热线，而在此路段出现的行人，则具有了被害的高风险性。

（3）犯罪热区。犯罪事件集中于某个社区或区域。为什么一个社区比其他社区发生了更多的犯罪事件，美国的芝加哥学派曾在20世纪以芝加哥这个城市为研究对象展开了数十年的实证研究，可以回答这个问题。他们研究发现，芝加哥处于市中心和市民居住区之间的过渡地带属于犯罪热区，该区域的发案率远高于其他区域十几倍，这与居住于此的居民的人口学特征关系不大，芝加哥学派用社会解组理论解释了这个现象。他们认为，社会解组是导致过渡地带犯罪率居高不下的关键因素，所谓社会解组是指一个社区无力实现其成员的共同的价值追求并维持有效的社会控制，"当一个社区的结构和文化无法实现和表达自身居民的价值追求时，社会解组就会在第一时间出现"，从本质上讲，发生社会解组的邻里是不能有效打击犯罪的。① 在一个发生解组的社区中，居民之间很少会团结一致，而是缺乏整合或社会凝聚力，而社区的整合或凝聚力会大大提高该区域对犯罪的非正式社会控制水平。一个社区的非正式社会控制对居民的行为可以起到非常好的监督和管理，如发现有不端行为的年轻人会对其进行劝诫或告知其家长加

---

① ［美］亚历克斯·皮盖惹. 犯罪学理论手册［M］. 吴宗宪主译. 北京：法律出版社，2019：160.

强管教，这在很大程度上可以预防、遏制大量的犯罪行为。而一个社会解组的社区的非正式社会控制水平低，犯罪率就会高，因此这样的一个社区也就成为犯罪热区，置身于或生活于此区域的人成为犯罪被害人的风险也会大大提高。

犯罪被害人若较频繁地在以上高危空间出现，则大大增加了其被害的风险，甚至成为重复被害人，究其原因，可以从其人口学特征和生活方式进行分析。比如，有人因为其职业或行为习惯反复出现在某一个高危地点，或者反复出现在某一类高危场所，而遭遇了重复被害。例如，他（她）频繁出入于各类酒吧或KTV，可能是因为他（她）的职业是酒水推销员，或者他（她）的娱乐方式使得他（她）喜欢来到这类场所，而这类场所是犯罪的高危空间，经常出入会大大增加其被害的风险。

3. 我国的研究

我国有学者关注特定的地理空间与犯罪的关系，指出一些微观的地理空间因其地理位置的特殊性而比其他空间更容易滋生犯罪行为，这里也就成为被害的高风险空间。随着我国城市化进程的步伐不断加速，带来了一系列的问题，其中犯罪率逐步攀升是一个比较突出的问题，我国城市存在犯罪高风险的空间主要有：

（1）城市死角。这个概念最初是由日本学者伊藤滋在其《城市与犯罪》一书中首先提出来的，后来被我国学者借鉴使用。所谓城市死角是指城市中具有触引、便利或者隐匿犯罪的有利环境、社会控制力所不及的空间，如立交桥桥洞、地下通道、地下停车场、地铁、电梯间、转角、厕所、窄小的胡同或者里弄、贫民窟、公园等。[①] 这类空间极具有地理位置的特殊性，比其他空间更具有犯罪机会或犯罪条件，既便于犯罪行为的实施，也便于犯罪之后的逃跑和隐匿，通常沦为犯罪的高风险空间。

（2）城乡接合部。城乡接合部属于犯罪模式理论提出的边缘地带，常常会因为领域冲突而导致犯罪。此外，我国城乡差异较大，城市居民与农村居民的生活方式、文化背景、职业类型、价值观念等各不相同，使得既有城市人口又有农村人口的城乡接合部因冲突而犯罪的机会增多。

（3）流动空间。车站、码头、市场、公园、体育场、网吧，以及火车汽车等公共交通工具等空间人员复杂且流动频繁，容易发生盗窃、抢劫、伤害等犯罪行为。在20世纪80年代后半期至90年代的前半期，我国铁路沿线的"车匪路霸"犯罪活动曾经一度呈现出极为严重的态势，而随着高速公路的快速发展，长途公共汽运广泛使用，导致长途大巴车成为抢劫、猥亵、强奸、伤害、杀人等犯

---

① 许章润. 犯罪学（第二版）[M]. 北京：法律出版社，2004：188.

罪活动的高发空间①。

(4) 独居住宅。独居住宅包括单身一人的居所和远离住宅群的独立住户。一方面，独居的人抵御犯罪的能力相对较差，容易被犯罪分子选择为侵害的对象；另一方面，独居的人缺乏来自外界的监督和控制，在其独居住宅里有更多的机会实施犯罪。例如，我国有学者对478名独居青少年进行了调查，发现其中有81名实施过犯罪行为，犯罪率高出非独居青少年16%。②

除此以外，针对某一种特定类型的犯罪，研究其被害的高风险空间，对于更好地预防被害具有更为现实的意义。我们以高发的盗窃电动自行车为例，有学者在宁波市北仑区的被害调查显示，就被害的微观环境而言，电动自行车最容易被盗的地点在医院、菜市场、商场等人流密集的地方，其次是住宅小区，具体分布见表4-10所示③：

表4-10 电动自行车被盗地点分布

| 被盗地点 | 被盗车辆数 | 占比（%） |
| --- | --- | --- |
| 住宅区内 | 144 | 22.97 |
| 医院、菜场、商场 | 234 | 37.32 |
| 娱乐场所、广场 | 75 | 11.97 |
| 街道马路 | 76 | 12.13 |
| 僻静地 | 61 | 9.73 |
| 其他 | 37 | 5.91 |

就被害的中观环境而言，电动自行车被盗的区域分布表4-11④：

---

① 许章润. 犯罪学（第二版）[M]. 北京：法律出版社，2004：189.
② 董士昙. 犯罪学教程[M]. 北京：中国检察出版社，2013：285.
③ 张应立，罗祁慧. 盗窃电动自行车犯罪被害问题实证研究. 山东警察学院学报，2020(2)：95-102.
④ 张应立，罗祁慧. 盗窃电动自行车犯罪被害问题实证研究. 山东警察学院学报，2020(2)：95-102.

表 4-11 电动自行车被盗区域分布

| 被盗区域 | 被盗车辆数 | 占比（%） |
| --- | --- | --- |
| 市区 | 1221 | 17.61 |
| 郊区 | 265 | 18.87 |
| 乡镇中心区 | 1528 | 19.31 |
| 农村 | 547 | 23.22 |

# 第五章 犯罪被害人的被害性

## 一、对被害性的认识与界定

### (一) 概念的梳理

犯罪被害人的被害性是犯罪被害人学研究中的一个基础性的概念,自犯罪被害人学的学科创始之初就有学者对其进行了界定,最早对被害性进行阐述的是以色列学者、犯罪被害人学的创始人之一本杰明·门德尔松,他指出,"被害性(victimity)这个概念被用来涵指遭受某些社会因素造成的某些损害的所有各类被害人的共同特征。"本杰明·门德尔松在阐述自己对被害性的认识的同时,提到了日内瓦的琼·格雷文对被害性的定义,格雷文认为被害性就是"一种由内在、外在两方面因素所决定的,因而使人成为被害人的那种特性。"[1] 我国学者在20世纪80年代末对日本犯罪学家宫泽浩一关于被害性的论述进行了介绍,宫泽浩一指出,被害性"是指在犯罪的过程中与犯罪发生有关的各种条件中属于被害者的各种条件的总括。这些条件反映了被害者容易受害的特性。被害性有年龄、性别、职业、社会地位等一般的被害性,也有轻信、强欲、暴君、失意、轻浮等特殊性的被害性。在每个个人中,这些特性重合地、互相联系地构成容易受害的条件"。[2]

我国自20世纪80年代末犯罪被害人进入学者们的研究视野之后,学者们即开始了对被害性的讨论,形成了诸多的但是缺乏普遍共识的观点。笔者整理了我国学者对被害性的各种认识,如下:

1990年,许章润在其《论犯罪被害人》一文中指出,被害性是指在一定社

---

[1] [德] 汉斯·约阿希姆·施耐德主编. 国际范围内的被害人 [M]. 许章润等译. 北京:中国人民公安大学出版社,1992:18-19.
[2] 张智辉,徐名涓编译. 犯罪被害者学 [M]. 北京:群众出版社,1989:38.

会历史和自然条件下，由被害人的生理因素和心理因素，如性格、气质、能力、人格倾向等诸多主观条件所构成的，恰恰足以使其被害的总体内在倾向性。[①]

1992 年，白建军在其《犯罪学原理》一书中指出，被害性是来自被害人的有利于犯罪的各种因素。[②]

1997 年，张建荣在其《论犯罪被害人的本质特征》一文中指出，被害性是指犯罪被害人自身存在的某些有意或无意的易遭被害的主客观因素从而导致被害发生的特性。[③]

2001 年，刘文成在其《犯罪学——犯罪现象·原因·对策》一书中指出，被害性是指被害人表现在年龄、性别、外貌、行为、性格、经历等多方面的，容易受到侵害的潜在的倾向性。[④]

2002 年，赵可等人在其《一个被轻视的社会群体——犯罪被害人》一书中指出，被害性是犯罪被害人本身的一种特性，是诱发加害人实施加害行为的一种带有主动诱使和强烈刺激的因素，或者是加害人实施加害行为时可以利用和必须利用的有利条件。[⑤]

2003 年，王大伟在其《中小学生被害人研究——带犯罪发展论》一书中指出，被害性是指被害人在遭受侵害时的特征，正是这些特征，使某些人极易成为被害人。[⑥]

2008 年，王良顺在其《论被害预防》一文中指出，被害性就是被害人在心理和行为上具有的容易招致犯罪人加害的特性，包括易感性、诱发性与受容性等三种不同的人格特性，并进一步指出，被害人的客观性特征不是被害人被害性的组成部分。[⑦]

2012 年，任克勤在其《被害人学新论》一书中指出，从广义被害性而言，就是指在犯罪过程中与犯罪的发生有联系和相关的各种条件中，属于被害者的各种条件之总和，这些条件反映了被害人容易受害的特性。[⑧]

---

[①] 许章润. 论犯罪被害人 [J]. 政法论坛. 1990（1）：30-36.
[②] 白建军. 犯罪学原理 [M]. 北京：现代出版社，1992：225.
[③] 张建荣. 论犯罪被害人的本质特征 [J]. 中央政法管理干部学院学报. 1997（1）：17-19.
[④] 刘文成. 犯罪学——犯罪现象·原因·对策 [M]. 北京：群众出版社，2001：82.
[⑤] 赵可、周纪兰、董新臣. 一个被轻视的社会群体——犯罪被害人 [M]. 北京：群众出版社，2002：36.
[⑥] 王大伟. 中小学生被害人研究——带犯罪发展论 [M]. 北京：中国人民公安大学出版社，2003：65.
[⑦] 王良顺. 论被害预防 [J]. 武汉大学学报（哲学社会科学版）. 2008（4）：541-545.
[⑧] 任克勤. 被害人学新论 [M]. 广东：广东人民出版社，2012：98.

2014 年，李伟在其《犯罪被害人学教程》一书中指出，被害性是诱发或强化犯罪行为发生的被害人的自身因素和客观因素的总称，又称被害因素、致害因素。①

2016 年，骆群在其《犯罪被害人十五讲》一书中指出，被害性是犯罪被害人自身存在的诱使、刺激、强化犯罪行为发生或者易于被犯罪人利用的与人的意识相关的有过错的主客观因素以及与人的意识不相关的各种客观因素的概称。②

综观我国学者的诸多观点，都有其合理之处，但又存在界定过于宽泛不够准确或者过窄而不全面等一些值得商榷之处。存在的不足之处主要有：（1）有些学者对于被害性的界定过于宽泛。比如，有的学者将犯罪被害人所具有的容易遭受被害的或者有利于犯罪实施的各种因素不加区分都纳入了被害性的范畴，但是在这些犯罪被害人所具有的因素中，有些于犯罪被害人而言是不存在主观上的过错或过失的，甚至非但没有过错或过失，反而是一种优良的品质，于整个社会而言是应当加以鼓励和提倡的高尚行为。比如，有的人乐于助人甚或见义勇为，基于帮助他人的主观愿望却无意间进入被害的情境最终成为犯罪被害人，此时，如果将犯罪被害人的这些主观因素纳入被害性的范畴进行研究，不具有研究的现实意义。（2）有些学者对犯罪被害性的界定范围过窄。比如，有的学者只将犯罪被害人的主观因素纳入被害性的范畴，而将其所具有的客观因素一律排除在外，显然是存在缺漏的，有些情形下犯罪被害人的年龄、性别、职业等客观因素也会影响其被害。还有的学者将犯罪被害性限定于遭受侵害的过程中，这显然也是存在局限性的，犯罪被害人的被害性不仅仅体现在其在遭受侵害的过程中表现出的特性也体现在被害之前就具有特定的因素，如有的人粗心大意，出门时经常忘记锁门，最终导致遭到入室盗窃。除以上两个方面之外，有的学者在界定被害性的概念时出现了被害性与被害原因的混淆，也有学者试图论述被害性与被害原因的不同，但是有的观点笔者认为值得进一步探讨，将在下文展开论述。

### （二）从犯罪原因系统中看被害原因

笔者尝试在犯罪原因系统中分析犯罪被害人方面的因素对犯罪所发挥的作用，在此研究视角下，对犯罪发挥了作用的犯罪被害人方面的因素就可以被称为被害原因。对于被害原因的研究，需要放到犯罪原因系统中，因为被害本就是犯罪的结果，犯罪与被害相伴而生，没有犯罪就没有被害，同时，犯罪原因系统中包含犯罪被害人方面的因素。

---

① 李伟. 犯罪被害人学教程 [M]. 北京：北京大学出版社，2014：96.
② 骆群. 犯罪被害人十五讲 [M]. 北京：中国法制出版社，2016：23.

犯罪原因是犯罪学研究的核心内容，是自犯罪学诞生以来学者们孜孜不倦而探究的，目前我国犯罪学界形成了关于犯罪原因较为统一的观点，认为犯罪原因有广义和狭义之分。狭义的犯罪原因是指在引发犯罪的因素中，对犯罪行为的发生发挥了必然性和直接性作用的因素，因此，狭义的犯罪原因又可以称其为直接的犯罪原因。广义的犯罪原因是指对犯罪行为的发生或犯罪结果的出现具有各种引发、促成、影响等作用的诸多因素相互作用、有机联系而形成的犯罪原因系统。狭义的犯罪原因被包括在广义的犯罪原因的范畴之内。犯罪学研究认为，任何一起犯罪的发生都不是单方面原因造成的，犯罪是犯罪人与犯罪被害人在特定的情境中互动的结果，因此，引起犯罪结果的因素既有犯罪人方面的原因，也有犯罪被害人方面的原因，还有外在环境方面的原因，既有宏观环境的原因，也有中观环境和微观环境的原因，这诸多方面的原因相互结合、相互影响、共同作用于犯罪，最终导致犯罪结果的出现。因此，通常情况下犯罪学对于犯罪原因的研究是从广义上开展的，狭义的犯罪原因会基于特定的研究需要而采用。犯罪原因系统即广义的犯罪原因，系统中的诸要素形成相对稳定的组织结构和联系方式，形成犯罪原因的结构，可以简称罪因结构。根据影响犯罪发生的主体要素对罪因结构进行分类，可以把罪因结构中的各要素分为犯罪要素、被害要素、情境要素，被害要素是指犯罪被害人方面所具有的对犯罪发生作用的因素，包括犯罪被害人的年龄、性别、职业等人口学特征、生活方式特征、性格特征、行为习惯特征等，犯罪被害人对犯罪人的不同反应会影响犯罪人行为发生相应变化，进而影响犯罪过程及犯罪结果。

我国犯罪学界对罪因结构的层次作了进一步的划分，认为犯罪原因系统中诸要素之间及其与犯罪行为之间的联系、相互作用不是同等的关系，有的要素与犯罪行为具有极为紧密的关系，有的只具有松散的关系，有的要素对犯罪结果的发生起到主导作用，有的只起到辅助作用。基于此，犯罪原因系统中的诸要素从结构上看分别处于四个不同的层次：犯罪根源、犯罪的直接原因、犯罪条件、犯罪的相关因素。第一个层次，犯罪根源，是指导致犯罪发生的最根本的原因，是犯罪现象的本源或起源，从社会整体上制约着犯罪的产生和变化。第二个层次，犯罪的直接原因，是指在罪因结构中具有最大的致罪力量，对犯罪的生成及发展变化具有直接主导作用的致罪因素所构成的一个综合性的动态系统。第三个层次，犯罪条件，是指犯罪动机外化为犯罪行为必须要利用的外在的条件性因素。第四个层次，犯罪的相关因素，是指对犯罪行为的实施以及犯罪结果的出现产生一定影响作用的因素。其中第一个层次犯罪根源的研究在理论上具有重要意义，但是对于实践中预防和减少犯罪缺乏实际意义。第二个层次犯罪的直接原因和第三个层次犯罪条件在罪因结构中是最重要的、必不可少的，犯罪的直接原因对犯罪行为起到了决定性、主导性的作用，但是其决定性、主导性作用的发挥必须要有必要的条件存在。犯罪的直接原因和犯罪条件对犯罪结果的作用分别是犯罪的直接原因导致犯罪结果，犯罪条件保证犯罪的直接原因发挥作用，如果没有犯罪条件，犯罪的直接原因就无法发挥作用，也就不会出现犯罪结果。第四个层次犯罪的相关因素与犯罪的联系是最为松散的，对于犯罪的发生既不是必然的也不是必要的，具备了这些相关因素，犯罪行为的实施会更加容易，没有这些相关因素，犯罪照样会发生。罪因系统中各要素的关系结构图可以用图 5-1 表示：

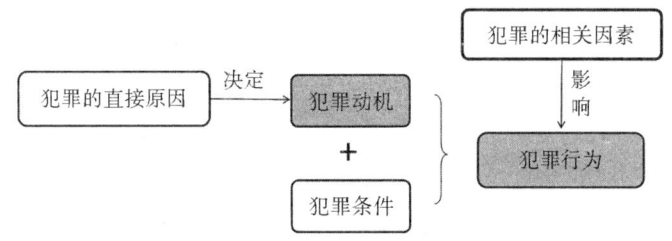

图 5-1　罪因系统中各要素的关系结构

根据以上对罪因结构的分析，犯罪被害人方面的诸因素处于哪个层次中，根据被害要素所发挥的作用，有时被害要素属于犯罪的直接原因，即犯罪人形成犯罪动机之前，由于受到犯罪被害人某些因素的强烈刺激，而形成犯罪动机，进而实施犯罪行为，如犯罪被害人最初对犯罪人实施了诸如殴打、辱骂等故意挑衅的行为，使得本没有犯罪意图的人在犯罪被害人强烈的刺激下形成了犯罪的意图，进而实施犯罪行为。有时被害要素属于犯罪条件，即犯罪人已经形成犯罪动机之后，犯罪被害人方面的某些因素为犯罪人实施犯罪行为提供了条件或机会，犯罪动机得以外化为犯罪行为，如犯罪人已经形成实施盗窃行为的犯罪动机，这时犯罪被害人粗心大意没有将自己的财物保管好，为犯罪人实施盗窃行为提供了可乘之机，最终犯罪被害人的财物被盗，此时犯罪被害人方面的因素就构成了犯罪条件。有时被害要素属于犯罪的相关因素，即犯罪被害人方面的因素对犯罪行为的实施或犯罪结果的出现产生影响，使得犯罪行为的过程更顺利、更容易得逞，或出现犯罪后果的扩大化，如犯罪人已经针对被害人实施诈骗行为，在诈骗的过程中，犯罪被害人轻听轻信的性格特征使得诈骗行为很容易就得逞了，造成了犯罪被害人的财产损失。所以，在罪因结构中的各个环节都包含犯罪被害人方面的因素，如图 5-2 所示：

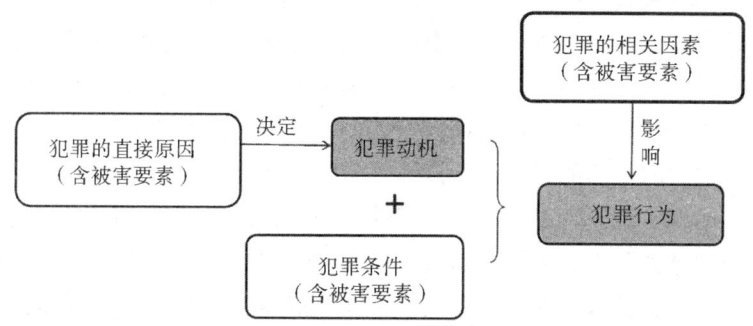

图 5-2 被害要素在罪因结构中的分布

以上是把犯罪被害人方面的因素放到犯罪原因结构中进行分析，可以得出结论，犯罪原因系统中包含犯罪被害人方面存在的对犯罪产生各种影响力的因素，犯罪被害人方面存在的对犯罪产生各种影响力的因素可以被称为被害原因，属于犯罪原因系统的范畴。

根据我国有些学者的观点，不能将犯罪被害人方面存在的因素称为被害原因，如上文提到的赵可等人在其《一个被轻视的群体——犯罪被害人》一书中所指出的，他们一方面认为，应当将被害性与被害原因严格区别开来，被害性属于被害的条件，而不属于被害的原因，被害的原因是犯罪行为，根据因果关系论，犯罪的结果是被害，犯罪行为与被害具有因果关系，故犯罪行为是被害原因，所以，犯罪被害人方面存在的因素不是被害原因，据此被害性与被害原因就有了明确的区分；但是另一方面他们又认为，在特殊情况下，被害性可构成被害的原因[①]。本书认为，这种观点对被害原因的归因过于简单，并没有抓住被害原因的实质，甚至将被害原因的研究排除在了犯罪被害人的研究范畴，存在局限性。被害原因应当有其特定的内涵，而不应当简单地归结为犯罪行为，被害性不仅仅作为被害的条件而存在，它与被害原因存在交叉，甚至从某种研究的角度看，被害性就是被害原因。

对被害原因的分析可以借鉴犯罪学对犯罪原因分析的模式。一种模式是从原因推导结果，即有了原因必定会导致结果；另一种模式是从结果追索原因，即结果是由哪些原因造成的，没有这些原因就不会有结果。两种模式相比较，第一种模式所探讨的原因的外延比第二种模式所探讨的原因的外延小。

---

① 参见赵可，周纪兰，董新臣. 一个被轻视的社会群体——犯罪被害人 [M]. 北京：群众出版社，2002：36-37.

根据第一种模式对原因的探讨，原因 A 必然导致结果 B，A 于 B 具有直接性和必然性。前文所述赵可等人的观点采用的就是这种模式，认为犯罪行为必然导致被害结果，所以被害原因是犯罪行为，本书认为，该观点关于犯罪行为与被害结果之间的逻辑关系的推导值得商榷。任何一个行为的实施都有其逻辑过程，行为结果是该过程的自然的终点，所以结果是行为的终结，行为并不能成为行为结果的原因。比如，犯罪人甲拿起水果刀冲向被害人乙，冲到乙跟前后刺向乙的颈部，乙的颈动脉被刺破，乙因流血过多而死亡。犯罪人甲的犯罪行为过程包括顺序发生的几个步骤：（1）拿起水果刀；（2）冲向被害人乙；（3）刺向乙的颈部；（4）乙的颈动脉被刺破；（5）乙流血过多而死亡。这几个步骤顺序的发生，构成了犯罪人甲的犯罪行为的逻辑过程，被害人乙被刺死的结果与犯罪人甲实施持刀伤害行为之间存在逻辑上的必然性，而无须进行专门的论证，犯罪人甲完成其持刀伤人的行为与被害人乙被刺死的结果之间存在密切的联系。"只有当事件与事件各自在逻辑上无关时，也就是事件之间在实证上是相互独立产生并可以独立分辨的时候，一些事件才能在因果上决定另一些事件。原因与结果必须相互分开地起作用，不能在观念上（在逻辑上）互相联系起来……行为无法成为其结果的原因，因为行为结果与行为的完成两者之间是密不可分的。"[①] 所以，被害人乙的被害原因并不能归因于犯罪人甲的犯罪行为，其被害原因应当是促使犯罪人甲实施持刀杀人行为的原因。假如犯罪人甲之所以会持刀刺向被害人乙，是因为乙先对甲进行了殴打或辱骂等具有强烈刺激的挑衅性的行为，使得本来没有犯罪意图的甲产生了犯罪意图进而实施了犯罪行为，此时，被害人乙具有强烈刺激、诱发作用的不当行为构成犯罪人甲完成持刀杀人行为的原因，也即被害人乙被害的原因。据此，犯罪被害人方面的一些因素可以构成被害原因，把被害原因放到犯罪原因结构中，可以用图 5-3 表示：

---

① [德] 乌尔斯·金德霍伊泽. 因果分析与行为之归因 [J]. 熊琦译. 刑事法前沿，2017（10）：152-175.

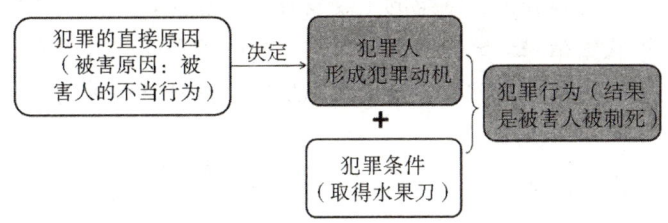

图 5-3　被害人因素在犯罪原因系统中的作用

根据第二种模式对原因的探讨，原因的外延要更大，除具有必然性和直接性的因素之外，一些偶然性和间接性的因素也可以构成原因，虽然这些因素对于结果不是必然的，但是如果没有这些因素，结果可能就不会出现。比如，犯罪人甲（男）与被害人乙（女）是情侣，日常生活中产生了各种矛盾，在一次争吵中犯罪人甲拿起桌上的水果刀刺向被害人乙，由于乙是一位手无缚鸡之力的娇弱女性，面对甲的伤害毫无抵抗之力，结果被甲刺中颈动脉流血过多而死。此种情形下，犯罪人甲形成犯罪动机实施持刀杀人行为的原因是情侣间的日常争吵，可能还包括犯罪人甲具有一些不良的心理因素，但是甲之所以能够顺利实施杀人行为，是因为被害人乙是一位面对暴力伤害毫无抵抗力的娇弱女性，所以，最终出现了被害人乙被刺死的结果。从结果反推原因，之所以会出现被害人乙的死亡，原因包括犯罪人甲因日常矛盾形成了杀人动机、犯罪人甲获取了犯罪工具、被害人乙毫无抵抗之力，所以被害人的性别、能力等因素构成了被害原因。把此种情形中的被害原因放到犯罪原因结构中，可以用图 5-4 表示：

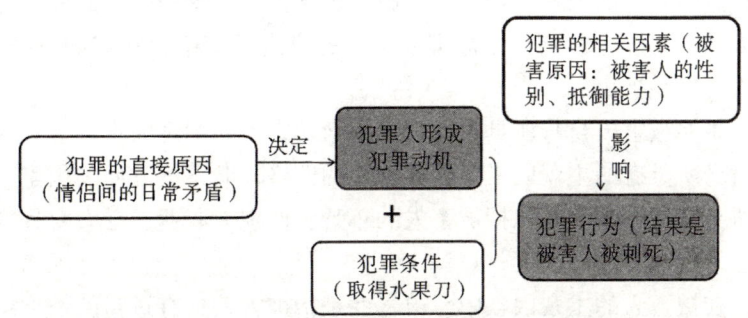

图 5-4　被害人因素在犯罪原因系统中的作用

通过以上两种模式对被害原因的探讨，可以得出狭义的被害原因和广义的被害原因两种界定。根据上述第一种模式由原因推导结果，可以对狭义的被害原因进行界定，即犯罪被害人所具有的，对犯罪人产生犯罪意图形成强烈的刺激或诱导,对犯罪行为的实施和被害结果的出现发挥了必然性和直接性作用的因素。根据上述第二种模式由结果追索原因,可以对广义的被害原因进行界定,即犯罪被害人所具有的,对犯罪行为的发生及被害结果的出现具有各种诱发、促成、影响等作用的各种因素。

### (三) 对被害性的界定

通过前文对国内外学者关于被害性概念的梳理,被害性的含义包括两个核心要件:一是被害人方面所具有的要素,二是使得被害人更容易成为被害人的要素。结合前文对被害原因的分析,本书认为,被害性的含义应当与广义的被害原因基本一致,且把狭义的被害原因包含在内。所以,被害性可以定义为:犯罪被害人方面所具有的,对犯罪行为的发生即被害结果的出现具有各种诱发、促成、影响等作用的各种因素的总和。

正确认识犯罪被害人的被害性,需对其内涵进行准确把握,主要体现为以下几个方面:

第一,被害性包括犯罪被害人自身所具有的因素和与被害人产生密切联系的外在环境因素。关于这一点,目前我国学界的观点不尽一致,有的学者认为从词源学上解释"性",认为"被害性"中的"性"是加在名词、动词或形容词之后构成属性词,表示事物的某种性质或性能,进而得出被害性只能存在于犯罪被害人自身的结论[①]。本书认为,被害性最初是由以色列学者提出,后被世界各国学者用以开展犯罪被害人问题的研究,属于外来词,对于被害性词义的理解大可不必拘泥于我国《现代汉语词典》的解释,所以被害性包含的因素可以不限于犯罪被害人自身所具有的因素。再者,与犯罪被害人产生密切联系的外在环境因素会对被害人的被害产生影响,如被害人生活的家庭环境中存在某些特殊的因素,使得被害人更容易被害。

第二,犯罪被害人自身所具有的因素包括被害人的主观因素和客观因素。犯罪被害人自身所具有的主观因素包括被害人的性格、能力等方面的因素,犯罪被害人自身所具有的客观因素包括被害人的年龄、性别、职业、受教育程度、生活方式、社会地位等方面的因素。

第三,在被害人的主观因素中,被害性是指被害人具有过错的情形。因为犯罪被害人在主观上具有过错或过失,表现在行为上出现不适当并对犯罪人完成犯罪行为形成诱发、推动、便利等作用,才可以被称为被害性,符合被害性研究的初衷和现实意义。如果犯罪被害人的主观因素中不具有过错,即便对被害结果的

---

① 参见骆群. 犯罪被害人的十五讲 [M]. 北京:中国法制出版社,2016:22.

发生产生了有利的影响，仍不能构成被害性，如犯罪被害人甲是军人出身，身强体壮、乐于助人，看到有人当街抢劫，于是上前制止，与抢劫分子发生打斗，无奈寡不敌众，且对方持有利刃，最终被害人甲被刺死。此种情形中，犯罪被害人具有乐于助人的性格特征，这一特征对其被害结果产生了影响，但是犯罪被害人主观上并不存在过错，因此，此种情形不属于被害性研究的范畴。

第四，被害性只是使得潜在犯罪被害人具有了被害的趋近性。毕竟犯罪被害人的被害是犯罪人实施犯罪行为的结果，没有犯罪人实施犯罪行为就不会有犯罪被害人的被害，而犯罪人是否会实施犯罪行为受到诸多因素的制约和影响，犯罪被害人的被害性只是诸多因素之一，因此，具有被害性的潜在犯罪被害人并不一定会被害，被害性只是使其更容易成为被害人，具有了被害的趋近性。

## 二、被害性的生成机制

为什么会形成犯罪被害人的被害性，可以从宏观与微观两个方面进行解释。

### （一）对被害性的宏观解释①

被害性的生成会受到社会因素的影响，正如犯罪学界所认为的社会应当对犯罪负责一样，社会也应当对被害负责。被害不仅是被害人个人的问题，很多时候也是社会的问题。

1. 社会结构的变化加剧了被害的倾向性

所谓被害的倾向性是被害的可能性高于正常水平，由于被害人的需求偏差、观念偏差、行为偏差而导致，但是被害人的各种偏差是在社会生活中形成的，是在与他人的社会交往互动中体现出来的。研究表明，越轨与被害具有高度相关性，即被害人的越轨行为会加剧被害的倾向性。根据犯罪与被害的互动理论以及被害人责任理论，犯罪被害人的一些有悖于社会道德、社会风序良俗、社会纪律和法律规范的反社会性的行为往往会导致其被害，因为犯罪被害人具有不规范的人际互动方式、非理性的心理需求、不良的人格特征、偏离的价值取向等会使得其主动迎合甚至参与犯罪活动，与犯罪分子密切互动，最后成为犯罪被害人，或者犯罪被害人的上述不良情形与犯罪人的犯罪动机、犯罪机会、犯罪条件相符合，因而更容易遭受犯罪行为的侵害。所以，犯罪被害人的越轨行为会加剧其被害的倾向性。

但是，犯罪被害人却不会因为这一结论而减少或杜绝自己的越轨行为，其越

---

① 参考宋践. 论社会被害性 [J]. 江苏公安专科学校学报，1998（2）：31-38.

轨行为的形成有其深刻的社会原因，正如美国的社会学家罗伯特·金·莫顿所言，越轨是社会结构的产物。当一个社会所肯定的社会目标与所提供的实现这一社会目标的手段出现不平衡，主要是实现目标的手段难以达到目标的实现，越轨就在所难免，这是目标规范与手段资源之间的冲突造成的。我国正处在社会转型期这一大的社会背景下，经济体制的转变肯定了个体对于物质利益的需求和追求，经济标准成为对社会成员的评价标准中的一个极为重要的标准，在社会分层中经济能力是一个重要的考量因素，一个人的社会地位也越来越受到财富的支配。因此，对财富的追求成为当前国人奋斗的目标。但是获取财富的手段或社会资源在社会成员间的分布并不是均匀的，有相当一部分人没有充裕的社会资源，无法通过合法的手段或渠道去实现其对于财富的追求，这进一步阻碍了其实现社会地位向上流动的目标，由此出现了目标与手段之间的冲突，于是很多人采取了非法的手段或渠道，也就是越轨行为，以实现其对财富的追求及其社会地位的提升。比如，在某些电信诈骗犯罪中，于诈骗分子而言，是希望通过诈骗行为快速实现自己对财富的追求，于被骗者而言，很多人也是基于贪利、投机取巧甚至赌博等心理而被骗的。此外，社会资源在社会阶层间的分布也是不均匀的，社会阶层越高占有的社会资源越丰富，越容易实现其人生目标，所以这种目标与手段的冲突现象更多地出现在社会阶层较低的成员身上，再加上我国社会阶层间的壁垒越来越明显且固化，社会关系主要表现为同一社会阶层的成员间的横向联系，同样处于较低社会阶层的面临相似处境的社会成员之间更容易互相认同、互相支持、协同合作，最终形成群体性越轨。如果能够加入某个群体，并且从中获得支持、肯定，体验实现自我价值的愉悦感，即便在这种社会关系中具有被害的较大风险，也是值得去做的。比如，生活在城市里的农村籍青少年，有的跟随务工的父母来到城市，有的只身一人来到城市打工，但是由于个人、家庭、社会等各种原因，导致他们辍学或无正当职业，在城市里被边缘化，更容易参与形成一些帮伙亚文化群，实施寻衅滋事、抢劫、盗窃等各种违法犯罪行为，而参与其中的青少年被害的风险也大大增加。

2. 社会关系的结构分离增加了被害机会

随着城市化进程的加剧，个体与社会整体的关系由传统的结构整合逐步变得结构分离。个人权利越来越得到尊重和强化，人们在社会行为中发挥自由意志的空间越来越大，同时，社会公共准则的约束性越来越受到削弱，个体与社会的内在联系性越来越弱化，在日常社会生活中出现了私人生活领域与公共生活领域的分化与隔离。从家庭关系来看，受到我国政治、经济、文化、人口等各种因素的影响，我国目前的家庭结构以核心家庭为主，扩大的核心家庭一定程度上存在，联合家庭少之又少，核心家庭中个体的自由度大大增加，传统社会中的大家庭长辈对晚辈的监督、教育、劝导、帮助、支持、保护等各种作用受到削弱；从邻里关系来看，在现代社会关系中邻里关系淡化，传统社会中的邻里更多的是通过血缘、业缘的关系居住在一起，具有很大的同质性，但是现代社会的邻里通常是陌生的毫无联系的人毗邻而居，这种异质性增加了邻里之间的心理隔阂，再加上高层单元住宅结构的封闭的居住状态，缺乏相互交往的公共场所，增加了邻里之间的空间隔阂，另外社会流动的增加、高节奏的社会生活也减少了邻里之间交往的可能，这种弱化的邻里关系大大削弱了其社会控制功能，邻里守望相助的状态被疏离、被动的人际关系取代，私人生活的隐蔽性大大增强，个体行为可以更容易摆脱群体的监督和制约。由此，传统社会中社会关系的群体本位逐步被现代社会中社会关系的个体本位取代，非正式的社会控制机制（以家庭、邻里、社区、群体、组织等为主的自然监督）越来越弱化，取而代之的是正式的社会控制机制（以具有国家性和强制力的社会规范、制度、机构等为主的正式监督）。然而，具有国家性和强制力的正式的社会控制机制有其不能达到的空间，大量的社会互动行为和社会交往行为处于社会性的隐蔽空间，具有潜在的被害可能性的个体不能或不愿求助于自然监督力量，而正式监督力量又不能及时提供帮助，这就导致了被害机会的增加。比如，城市中存在的繁荣且孤独状态，人口密度很高，个人生活的私密性也很高，社会公众有意或无意的忽视与漠视造就了被害机会大大增加。

3. 社会文化的发展变化增加了被害风险

文化具有强大的社会功能，文化的作用渗透到人们社会生活的各个领域，文化对人的思想和人的行为具有特殊的影响力。

我国随着市场经济的发展，逐步形成了一种新的文化形式——大众文化。大众文化受众广泛，在社会各阶层中高频率、大面积传播，尤其是通过网络媒介的形式，更加剧了大众文化对社会各阶层的影响，基于对同一事物或现象具有的相同或相似的态度，可以一定程度上打破阶层壁垒，形成一个特定的群体，在一个特定的时间段内保持短暂的相互认同与互动。在这种情形下，一般的人际互动中应当保持的审慎的合理的不信任态度被相互认同而抵消，被害的风险大大增加。另外，大众文化具有商业化特征，为了赚取商业利润，需要迎合大众口味，很多内容具有认知的感性化、肤浅化、行为的情绪化、暴力化和极端化，表达了一种简单粗暴的人际关系处理模式。受大众文化的影响，一些社会成员学习了这种简单粗暴的人际关系处理模式，在处理人际关系时往往不能有效地控制情绪，不能采取宽容、说理、劝导、妥协等合理的技术与途径，而是非理性、极端化地希望快速解决问题，结果往往矛盾激化、冲突升级，在这种情形下，犯罪的风险和被害的风险都大大增加。

在文化影响人们的社会生活和社会行为时，大众传媒扮演了十分重要的角色，甚至有人认为在现代社会生活中大众传媒将成为与立法、行政、司法相并行的第四种权力。而在现代传播媒介中网络媒介的传播力和影响力又是最大的，借助于网络的力量，一起事件或一种现象可以短时间内在广大的受众中形成迅速广泛地传播，传统的犯罪空间亦得以扩大，借助于网络媒介，诸如反映暴力、色情、奢靡、腐化等内容的不良文化的影响力和影响面更大，犯罪的社会危害性更大，网络空间中潜在的犯罪被害人的数量也更加庞大，被害的风险从传统社会扩展至网络空间。比如，随着青少年群体在网络空间的日益活跃，传统社会中的欺凌现象也逐步发展到网络空间，传统的校园欺凌在形式上增加了网络欺凌，并且由于网络行为没有时间与空间边界，网络欺凌比传统的校园欺凌形式对被害人的危害性更大。

文化冲突也大大增加了被害的风险。我国有着悠久的历史和深厚的文化传统，在文化的传播与传承过程中，尤其是在我国社会转型的现阶段，存在本土文化与外来文化、传统文化与现代文化的冲突现象，存在于政治观、法治观、价值观、道德观、婚姻观等诸多方面。文化冲突易导致犯罪，也易导致被害风险的增加。比如，我国传统文化中，女性角色在男性主导的社会生活中处于被动的、从属的地位，但是现代文化支持女性独立自主，支持女性参与各种社会活动、扮演各种社会角色，性别角色的社会文化定义在传统文化和现代文化中产生了强烈的冲突。女性角色革命在一定范围内对男性主导状态形成强烈冲击，女性的强大有时会成为其被诋毁、被侵害的诱发因素。此外，有时一些女性受到不良文化的影响，刻意追求所谓的独立与自我，标新立异，结果出现了一些非理性或非正常的不当行为，因此增加了其被害的风险性。

**（二）对被害性的微观解释**

不是所有的犯罪被害人都具有被害性，具有被害性的被害人通常具有一些特定的个体因素，主要体现在以下几个方面。

1. 犯罪被害人的生理因素

犯罪被害人的一些生理特征会影响其被害性的形成，尤其是性别特征和年龄特征。个体的生理因素中最显著的特征就是性别特征，因为性别差异，会使得男性或女性更容易成为某种特定类型犯罪的侵害对象，因而形成了某种特定类型犯罪的被害性。比如，强奸、猥亵等性犯罪的被害人绝大多数是女性，因男童更受市场欢迎导致拐卖儿童犯罪中男童更容易成为被害人，拐卖成年人的犯罪中被害人则主要是女性，此时在性犯罪、拐卖人口犯罪中，性别对被害人被害性的形成起到了关键性的作用。另外，性别差异会导致男女在行为活动中的差异，使得有些特定类型犯罪的犯罪人在选择侵害对象时会对性别作出选择，如在电信网络诈骗犯罪中，刷单诈骗犯罪人更多地会选择女性被害人行骗，而贷款诈骗犯罪人更多地会选择男性被害人行骗。

年龄是影响一个人的认知能力和行为能力的最重要的因素，不同年龄阶段的人，其身体发育状况、认知能力、受教育程度、生活习惯、行为能力等均有不同的表现，这导致他们在面对犯罪行为侵害时会作出不同的反应，而最终呈现出不同的被害后果，因此年龄与被害之间存在一些必然的联系。比如，拐卖儿童犯罪中，被害人的年龄是关键性的影响因素，此时年龄对犯罪被害人的被害性的形成起到了关键性的作用。

2. 犯罪被害人的个性因素

一个人的个性因素属于心理因素的范畴，是个体所具有的稳定而独特的心理状态。个体的行为会受到其个性的影响，在特定情境中面对来自外界的刺激，个性会影响个体的反应方式和强度。犯罪被害人在特定情境或条件下针对外界刺激作出不恰当的行为反应而使自己更容易被害，这在很大程度上会受到其个性因素的影响。比如，每个人置身于各种各样的社会关系中都会面临各种不同程度的矛盾与冲突，如何化解矛盾、缓解冲突，或将其控制在一定的范围之内，这在很大程度上受到个体个性因素的影响，有些人的个性存在某些缺陷，如暴躁、极端、冷酷、自私、吝啬等，这些个性特征不利于其对矛盾与冲突的解决，甚至行为方式不当会导致矛盾激化、冲突升级。研究表明，在侵犯人身类的犯罪中，犯罪往往是人际关系冲突恶化的结果。此种情形下，个体被害的可能性大大增加，此时犯罪被害人的个性因素就成为其被害性形成的重要因素。

3. 犯罪被害人的情感因素

所谓情感，是指人对现实的对象和现象是否合乎人的需要和社会要求而产生的复杂而高级的体验，它包括道德观、美感和理智感，人的情感具有倾向性和稳固性特征。① 情感是个体行为的心理基础，人际互动都有其情感基础。情感具有正面、积极和负面、消极两种类型，其中，负面情感，如悲痛、绝望、失意、愤怒、恐惧、憎恨、焦虑等会阻碍个体的进步，激发人性的缺点并使之为恶。犯罪被害人的被害往往与其负面、消极的情感状态相联系。当个体处于负面的情感状态时，通常会导致三种情况：第一种情况是无法抑制强烈的消极的情感，把外界

---

① 参见宋晓明. 犯罪心理学 [M]. 北京：中国人民公安大学出版社，2005：70.

的人或物作为自己发泄的对象，导致实施过激的行为；第二种情况是自我压抑、自我折磨、自我惩罚；第三种情况是通过合理的渠道或方式调节自己的情绪，有效控制负面情感。前两种情形下，容易导致被害的风险，第一种情形中在个体实施过激行为时可能会诱发、推动他人的犯罪行为，进而导致自己被害，第二种情形中个体可能会因为沉浸在消极的情绪情感中而对自己面临的危险情境缺乏正确的认知，或者在自我放弃的想法之下明知存在风险却故意为之，最终使自己身陷风险之中而被害。因此，犯罪被害人的消极情感是影响其被害性形成的重要因素。

4. 犯罪被害人的生活方式因素

生活方式是人们日常生活中的活动方式，体现在工作、学习、居家、休闲娱乐等各种活动中。一个人生活方式的形成受到其性别、年龄、受教育程度、婚姻状况、职业状况、行为习惯、社会文化、社会经济等诸多因素的影响，一旦形成具有稳定性。有些人的生活方式使其更容易遭受到犯罪行为的侵害，第四章已经详细介绍日常活动理论、生活方式暴露理论以及高风险犯罪被害人的生活方式特征，充分说明了生活方式与被害的高度相关性，故此处不再赘述，仅例举一种情形以作解释。比如，出租车司机更容易成为抢劫犯罪的被害人，因为这一职业的特殊性，出租车司机每天频繁地接触各种各样的陌生人，与具有危险性的人接触的机会大大多于普通人，其工作的时间长，通常包括凌晨、夜间等危险系数高的时间段，其到达的区域具有不确定性，经常会出入一些偏僻人少的地方，所以，出租车司机由于其职业的特殊性，导致其经常在危险的时间进入危险的地点并接触危险的人员，因此被害的风险大大增加，符合生活方式暴露理论的解释。所以，犯罪被害人的生活方式因素是其被害性形成的重要影响因素。

## 三、被害性的作用机制

被害性是犯罪被害人方面所具有的各种因素，对犯罪行为的发生具有诱发、促进、影响作用，因此具有被害性的被害人更容易遭到犯罪行为的侵害。被害性如何对犯罪行为发挥作用，根据前文对被害原因的分析，第一种情形是犯罪被害人的被害性刺激犯罪人形成犯罪动机，进而实施犯罪行为；第二种情形是在犯罪人已经形成犯罪动机之后，犯罪被害人的被害性为犯罪人实施犯罪行为提供了犯罪条件或犯罪机会，从而促进或推动了犯罪行为的实施；第三种情形是在犯罪人对被害人实施犯罪行为的过程中，被害性为犯罪行为的实施提供了便利。下面分别就这三种情形展开论述。

## （一）诱发作用

有时候犯罪人最初并没有犯罪的主观意图，而是受到来自犯罪被害人方面的强烈刺激才形成犯罪动机，此种情形下，犯罪被害人的被害性对犯罪行为具有诱发作用，是被害性的作用力最大的情形。所谓犯罪动机，是犯罪人之所以会实施犯罪行为所具有的内心起因或内心冲动。犯罪行为是犯罪动机的外化。

犯罪学认为犯罪人作为一名理性的人，要对实施犯罪行为的预期成本和收益、风险与回报进行衡量，当他（她）认为实施犯罪行为能够获得超过潜在成本的期望结果和预期收益，他才会实施犯罪行为（详见第四章关于理性选择理论的阐述）。在犯罪人进行犯罪决策的过程中，需要衡量实施犯罪行为要付出的努力、所冒的风险、预期的收益，如果实施犯罪行为不需要付出太大的努力，或者不需要冒太大的风险，又或者预期的收益非常可观，犯罪人则倾向于作出实施犯罪行为的决策，即形成犯罪动机。这个过程中，犯罪被害人的被害性会对犯罪人的犯罪决策产生重要作用，犯罪被害人方面的某些因素对犯罪人的刺激作用越强烈，越让犯罪人感到犯罪所得大于所失，犯罪动机就越容易形成。例如，在一个好色之徒面前，某位女性穿着暴露、行事轻浮、态度暧昧，则很容易刺激该男性形成对该女性实施性侵犯的犯罪动机，因为猎物就在眼前，无须付出太多努力即可得手。再如，有人将电动自行车停在商店门口却忘记拔下车钥匙，一个游手好闲之人从此处路过，认为将该电动自行车偷走轻而易举，倒手就可以卖很多钱，于是偷车的犯罪动机迅速形成并得到强化。所以，从犯罪决策的过程来看，如果犯罪被害人具有被害性使得犯罪人认为，对其实施犯罪行为是容易的、安全的、收益可观的，就会诱发犯罪人犯罪动机的形成，进而外化为犯罪行为。

从另一个角度来看，大多数的犯罪人并不信奉犯罪的价值观，而是努力遵循社会文化规范，当他（她）产生了想要实施犯罪行为的内心冲动时，这种内心冲动与其所遵循的文化规范和价值观是相矛盾的，内心会犹豫不安、自我谴责、甚至产生罪恶感，这时只有通过一定的技巧，使自己想要实施的犯罪行为合理化，消解这种内心的矛盾，消除内心的犹豫和罪恶感，才会坚定想要实施犯罪行为的内心冲动，进而实施犯罪行为。美国犯罪学家提出的中和技术理论解释了这种现象。犯罪人将其犯罪行为合理化的一个常用的技巧是否定犯罪被害人，即将责任归咎于犯罪被害人，认为对方"有错在先""咎由自取""欺人太甚""不仁不义"等。因此，犯罪被害人的被害性会促发、强化犯罪人犯罪动机的形成。例如，有人专门针对卖淫女实施强奸杀害，理由是这类女子也不是什么好人，对其实施强奸杀害的行为非但不具有危害性，从某种意义上说也算为民除害。

## (二) 促进作用

犯罪人由于被害人以外的原因形成犯罪动机之后，需要具备一定的外在条件，犯罪动机才能外化为犯罪行为，有时犯罪被害人的被害性为犯罪人实施犯罪行为提供了犯罪条件。根据犯罪学的罪因结构理论，已经形成犯罪动机的犯罪人只有具备了犯罪条件才能实施犯罪行为，如想要投毒的人只有获取了毒药才能实施投毒的行为，获取毒药就属于犯罪条件。由此可见，犯罪条件所发挥的作用就是促进、推动、保障犯罪人的犯罪动机顺利外化为犯罪行为。犯罪被害人的被害性在很多时候发挥了这一作用。比如，有人已经形成实施电信网络诈骗犯罪的犯罪动机，在其具备了犯罪条件之后就可以着手实施诈骗行为了，他所要具备的犯罪条件之一就是获取潜在被害人的个人信息，包括姓名、电话号码、某种特定的社会行为等，只有获取了潜在被害人的个人信息，诈骗分子才能把诈骗电话打出去或把诈骗信息发出去，而有的人恰恰在日常活动中很不注意保护个人信息，随意扫描陌生二维码、随意使用公共场所的 Wi-Fi、随意填写涉及个人信息的表格等，导致自己的信息大量泄漏，这就为诈骗犯罪分子实施诈骗犯罪行为提供了犯罪条件，对诈骗分子实施诈骗行为起到了促进、推动的作用。需要注意的是，如果缺少了犯罪条件，犯罪行为是无法实施的，如诈骗分子无法获取公民个人信息，就无法实施诈骗行为，所以，此种情形下，犯罪被害人的被害性的作用力也是非常大的。

## (三) 影响作用

以上两种情形都是发生在犯罪行为实施之前，当犯罪人已经开始着手实施犯罪行为之后，在犯罪行为实施的过程之中，一些特定的因素会使得犯罪行为的实施更加顺利，使得犯罪更容易得逞，甚至会出现被害后果的扩大化。此种情形下，犯罪被害人的被害性对犯罪行为所发挥的作用是一种有利的影响作用，其作用力远比前两种情形中的作用力小，因为在此种情形下，犯罪行为已经实施，被害性只是使行为过程更顺利。此时无论是否具备犯罪被害人的被害性，犯罪行为已经无可避免地发生。我们可以继续例举如今高发的电信网络诈骗犯罪，当诈骗犯罪分子已经针对犯罪被害人着手实施诈骗行为，在诈骗的过程中，有的被害人贪图小利、轻听轻信，或者被害人正处于某种困境，与骗子编造的事实相契合等，使得诈骗过程十分顺利，被害人损失巨大，此种情形下，被害人的被害性发挥了有利于诈骗行为实施的影响作用。另外，犯罪被害人的被害性导致被害后果扩大化的情形也时常出现，其实质是被害性导致犯罪人在初始的犯罪行为过程中形成了新的犯罪动机和新的犯罪行为，如在性侵犯罪中，犯罪被害人激烈反抗、高声呼救甚至对犯罪人言语刺激，致使犯罪人产生杀人灭口的犯罪动机，最终犯罪行为由强奸转化为杀人，被害人由被性侵发展为被杀害。

## 四、被害性的表现形式

犯罪被害人的被害性总要通过一定的形式表现出来，总览我国学者的研究，提出了被害性的多种表现形式，其中被害的诱发性、易感性、受容性获得了比较一致的认可，本书认为，除此三点之外，敏感性亦应是被害性的表现形式之一，下面分别论述之。

### （一）诱发性

我国学者对诱发性的讨论，主要是借鉴了日本学者宫泽浩一的观点。宫泽浩一认为，"被害的诱发性是指在被害者的行为中存在着引起加害者的犯罪行为从而使自己受害的因素"。[①] 宫泽浩一认为，犯罪被害人通过与犯罪人的互动，积极参与了犯罪动机的形成过程，从而对自己的被害起到诱发的作用，其中最典型的情形是被害者的挑衅行为。[②] 理解被害的诱发性应当把握以下几点：第一，犯罪被害人积极主动地实施了一定的行为，仅处于某种主观状态或客观状态不能构成诱发性，如犯罪被害人虽然主观上喜欢炫富，但是并没有积极主动地实施炫富的行为，或者犯罪被害人处于醉酒的状态，这两种情况虽然会增加其被害的风险，但不属于我们所讨论的诱发性的范畴；第二，犯罪被害人积极主动的行为发生在犯罪人实施犯罪行为之前，被害人参与了犯罪人犯罪动机的形成，如果没有被害人的诱发，犯罪人可能就不会形成犯罪动机；第三，犯罪被害人主观上存在过错或过失，导致其行为是不恰当的，犯罪被害人的被害性不局限于其存在过错或过失的情形，但是我们此处所讨论的诱发性，特指犯罪被害人存在过错或过失而导致行为不恰当的情形，如对他人的羞辱、谩骂、殴打、虐待、举止轻浮、炫耀财富等；第四，犯罪被害人的不恰当行为对犯罪人造成了刺激，对犯罪人的刺激性越强，越容易诱发犯罪人形成犯罪动机，进而推动其实施犯罪行为；第五，诱发性只是使得犯罪被害人具有被害的趋近性，不会必然导致犯罪人对犯罪被害人的犯罪行为，诱发性是否会导致犯罪行为的发生要取决于两点，诱发的强度和客体的承受能力，被害的趋近性与诱发的强度成正比，与客体的承受能力成反比。综上所述，诱发性可以表述为犯罪被害人在犯罪行为实施之前积极主动地实

---

[①] 张智辉，徐名涓编译. 犯罪被害者学 [M]. 北京：群众出版社，1989：38.
[②] 张智辉，徐名涓编译. 犯罪被害者学 [M]. 北京：群众出版社，1989：39.

施了不恰当的行为，对犯罪人造成强烈的刺激，进而导致犯罪人对自己实施犯罪侵害的情形。

### (二) 易感性

我国学者对易感性的讨论，仍然借鉴了宫泽浩一的观点。宫泽浩一认为，被害的易感性是指"对被害状态的无意识顺应性。反映了被害者容易接受加害者诱导和容易成为加害者选择的侵害对象的特性"。① 理解被害的易感性，应当从以下几点重点把握：第一，犯罪被害人主观上具有无意识性，不存在实施某种行为的主观意图，客观上没有积极主动地实施任何对犯罪人形成刺激的不当行为，在犯罪与被害的互动过程中，犯罪被害人是消极被动的。第二，犯罪被害人的易感性主要体现为其处于某种特定的状态，这种特定的状态可以是某种生理状态，如处于某个易被害的年龄段，可以是某种心理状态，如有一个迫切想要实现的愿望；可以是某种生活状态，如单身，或者与具有恶习、劣行的家庭成员共同生活等；可以是从事某种特定的职业，如开出租车，以及其他的一些特定的容易被害的状态。第三，犯罪被害人的这种状态容易吸引具有犯罪动机的人，或者吸引正在寻找作案目标的人，使自己成为被侵害的对象。第四，犯罪被害人的这种状态使其更容易受到犯罪人的诱导，钻入犯罪人设置的圈套，或者进入犯罪人所期待的特定情境，进而被害。比如，一些落后的农村或山区，有些大龄男青年娶妻困难同时有强烈的娶妻愿望，此种情形中的被害人具有典型的易感性特征，他们的生理状态（大龄、男性）、生活状态（未婚、经济条件差、农村生活、周围适龄单身女性少）、心理状态（想要娶妻）等几个方面综合作用，使得他们成为一些骗婚犯罪团伙主要选择的侵害对象，他们也更容易钻入犯罪分子的圈套，最后落得人财两空。

### (三) 受容性

我国学者对被害的受容性的界定，可参考赵国玲主编的《中国犯罪被害人研究综述》，即"被害人心理和气质上对于自身被害角色的认同和容忍，从而在遭受犯罪侵害时与侵害后表现出的一种顺应状态"。② 这种界定是在对我国学者关于被害性的各种论述进行肯定性与否定性评价的基础上而得出的，对被害的受容性的理解需从以下几点把握：第一，从时间上看，受容性应当体现在犯罪被害人遭受犯罪行为侵害时和侵害后，在犯罪人对被害人实施犯罪侵害之前体现不出受

---

① 张智辉，徐名涓编译. 犯罪被害者学 [M]. 北京：群众出版社，1989：38.
② 赵国玲主编. 中国犯罪被害人研究综述 [M]. 北京：中国检察出版社，2009：75.

容性，这一点对个别学者的观点予以否定①，是当前学界普遍认可的观点。第二，犯罪被害人对犯罪行为的顺应，即顺从，包括主动顺从和被动顺从两种情况，主动顺从是犯罪被害人对自己被害人角色的自愿认同与接受，如有的人财物被盗却选择不报案，自认倒霉。被动顺从是犯罪被害人迫于外界的或犯罪人的各种压力不得不对自己被害的事实进行容忍，如面对手持凶器的抢劫犯罪人，听从犯罪人的要求交出自己的财物。第三，犯罪被害人无论是主动顺从还是被动顺从，其主观上对自己的被害事实予以接受并容忍，如果被害人主观上并不接受、容忍自己的被害事实，只是暂时或假装顺从，然后寻找其他机会逃脱或反抗，以避免被害，此种情形不属于顺从的范畴。第四，犯罪被害人对被害事实的认知状态，多数情形是明确地认识到自己的合法权益正在遭受或已经遭受犯罪行为的侵害，但有些时候犯罪被害人由于受到年龄、智力、学识、经验等制约，并不能认识到或不能清晰地认识到自己的合法权益遭受了犯罪行为的侵害，如幼女遭受性侵的情形。第五，犯罪被害人的受容性容易造成重复被害，导致习惯性被害。

### （四）敏感性

我国学者最早对被害的敏感性进行阐述出现在许章润于 1990 年发表的《论犯罪被害人》一文中，后有个别学者在其对被害性的讨论中提到被害的敏感性，但均遵循了许章润的观点。许章润认为，被害的敏感性是指"被害人对于可能的被害或已然的被害事实的感知或自觉"，他认为，被害人对于被害一般有明晰的感知或预感，但有的被害人对可能发生的被害毫无感知，陷入被害情境而不自觉，被称为"无意识的被害人"。② 本书认为，将被害的敏感性界定为"被害人对可能的被害或已然的被害事实的感知或自觉"比较恰当，但将其解释为"对可能发生的被害毫无感知，陷入被害情境而不自觉"则符合被害的受容性，如果作此种解释，敏感性可以被受容性包含，无须另行讨论。我们可以从另外的角度去解读被害的敏感性，即特指犯罪被害人对自己可能面临的被害风险的感知或自觉，如果被害人对自己可能面临的被害风险的感知性或自觉性差，即敏感性低，则更容易陷入被害情境导致被害，当被害人陷入被害情境之后，其对自己身处被

---

① 张建荣在其《论犯罪被害人的本质特征》一文中指出，被害的受容性有一种"预作认同"型，是指有些被害人在被害前对自己的被害角色预作认同的情形，或者说是有些被害人在被害前就将被害人角色自我内化的情形，而当自己真正遭受了犯罪行为侵害之后，则对自己的被害事实保持容忍或认同的态度。参见张建荣. 论犯罪被害人的本质特征 [J]. 中央政法管理干部学院学报，1997（1）：17-19.

② 许章润. 论犯罪被害人 [J]. 政法论坛，1990（1）：30-36.

害情境的状态是有明确认知的,而非无意识。被害的敏感性与被害的可能性成反比,一个人被害的敏感性低,对自己可能面临的被害风险的感知性和自觉性差,则更容易被害,反之则不容易被害。因为一个人被害的敏感性越低,其警惕性必然越小,防范意识必然越弱,采取的防范措施必然越不力甚至缺失,被害的可能性就越大。比如,在电信网络诈骗犯罪中,学者们通过对不同时间犯罪被害人的人口统计学特征的研究发现,女性被害人在被害人总数中所占的比重越来越低,究其原因,是女性较之于男性更容易从自己或者他人曾经的被害经历中以及各种渠道的反电信网络诈骗犯罪宣传中了解犯罪手法、吸取经验教训、形成对被害的恐惧,提高被害的敏感性,进而提高防范意识,减少被害。①

---

① 参见陈晓娟. 电信网络诈骗犯罪中的被害人责任分担 [J]. 山西警察学院学报, 2021 (2): 92-100.

# 第六章　犯罪被害预防

犯罪被害预防是犯罪被害人研究的一个非常重要的内容，构成了犯罪被害人学的学科任务之一。犯罪与被害是相伴而生的，预防被害、减少被害的发生就可以减少与预防犯罪，所以，犯罪被害预防是解决犯罪问题的一个重要途径。"轻视被害人预防的可能性，特别是忽视它，这标志着同犯罪的斗争只做了一半的工作。"① 预防被害与预防犯罪应当相互结合，二者具有同等重要的作用。

## 一、被害预防的概念

我国最早对被害预防进行专门研究的是1988年张滋生发表的《简论被害预防》一文，该文对被害预防的基本要求、实施及意义进行了阐述，但该文并未对被害预防的概念进行界定，我国最早对被害预防的概念进行界定的是史焕章、武汉主编于1993年出版的《犯罪学概论》，该书指出："被害预防是从犯罪被害人的被害教训出发，研究防止受犯罪侵害的有效手段，是预防犯罪的重要组成部分。"② 之后，随着学界加强对被害预防的研究，越来越多的学者尝试对被害预防的概念进行界定。1997年汤啸天等人出版的《犯罪被害人学》一书指出，被害预防是"针对犯罪被害人被害的机缘与条件，研究潜在被害人防止犯罪侵害的自我防范举措，是预防犯罪的组成部分"。③ 郭建安主编的《犯罪被害人学》一书指出，被害预防是"根据易被害个人和群体方面存在的一些个性特征，采取各种有效措施，防止他们实际遭受犯罪侵害的活动"。④ 2002年赵可等人出版的《一个被轻视的社会群体——犯罪被害人》一书认为，被害预防是指"从被害人

---

① ［俄］阿·伊·道尔戈娃. 犯罪学［M］. 赵可译. 北京：群众出版社，2000：356.
② 史焕章，武汉主编. 犯罪学概论［M］. 北京：中国政法大学出版社，1993：182.
③ 汤啸天，张滋生，叶国平，王建民. 犯罪被害人学［M］. 甘肃：甘肃人民出版社，1997：205.
④ 郭建安主编. 犯罪被害人学［M］. 北京：北京大学出版社，1997：205.

方面采取各种各样措施和手段,防止自己成为犯罪行为的被害人的一种目标明确的预防活动"。① 2004年宋浩波发表的《犯罪被害人与犯罪被害预防》一文指出,被害预防主要是指潜在被害人及已然被害人从被害现象发生的危险性、倾向性趋势状况出发,为避免被害原因出现,防止和减少初次被害或继续被害而采取的各种措施及形成的有效保护机制的过程。② 李伟出版的《犯罪学的基本范畴》一书指出,被害预防是指"从被害人的角度采取的各种防范犯罪措施的综合性体系"。③ 许章润主编的《犯罪学》一书指出,被害预防是指"社会和个体为免遭犯罪侵害、防止被害现象产生而采取的一切阻遏、减少被害可能性的对策总和"。④ 2005年麻国安出版的《青少年被害人援助论》一书指出,被害预防是指"从国家、社会或个人实施的,旨在消除被害要因,减弱被害人或潜在被害人的易被害性,消除可能诱使被害发生的情境因素,确保自己的合法利益,防止自身陷于被害或再次被害的活动与措施的总和"。⑤ 2006年蔡芬发表《试论犯罪被害预防》一文指出,被害预防是指"在研究导致被害的各种因素的基础上而采取的以被害人为核心的防范犯罪被害的各种措施,是犯罪预防的必要组成部分"。该文还指出,狭义的被害预防是指"在各种犯罪情境中,人们对自身如何免遭犯罪侵害而采取的防范行为"。

综观学者们的各种观点,对被害预防的界定大致包括以下几个方面:(1) 关于预防的角度,是从犯罪被害人的角度防范被害;(2) 关于被害预防的主体,不同的学者提出了不同的观点,有的学者认为预防的主体是犯罪被害人本人,防范自身被害,有的学者主张预防的主体包括国家、社会、个体等;(3) 关于预防措施,学者们的观点也不尽相同,有的学者指出针对犯罪被害人自身的特性采取预防被害的措施,有的学者指出针对犯罪被害原因(也有学者用了被害条件、被害性等概念)采取预防被害的措施,而不局限于犯罪被害人自身的特性,还有学者明确提出针对被害情境而采取相应的预防措施。

本书认为,对被害预防的理解应当从以下几个方面充分把握。第一,被害预防的视角,是从犯罪被害人的角度出发,防范犯罪被害人遭受到犯罪行为的侵害,与之相对应的视角,是从犯罪人的角度出发,预防犯罪人实施犯罪行为。两

---

① 赵可,周纪兰,董新臣. 一个被轻视的社会群体——犯罪被害人 [M]. 北京:群众出版社,2002:291.
② 宋浩波. 犯罪被害人与犯罪被害预防 [J]. 湖南公安高等专科学校学报. 2004 (4).
③ 李伟. 犯罪学的基本范畴 [M]. 北京:北京大学出版社,2004:222.
④ 许章润. 犯罪学(第二版) [M]. 北京:法律出版社,2004:151.
⑤ 麻国安. 青少年被害人援助论 [M]. 北京:中国人民公安大学出版社,2005:204.

种视角均服务于预防与减少犯罪的最终目的。第二，被害预防的目的，其直接目的是预防犯罪被害人的被害，既包括未然犯罪被害人的被害，也包括已然犯罪被害人遭受到重复被害、二次被害、三次被害[①]等，其最终的目的是预防和减少犯罪，解决犯罪问题，所以，被害预防属于广义的犯罪预防的范畴体系之内。第三，被害预防的主体，由于犯罪被害人遭受犯罪行为侵害的原因既有犯罪被害人自身的因素，又有犯罪人的因素，还有用人单位、社会舆论、文化传统、法治环境等诸多方面的因素，因此，预防被害的主体就应该是多元化的，不仅犯罪被害人自己要采取措施加强防范，社会组织机构、司法机关、政府相关部门等亦应采取相应的措施。被害预防主体多元化可以更好地服务于实现被害预防的目的。第四，被害预防的措施，由于被害预防主体的多元化，使得被害预防的措施必然多样化，既有涉及国家或社会层面的宏观措施，如出台与预防被害有关的规范性文件，又有涉及社区层面的中观措施，如社区组织开展被害预防知识讲座，还有涉及个体的微观措施，如个人做好个人物品的防护措施。第五，被害预防的对象，上述多样化的被害预防措施，其作用对象显然不仅限于已经遭受到犯罪行为侵害的被害人，更多的是针对尚未遭受到犯罪行为侵害的人而采取的预防其被害的措施，所以，被害预防的对象包括已然犯罪被害人和未然犯罪被害人，此外，对犯罪被害人的理解，应作广义上的理解，即不仅指自然人，还可以是家庭、企事业单位、各类组织机构。

综上所述，犯罪被害预防应当是从犯罪被害人角度开展的涉及社会、社区、个体各个层面针对各类犯罪被害人而采取的各种综合性防范措施，以预防被害，进而预防犯罪。

---

[①] 二次被害、三次被害与重复被害是不同的概念，重复被害一般是指犯罪被害人遭到犯罪行为的侵害之后，在一定的时间范围内又一次遭到相同或不同的犯罪行为的侵害，与多次被害、反复被害等概念相同。二次被害特指在刑事诉讼的过程中，由于刑事司法机关工作人员工作方式、方法、态度、效率等问题，或者辩护律师的辩护策略等问题，导致犯罪被害人在这一过程中在物质、精神、时间等方面遭受到伤害或损害的情形；三次被害特指犯罪被害人在遭到犯罪行为的侵害后，由于社会公众、亲朋好友、邻里、用人单位等对其不够理解和接纳，甚至对其歧视和排斥，导致其遭到损害或痛苦。

## 二、被害预防的必要性与可能性

### (一) 被害预防的必要性

1. 学科发展的必然要求

被害预防是犯罪学和犯罪被害人学研究的重要内容。从犯罪学诞生的背景来看，18世纪的古典犯罪学派①是当时思想启蒙运动的产物，出于对封建神学的超自然主义、封建专制统治以及当时极为黑暗腐败的刑事司法制度的揭露和批判而诞生，其主要主张是从人性的角度以及功利主义哲学理论对犯罪行为进行分析，进而提出通过确立罪刑相适应等科学严谨的刑罚体系以预防犯罪。但是到了19世纪后半期，随着欧洲各国相继完成资产阶级革命，西方社会步入了一个崭新的历史时期，随着资本主义经济的发展，社会各种矛盾日益增多，导致各种犯罪的大量增加，犯罪率不断增长，但是新兴的资产阶级为了巩固和维护其统治地位，发展资本主义经济，需要一个良好的社会秩序和经济发展环境，形成了强烈的抑制、减少犯罪的社会需求，古典犯罪学派所倡导的刑罚预防措施在控制和减少犯罪方面显得无能为力，已经解决不了当时出现的各种各样的犯罪问题。在这样的社会背景下，突破古典犯罪学派的刑罚预防框架，以寻求其他更有效的控制和减少犯罪的策略为目的，同时受到19世纪前半期出现的孔德实证主义哲学的影响，以及当时科学技术手段的支持，通过实验的方法对犯罪人进行实证研究的实证犯罪学派诞生。实证犯罪学派的诞生标志着犯罪学的诞生。由此可见，犯罪学是应社会上形成的强烈的控制和减少犯罪的需要而诞生的，因此，有效地预防、控制和减少犯罪便成为犯罪学最直接的任务，这就是犯罪学的学科任务。所以，犯罪学的研究路径以犯罪现象为起点，通过分析犯罪原因，其最终的目的是寻求有效地预防、控制和减少犯罪的策略，以此作为犯罪学研究路径的终点。因此，犯罪学研究对象的具体内容包括犯罪现象、犯罪原因、犯罪防控。犯罪预防作为犯罪学研究路径的终点，是犯罪学研究的目的和归宿，无论是对犯罪现象的解释，还是对犯罪原因的剖析，最终的目的是探寻防治犯罪的策略，预防和减少犯罪是犯罪学的学科目的所在。在对犯罪治理措施的探讨中，犯罪学最初仅从犯罪人和犯罪行为的角度进行探讨，随着研究的逐步深入，认识到犯罪被害人对于犯罪的作用，被害预防才进入研究者的视野，所以被害预防是随着犯罪学的学科发展而逐

---

① 实际是指刑事古典学派，"古典犯罪学派"是犯罪学界研究犯罪学的历史发展对这一时期的特定称谓。

步被提出来的，成为犯罪学研究的一个重要内容。并且学者们发现，从被害的角度探寻预防被害之策，有时可以起到更为有效的预防犯罪的效果。

犯罪被害人学的诞生和发展与犯罪学的发展密不可分，犯罪被害人学诞生于犯罪学，其发展也受到犯罪学的巨大推动，被认为是犯罪学的分支学科。犯罪被害人学作为犯罪学的一个分支学科，其研究思路深受犯罪学研究思路的影响：以犯罪被害现象为研究起点，然后分析犯罪被害原因，进而探讨犯罪被害预防措施，最终实现对犯罪被害人的保护，实现社会的公平正义以及社会秩序的和谐稳定。犯罪被害人学的研究内容包括犯罪被害现象、犯罪被害原因、犯罪被害预防以及犯罪被害人的保护等，犯罪被害预防是犯罪被害人学的一个重要的研究内容，并且随着犯罪被害人学的发展，越来越多的学者关注犯罪被害人在预防犯罪中的作用，对被害预防的研究越来越深入，研究角度也越来越多元化。

2. 预防犯罪的现实需求

较之传统社会，今天社会中的犯罪数量越来越多、居高不下，犯罪现象越来越纷繁复杂，犯罪类型越来越多样化，犯罪手段越来越高明，犯罪的社会危害性越来越严重，预防与减少犯罪是社会的迫切需求。然而传统社会中单纯地针对犯罪人和犯罪行为采取的预防犯罪的措施表现出了局限性，犯罪持续增长，重新犯罪率居高不下。犯罪学和犯罪被害人学的研究均表明，犯罪的发生不仅是犯罪人方面的原因，犯罪是犯罪人与犯罪被害人在特定情境中互动的结果，除犯罪人方面的原因，还有犯罪被害人方面的原因以及特定的情境因素，其中犯罪被害人方面的一些因素对犯罪的发生起到极为重要的作用，这在第五章已作详细阐释，此处不再赘述。因此，从犯罪被害人的角度预防其被害进而实现犯罪的预防，可以有效地实现预防与减少犯罪。世界各国被害预防的实践也证实了预防被害对于预防犯罪的重要作用，甚至有时被害预防较之于传统的以犯罪人为核心的犯罪预防措施可以发挥更好地预防犯罪的效果。比如，被害调查发现，犯罪被害人的防范意识差是其遭受犯罪行为侵害的重要因素，只要犯罪被害人的防范意识提高了，防范措施做到位，犯罪人就无法对其实施犯罪侵害，犯罪与被害就自然得以预防。所以，有时我们改变犯罪人是一项非常复杂的系统工程，因为犯罪人之所以会形成犯罪动机或实施犯罪行为有其非常复杂的原因，包括犯罪人自身的生理、心理因素及其成长环境、社会生活环境等，想要抑制其犯罪心理或阻止其犯罪行为是非常复杂困难的。但是转换一个角度，从犯罪被害人的角度入手，只要消除了犯罪被害人某一方面的消极因素，犯罪就可以轻而易举地得以预防。再者，根据理性选择理论（第四章已作详细介绍），犯罪人实施犯罪行为会进行犯罪成本与收益、风险与回报的犯罪决策，如果犯罪人实施犯罪的危险性高、难度大，会大大降低其实施犯罪行为的可能性,被害预防措施很多时候是通过犯罪被害人的举措提高犯罪人实施犯罪行为的难度,以大大减少犯罪的发生。比如,犯罪被害人将电动自行车停放在有人看管或有监控的停车棚内,则会大大提高盗车贼实施盗窃的难度,可以有效预防其电动自行车被盗。综上所述,相比较之下,被害预防措施更具有可操作性、更容易落实,可以发挥更直接的预防犯罪的效果。

3. 与当代刑事政策的发展相适应

从 20 世纪中叶开始,世界刑事政策开始出现两极化趋势,"第二次世界大战之后,世界各国的刑事政策朝着所谓宽松的刑事政策和严厉的刑事政策两个不同的方向发展,这种现象称为刑事政策的两极化"。[①] 两极化刑事政策即所谓的轻轻重重,简单解释即轻罪轻罚、重罪重罚,对于严重的犯罪处以严厉的刑罚,而对于较轻的犯罪则采取宽松的刑事政策。当代刑事政策既包括对犯罪的制裁,也包括预防性措施,而且预防优于制裁,而预防性措施则是多种多样的,包括刑罚预防、社会预防、情境预防、被害预防等。当前世界各国预防犯罪的一个明显转变是"从被动预防犯罪到主动预防犯罪;从法律制止(Legal deterrent)到物质制止(Physical deterrent),从立足于行为人预防转向被害人预防"。[②] 另外,当代刑事政策的实施主体不仅是国家,还包括市民社会。犯罪是社会自身的消极因素与个体自身的不良因素共同作用的结果,对于犯罪的预防不能仅依靠政府、警察、司法机关、矫正机构等的力量,还必须调动社会上各方面的力量共同努力,其中就包括犯罪被害人。由此可见,被害预防与当代刑事政策的发展是相适应的。

### (二)被害预防的可能性

1. 犯罪人与犯罪被害人的互动使得被害预防具有可能性

互动理论认为,很多犯罪中犯罪被害人与犯罪人绝不是相互独立的个体,他们是存在相互之间的互动关系的,而犯罪之所以会发生,正是与这种互动密切相关。也就是说,犯罪人会实施什么样的行为,是与犯罪被害人的反应相适应的,犯罪人的行为会受到犯罪被害人言行或状态的直接影响而发生相应变化。所以,犯罪行为可以被看作是犯罪被害人与犯罪人互动的产物,任何犯罪都是犯罪人与犯罪被害人在特定的犯罪情境中互动的结果。犯罪人实施犯罪行为必然要与其侵害对象发生联系,"从犯罪学的角度讲,犯罪侵害对象的性质和状况对犯罪本身

---

① [日] 森下忠. 犯罪者处遇 [M]. 白绿铉等译. 北京:北京纺织出版社,1994.
② 转引自董士昙. 我国犯罪预防模式的选择与辨析 [J]. 四川警官高等专科学校学报,2005(3):1-6.

有重要的制约作用，在犯罪的背景条件诸因素中，犯罪侵害对象因素占有相当关键的地位，犯罪背景条件因素中其他几个方面的因素，一般都是在犯罪的侵害对象的性质和状态上得到最终协作一致的"。① 所以，通过规范犯罪被害人的言行、改变犯罪被害人的特定状况，可以实现对犯罪人的行为的影响，进而实现对犯罪行为的遏制，预防被害、预防犯罪。

2. 被害性的存在使得被害预防具有可能性

研究被害预防的前提是在犯罪发生的过程中（包括犯罪行为实施之前、之中和之后）存在犯罪被害人方面的特定因素，对犯罪的发生发挥了有利的作用，亦即在犯罪原因中存在被害人方面的原因，才有可能从被害人的角度进行预防。被害性理论告诉我们，犯罪被害人自身具有的一些特定的主观性因素和客观性因素以及与犯罪被害人产生密切联系的特定的外在环境因素，诸如犯罪被害人的年龄、性别、职业、婚姻状况、生活方式、居住环境等，对犯罪的发生、自身的被害发挥了各种作用，包括诱发犯罪、促进犯罪、影响犯罪等。可以说，在犯罪发生的过程中，犯罪被害人对自身的被害发挥了"积极"的作用，具有被害性的犯罪被害人更容易遭到犯罪行为的侵害，消除或减少这些被害性因素或者针对被害性因素采取针对性的干预措施，可以大大减少被害，预防犯罪。

3. 被害预防可以更好地调动犯罪被害人参与预防犯罪的主动性和积极性，使得被害预防具有可能性

被害预防的直接目的是预防犯罪被害人遭受犯罪侵害，通过预防被害以预防犯罪。对于犯罪被害人（包括已然被害人和未然被害人）而言，传统观念使他们认为预防犯罪是国家的事情，是公检法等相关机构的责任和义务，缺乏主动参与的意识和积极性。但是如果换个角度，从防范自身被害的角度进行预防，其积极性总是高的。所以，被害预防措施比犯罪预防措施更容易被他们接受，更容易调动其参与被害预防的积极性和主动性。只要提高犯罪被害人预防被害的意识和责任感，大量的被害预防措施便很容易落实并取得预防犯罪的实效，而通过教育、宣传、警示等途径可以有效提高广大潜在被害人和已然被害人的预防被害的意识和责任感。犯罪被害人的参与可以取得更好的预防犯罪的效果，正如德国犯罪学家汉斯·施奈德所言："犯罪控制应有的效力在某种程度上取决于被依靠参与犯罪控制的个人或群体，而不是刑事司法工作人员"②。

---

① 储槐植. 犯罪场论 [M]. 重庆：重庆出版社，1996：66.
② [德] 汉斯·约阿希姆·施奈德. 国际范围内的被害人 [M]. 许章润译. 北京：中国人民公安大学出版社，1992：354.

## 三、被害预防的理论依据

### （一）日常活动理论

本书第四章对日常活动理论已经进行过介绍，该理论解释了能够实施犯罪的机会在日常生活中大量存在，犯罪目标处于毫无戒备的状态是引发犯罪的原因，犯罪的发生不是犯罪人单方面的活动，而是需要同时具备三方面要素：有犯罪动机的犯罪人、合适的作案目标、缺乏适当的保护者，有人将日常生活中三要素同时出现导致犯罪的情形称为"犯罪的化学过程"（chemistry of crime），潜在的犯罪人、适合的作案目标、缺乏保护者则可以被称为"犯罪化学成分"。既然如此，如果缺少某一种犯罪化学成分，就无法发生犯罪化学反应，犯罪即得以预防。传统的以犯罪人为核心的犯罪预防措施是针对犯罪化学成分之一——"潜在的犯罪人"而采取的相应措施，即预防犯罪人实施犯罪行为。以犯罪被害人为视角的被害预防则针对的是犯罪化学成分中的另外两种成分——"适合的作案目标"和"缺乏保护者"。"适合的作案目标"是指容易遭受到犯罪行为侵害的个人、组织机构、物品等，如在僻静的公园里夜跑的单身女性、财务制度存在漏洞的单位、停放在路边没有上锁的自行车等，"缺乏保护者"是指容易遭到犯罪行为侵害的个人、组织机构、物品等缺乏保护，被害预防措施通过对"适合的作案目标"进行干预，使其成为不适合的作案目标，或者通过对作案目标加强保护，改变其"缺乏保护者"的状态，如夜跑的女性选择安全的跑步时间和空间、单位健全其财务制度、停车落锁等，以实现被害预防。

### （二）暴力循环理论

暴力循环理论最早是由卡西·S. 维德姆（Calthy Spatz Widom）提出的，维德姆做了一项研究，以观察受过伤害（包括虐待、遗弃以及精神伤害等）的儿童在其青少年时期以及成年以后是否比那些没有受过伤害的孩子更容易犯罪。他选择了1575例观察对象，分为观察组和对照组，其中观察组包括908名官方统计的遭受过伤害的孩子，对照组包括667名未被证实受到过伤害的孩子。他对这两组孩子追踪观察了15-20年，结果发现，在儿童时期受到过伤害的孩子比没有受到过伤害的孩子更容易成为少年犯，其在成年后更容易实施违法犯罪行为，实施严重暴力犯罪的比例也更高。维德姆发现，儿童时期的受害经历会带给个体在成年后的一系列问题，包括失业、酗酒、吸毒、受教育困难以及一系列心理问题，等等。维德姆根据其研究，提出了"暴力循环理论"，认为，犯罪人之所以会实施犯罪行为，与其成长早期的被害经历密切相关，曾经的被害经历使得他们更容易再次成为被害人，也使得他们更容易成为犯罪人，成为施暴者。暴力循环理论又可以称为代际循环，其实质是暴力犯罪在代际之间的循环。暴力犯罪为什么会在代际之间发生循环，第二章已经作出详细解释。暴力在代际之间的循环说明了，预防犯罪可以通过避免遭受被害而实现。

事实上，暴力犯罪不仅在代际之间循环，非代际之间的暴力犯罪也会发生由犯罪人向被害人的转移。比如，有人遭到来自他人的暴力伤害之后，怀恨在心，寻找机会实施报复，并且报复的范围甚至会发生扩大化，即报复行为针对犯罪人、犯罪人近亲属，甚至毫不相干的第三人。我国1995年的被害调查发现，在409例暴力犯罪中，有34.2%的案件的犯罪动机是出于报复，在105例杀人案件中，有65.7%的案件的犯罪动机是报复，在100例伤害案件中，这一比例也高达61%。① 此外，还有的人在遭受到暴力犯罪侵害之后，会对犯罪行为进行学习、模仿，由被害人转化为犯罪人。这种非代际之间的暴力循环属于典型的被害人向犯罪人的角色转换，说明了被害人曾经的被害经历与其日后的暴力犯罪存在千丝万缕的联系。所以，及时对犯罪被害人进行帮助、干预，对于预防其实施犯罪行为具有重要的现实意义。

（三）破窗理论

破窗理论源于美国斯坦福大学的心理学家于辛巴杜（Zimbardo）于1969年在旧金山进行的一项实验。该实验将两辆一模一样的汽车分别停放在两个不同街区的街道上，一个街区是杂乱的街区，另一个街区是秩序良好的街区。实验人员把停放在杂乱街区的汽车的车牌摘掉，并将其顶棚打开，结果该辆汽车一天之内就被偷走。停放在秩序良好街区的汽车则一直安然无恙，直到一个星期之后，实验人员将这辆车的车玻璃打破，结果4个小时之内，这辆车被盗得仅剩下无法盗走的轮胎。后来，威尔逊等人在1982年发表的《破窗——警察与社区安全》(The Police and Neighborhood Safety: Broken Windows) 一文中首次提出"破窗理论"，该理论的基本含义是，如果对一个打破了的窗户置之不理，这会对周围的居民造成消极的心理影响，会使社会居民的社会责任感和相互尊重感淡薄，进而导致整个社区的无序化。破窗，此时比喻为较轻微的违法行为及扰乱公共秩序的不良行为，如乱涂乱画、大声喧哗、破坏公共财物、逃票、违法摆摊等。这些行为意味着无序，如果不予制止而任其持续存在，就会传递一种"无人管理"的信息，相关行为不规范者则会从这种无人管理中得到鼓励，各种更为严重的违法犯罪行为就会滋生、蔓延。而于普通的社会公众而言，各种无序、越轨、违法、

---

① 参见郭建安. 犯罪被害人学 [M]. 北京：北京大学出版社，1997：197.

犯罪行为会引起他们的恐惧感，他们会对法律、社会失去信心，失去正义感、道德感、责任心，社区的治安状况会因此更加恶化。

"破窗"现象对于犯罪的作用机制可以通过以下五点进行说明：（1）当社区环境中出现了破窗现象，而当地有关部门不加以适时适当干预，一段时间以后，公众的安全感会大大降低，对犯罪的恐惧感则会逐步增强；（2）公众出于对自身安全的考虑，逐渐缩小自己的活动范围，不再愿意参与公共活动和公共事务，对于公共秩序表现出冷漠的态度，对于所见所闻的违法犯罪事件保持"事不关己，高高挂起"的态度；（3）在这种物理环境和人文环境中，具有犯罪动机的潜在犯罪人受到鼓励，不受监控和监督使得他们变得更加大胆，破坏和攻击行为越来越猖獗；（4）由于潜在犯罪人和违法犯罪行为增多，当地居民更加缺乏安全感，更加不愿意参与公共活动，只关心自己的人身和财产安全；（5）该社区之外的潜在犯罪人发现该社区是一个比其他社区更加有利于犯罪的空间，因此从其他社区转移到该社区实施犯罪行为，最终使得该社区的犯罪率不断攀升。

就犯罪被害人而言也存在"破窗"现象，如犯罪被害人性格、行为习惯、语言风格等方面存在某种缺陷或不良因素，单位被害人存在的制度、管理中的漏洞等，容易让犯罪人有机可乘、趁虚而入，导致其被害。所谓被害预防，就是及时修补犯罪被害人方面存在的"破窗"，以预防被害。

## 四、从犯罪预防体系看被害预防

犯罪预防是为预防和减少犯罪而采取的一系列措施，随着犯罪数量的持续增长、犯罪危害性的日益增强，犯罪预防成为国际社会和各国政府共同关注的问题，也是社会公众普遍关心的问题，既是社会的迫切要求，也是犯罪学研究的最终目的。想要准确理解被害预防与犯罪预防的关系，正确认识被害预防在理论研究以及在预防和减少犯罪的社会实践中的重要意义，需要先准确理解犯罪预防的含义。

### （一）解读犯罪预防的概念

对犯罪预防的概念进行清晰地界定并非易事，目前无论是学术界还是实践领域，无论是出于对理论的研究还是实践中预防犯罪措施的制定，对于犯罪预防概念的界定差异性较大，尤其是实务界对于犯罪预防的界定千差万别，学术界则通常从广义和狭义两个角度对犯罪预防的概念进行界定。

1. 根据预防措施实施阶段的不同对犯罪预防的概念进行界定

目前，学术界分别从广义和狭义两个角度界定犯罪预防，主要是依据预防措施实施阶段的不同而进行界定的。广义的犯罪预防是指为把犯罪控制在一定限度内和防止犯罪发生的各种措施的总和，不仅包括具有普遍性的犯罪前预防，而且包括以打击为主的犯罪中预防和防范重新犯罪的犯罪后预防。[1] 狭义的犯罪预防则是指在犯罪发生之前主动采取措施进行防范[2]，专指犯罪前的预防。广义的犯罪预防的观点由来已久，理论奠基者是19世纪后半期的实证犯罪学派的代表人物之一的菲利，他在其代表作《犯罪社会学》一书中指出，刑罚预防属于再犯预防，除此之外，以社会改革为主要内容的各种社会防卫措施作为刑罚的替代方法，属于犯罪的一般性预防，由此奠定了广义的犯罪预防的理论基础。广义的犯罪预防的观点受到了广泛推崇，并且随着理论与实践研究的深入，其范围也在不断地扩大，甚至有学者指出"所有能够对消除犯罪原因及条件起作用的（起中介作用）措施，都应包括在犯罪预防的概念里面"。[3] 我国无论是理论界还是实践中，均采用了广义犯罪预防的观点，诸如打击犯罪、控制犯罪[4]等相关措施均被纳入犯罪预防的范畴。有学者指出"预防犯罪乃是一个综合多种力量，运用多种手段，采取多种措施，以防止和减少犯罪及重新犯罪的举措体系"[5]。狭义的犯罪预防是一种更为慎重、更为清晰地界定犯罪预防活动范围边界的概念，1982年欧洲部长理事会第837号建议案明确将刑罚这类具有惩罚性和威慑性的预防措施排除在犯罪预防的范畴之外，受到欧洲部长理事会建议案的推动和影响，狭义的犯罪预防的概念逐步被提出，将犯罪发生中的阻遏措施以及犯罪发生后的惩罚与改造措施排除在犯罪预防的含义之外。广义的犯罪预防概念反映了犯罪原因的复杂性及多层次性的特征，坚持广义的犯罪预防概念，有利于从宏观上运用多种手段，调动社会上一切可以调动的力量，形成预防犯罪的网络体系，具有其合理性，但是这种界定却丧失了自身的界限和范围，与预防、控制、治理、矫治等概

---

[1] 参见宋浩波主编. 犯罪学［M］北京：中国人民公安大学出版社，2003：261.

[2] 董士昙主编. 犯罪学教程［M］. 北京：中国检察出版社，2013：314.

[3] ［波兰］布鲁伦·霍韦斯特. 犯罪学的基本问题［M］. 冯树良译. 北京：国际文化出版公司，1989：133.

[4] 从语义上讲，"打击犯罪""控制犯罪""预防犯罪"等概念是有着不同内涵的，在我国打击犯罪一般指公安机关等对正在发生的犯罪采用强制手段进行制止，以及犯罪发生之后公检法等刑事司法机关对犯罪的制裁，控制犯罪是指在犯罪行为发生过程中或发生之后采取的不使犯罪行为继续发生或再次发生，并防止犯罪现象的数量和质量超出社会所能容忍的范围的强制性抑制手段，而预防犯罪则是指在犯罪发生之前采取的避免犯罪发生的各种措施。在实践中，我们通常将三个概念并列使用，称为犯罪的打防控，均属于广义的犯罪预防的范畴。

[5] 冯树梁主编. 中国预防犯罪方略［M］. 北京：法律出版社，1994：3.

念相混淆。狭义的犯罪预防概念对犯罪预防的范畴进行了更严格的限定,力图构建更科学、更具可操作性的犯罪预防体系,成为当代犯罪预防的新思路。

这种根据犯罪预防实施阶段对犯罪预防概念的界定,无论是广义的还是狭义的,均包括被害预防的内容,如:(1)潜在犯罪被害人安装防盗门预防入室盗窃是在犯罪行为实施之前而采取的预防措施;(2)犯罪被害人返回家中时发现盗贼正在实施入室盗窃,于是将房门锁死并拨打110求助,属于在犯罪行为实施过程中而采取的预防措施;(3)犯罪被害人遭到入室盗窃之后,完善家庭防盗措施,预防再次被盗,属于犯罪行为实施之后而采取的预防措施。其中第(1)项措施既属于广义的犯罪预防又属于狭义的犯罪预防,第(2)项、第(3)项措施属于广义的犯罪预防。

2. 根据犯罪预防主要内容的不同对犯罪预防的概念进行界定

笔者认为,从广义和狭义对犯罪预防的概念进行界定,除上文提出的角度之外,还可以根据犯罪预防主要内容的不同进行界定。

预防犯罪是人类历史的各个发展阶段孜孜以求的目标,人类社会进入18世纪以后,古典犯罪学派开始系统研究犯罪预防,并指出通过刑罚预防犯罪,贝卡利亚在其成名作《论犯罪与刑罚》一书中指出:"刑罚的目的既不是要摧残折磨一个感知物,也不是要消除业已犯下的罪行……而仅仅在于,阻止罪犯再重新侵害公民,并规诫其他人不要重蹈覆辙。"① 19世纪后期的实证犯罪学派认为,犯罪预防的内容除刑罚预防之外,社会防卫措施可以发挥更大的预防犯罪的作用,最有名的是菲利提出的"刑罚替代性措施"②,该阶段犯罪预防的内容较之于前一阶段大大丰富。截止到该阶段,对犯罪预防的研究是建立在对犯罪行为和犯罪人研究的基础之上,犯罪预防措施的提出是以犯罪人为中心,以抑制和减少犯罪人实施犯罪行为为目的。这种犯罪预防的观点可以称为狭义的犯罪预防,即以犯罪人为中心导向,为抑制和减少犯罪人实施犯罪行为而采取的各种措施的总和,包括刑罚预防、社会预防、心理预防等措施。

犯罪学发展到20世纪二三十年代,一些学者开始关注犯罪被害人在犯罪中

---

① [意] 切萨雷·贝卡利亚. 论犯罪与刑罚 [M]. 黄风译. 北京:中国大百科全书出版社,1995:104-106.

② 菲利提出的"刑罚替代性措施"包括政治领域、经济领域、科学领域、教育领域、立法和行政领域五个方面的社会防卫措施,如减轻关税、安装路灯、保护非婚生子女、放宽性生活管理、公平征税等,这些措施对犯罪的预防作用,主要是通过改变一定的社会制度和社会环境、消除犯罪的社会因素,以实现预防犯罪的效果。菲利认为,这些措施应当成为预防犯罪的主要手段,刑罚预防只是次要手段。

的地位和作用，并逐步深化对犯罪被害人的研究，直到今天。学者们从犯罪被害人的角度寻找犯罪的原因，并从犯罪被害人的视角探寻预防犯罪的对策。至此，以犯罪被害人为中心导向的被害预防被提出并逐步完善，犯罪预防的主要内容又得以扩充，增加了被害预防的内容。随着研究的深入，被害预防越来越受到重视，甚至有学者指出，犯罪预防应当由以犯罪人为中心转向以犯罪被害人为中心。

20世纪70年代，随着"防卫空间"（defensible space）理论和"通过环境设计预防犯罪"（crime prevention through environmental design，CPTED）理念的提出，学者们越来越多地关注环境对犯罪的影响，并提出通过环境设计和管理减少犯罪机会，以预防犯罪的发生，这就是情境犯罪预防。情境犯罪预防理论通过20世纪80年代的逐步发展和完善，到20世纪90年代形成了完整的情境犯罪预防理论，并在英国、美国等一些国家指导犯罪预防实践，发挥了非常好的预防犯罪的效果，得到了国际社会的普遍认可。犯罪预防的主要内容于是又得以丰富，增加了情境犯罪预防的内容。

对犯罪预防的探究突破以犯罪行为和犯罪人为中心的框架，从更多元化的角度寻找预防犯罪之策，使得犯罪预防的主要内容更加丰富，形成广义的犯罪预防，即分别从犯罪人、犯罪被害人、犯罪情境等多元化的角度，为抑制和减少犯罪的发生而采取各种措施，包括社会预防、刑罚预防、心理预防、被害预防、情境预防等诸多预防措施。

这种根据犯罪预防的主要内容而对犯罪预防概念进行的界定，被害预防被包含在广义的犯罪预防范围之内，并且是其非常重要的内容之一，而与狭义的犯罪预防相并列，二者研究的角度各不相同。

### （二）从犯罪预防体系看被害预防

所谓体系，是指相互联系的诸多要素共同影响、共同作用而构成的一个整体。由于犯罪的复杂性，犯罪预防是一项浩大的系统工程，只有构建起科学合理的体系，才能确保最大化地发挥预防犯罪的效力。犯罪预防体系是指国家、社会、个体等各种力量所采取的抑制与减少犯罪的各种措施而构成的相互联系、协调运行的有机整体，具有综合性、层次性、动态性的特征。

犯罪预防的研究是建立在描述犯罪现象和分析犯罪原因的基础之上，当前学界普遍认识到犯罪是犯罪人对犯罪被害人实施犯罪侵害，犯罪被害人作出相应反应，并对犯罪人及犯罪行为产生影响的动态发展的过程，同时犯罪人与犯罪被害人的这种互动过程是在特定的犯罪情境中发生的，犯罪情境包括时间、空间等物理环境，以及周围人员的态度、现场的氛围等人文环境。所以，犯罪的发生发展受到犯罪人方面、犯罪被害人方面、犯罪情境方面等诸多因素的综合影响。如果犯罪人的主观意识发生改变，或者犯罪被害人的状况发生变化，二者的互动方式就会发生改变，可能就不会发生犯罪行为，又或者，即便犯罪人与犯罪被害人的互动关系不变，但是犯罪情境因素不同，二者的互动方式也会不同，情境因素会影响到犯罪行为是否会发生。因此，预防犯罪就应当从犯罪人方面、犯罪被害人方面、犯罪情境方面采取相应的措施，犯罪预防体系的构建也应当包括三个视角：从犯罪人和犯罪行为的角度，抑制犯罪人形成犯罪动机、实施犯罪行为；从犯罪被害人的角度，消除犯罪被害人的不良因素，预防被害；从犯罪情境的角度，进行情境设计和管理，消除犯罪机会，预防犯罪和被害。犯罪预防体系如图6-1所示：

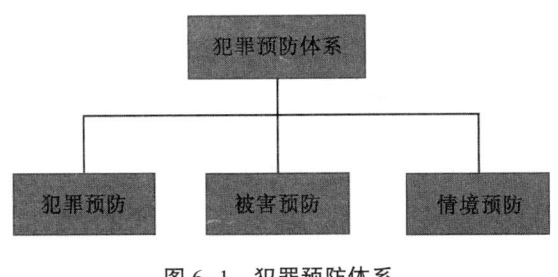

图6-1　犯罪预防体系

1. 犯罪预防——以犯罪人为视角

此处的"犯罪预防"是与"被害预防"相对应而言的，属于上文所界定的狭义的犯罪预防，以犯罪人为中心，以预防犯罪人实施犯罪行为为视角而采取各种预防措施。犯罪人之所以会成为犯罪人，通常是多种因素共同作用的结果，既有宏观的社会因素，包括政治、经济、文化、教育、法治等方面存在的一些消极因素；也有中观因素，包括社区物理环境、人文环境、家庭因素、学校因素、朋友圈子等方面存在的不良影响；还有微观因素，主要包括个体的特定的生理因素、心理因素等方面。所以，犯罪预防就是要通过抑制或消除社会、社区、家庭、学校、单位、个体等方面存在的各种特定的或不良的因素，以达到消除犯罪人的犯罪心理，抑制犯罪动机，预防其犯罪以及再次犯罪的目的。

2. 被害预防——以犯罪被害人为视角

随着犯罪被害人研究的逐步兴起并深入发展，围绕犯罪被害人的研究，犯罪预防的内容也得以丰富，犯罪被害人与犯罪人的互动、犯罪被害人责任、犯罪被害性的研究为从犯罪被害人的视角研究犯罪预防提供了理论基础，并逐步形成被害预防模式。被害预防的直接目的是防范犯罪被害人遭受犯罪行为的侵害，最终目的还是通过预防和减少被害而预防和减少犯罪。被害预防较之于犯罪预防，更容易调动社会公众参与犯罪预防的积极性，预防措施更简单易行，更具有可操作性，预防犯罪的效果更直接、更有效。被害预防的措施并不仅仅局限于犯罪被害人个人采取的自我防范措施，还包括政府机构、社会组织等采取各种措施预防被害，所以，我们对被害预防的界定是从广义上进行的。具体而言，根据预防措施实施的阶段，被害预防可以包括被害前预防、被害中预防、被害后预防；根据预防措施所涉范围，被害预防可以包括宏观被害预防、中观被害预防、微观被害预防；根据预防的对象，被害预防可以包括易被害群体预防、易被害物品预防、易被害空间预防。具体的预防措施将在下文详细阐述。

3. 情境预防——以犯罪情境为视角

情境犯罪预防因其预防与减少犯罪的显著效果而受到国际社会的广泛关注，此种犯罪预防模式通过设计、管理、调整等方式，持久地改变外在情境，以减少犯罪机会或犯罪收益，提高犯罪成本，从而影响行为人的理性选择，进而实现预防犯罪的目的。犯罪学认为，环境对犯罪动机的形成和犯罪行为的实施具有直接的影响，环境的改变可以导致一个人的主观意愿和行为模式的改变，因此完全可以通过对情境的设计和管理以改变行为人的理性选择，最终达到预防犯罪的目的。情境犯罪预防主要是通过改变情境，实现：（1）增加犯罪难度，如银行的人工柜台安装防弹玻璃；（2）增加犯罪风险，如增加照明、安装监控；（3）减少犯罪收益，如进行财物标识；（4）减少心理刺激，如通过维持良好的秩序以避免冲突；（5）消除犯罪借口，如对酒精、毒品加强管制，最终达到预防犯罪的目的。情境犯罪预防最大的特点是具有直接性和即时性，可以取得立竿见影的效果，另外情境犯罪预防的措施可操作性强、成本低，在现实中更易于实施。情境犯罪预防在世界各国均有着广阔的运用前景。

由此可见，在犯罪预防体系中，犯罪被害人角度是一个非常重要的预防犯罪的角度，被害预防是犯罪预防体系中一个非常重要的内容，发挥着非常重要的预防犯罪的作用，如果缺少了被害预防，犯罪预防体系就是不完整的，无法有效实现解决犯罪问题的目标和任务。

### （三）被害预防与犯罪预防的关系

被害预防与犯罪预防的关系，我国学者已有较多的讨论，主要从二者的联系与区别展开。但是在讨论二者关系的时候，需要对讨论的对象有一个明晰的界定，即此时的"被害预防"和"犯罪预防"均是在什么样的范围内进行界定。被害预防的含义相对确定，不容易发生歧义，而犯罪预防的概念却不是那么容易界定。正如前文所言，犯罪预防包括广义和狭义的概念，并且由于定义犯罪预防时的讨论依据不同，可以得出不同的广义和狭义的概念①。那么，此时要讨论被害预防和犯罪预防的关系，应当采用犯罪预防的哪个定义呢？综观学者们的讨论发现，多数学者并没有对在什么范围内使用犯罪预防的概念作出特定说明，导致在讨论被害预防和犯罪预防的关系时，出现了概念不一致、观点不严谨的缺憾。比如，有些学者在对犯罪预防的概念进行界定时是从犯罪预防措施实施阶段的角度将犯罪预防的概念分别进行了广义和狭义的界定，但是在讨论被害预防和犯罪预防的关系时，却使用了从犯罪预防主要内容的角度所界定的狭义犯罪预防的概念，而使用这个概念却没有作出任何的解释和说明，明显出现了前后文关于犯罪预防的概念不一致的情形。

笔者认为，探讨被害预防和犯罪预防的关系，此时的"犯罪预防"是从犯罪预防主要内容的角度得出的狭义犯罪预防，即以犯罪人为中心，以抑制和减少犯罪人实施犯罪行为为目的各种措施，因为被害预防是以犯罪被害人为中心，以防范已然被害人和未然被害人免遭犯罪行为的侵害而采取的措施，这两个概念是相对应的，具有可比较性。

被害预防和犯罪预防具有密切的联系，共同构建犯罪预防体系，共同服务于预防和减少犯罪、治理犯罪的社会总目标。

被害预防和犯罪预防的区别更加显而易见。第一，预防的主体不同，被害预防的主体与犯罪预防的主体有一定的重合，包括政府相关机构、特定的社会组织等，但是也有很大不同，主要体现在犯罪被害人方面，犯罪被害人是被害预防主体的重要构成，大量的被害预防措施是由犯罪被害人承担的，包括自然人、家庭、组织、机构等，而犯罪预防的主体并不包括犯罪被害人；第二，作用对象不同，被害预防的作用对象是已然被害人和潜在被害人，尤其是易被害群体、易被害物品、易被害时间和易被害空间等，犯罪预防的作用对象是犯罪人和潜在犯罪人，通过完善的社会制度、社会政策、社区环境、培养个人健全的人格等措施来实现；第三，预防的主要内容不同，被害预防的主要内容是各被害预防主体通过消除或减少犯罪被害人方面存在的不良因素，减少被害、降低被害后果等，犯罪预防的主要内容包括改善对犯罪人产生不良影响的社会环境、社区环境等，通过刑罚矫治犯罪人、通过家庭、学校等培养个体的健全人格等，对犯罪人或潜在犯罪人进行干预，减少犯罪。

---

① 前文关于犯罪预防的概念已经阐明，根据犯罪预防措施实施阶段的不同，可以把犯罪预防界定为广义的犯罪预防和狭义的犯罪预防，换一个角度，根据犯罪预防主要内容的不同，也可以把犯罪预防界定为广义的和狭义的，定义的角度不同，得出犯罪预防的广义的和狭义的概念各不相同。

## 五、被害预防的实施

发挥被害预防之于实践的效果,被害预防的实施非常重要,此项内容也是我国学者研究的重要内容。被害预防的实施包括:被害预防实施的主体、被害预防实施的阶段、被害预防实施的层次。

### (一) 被害预防实施的主体

被害预防实施的主体是被害预防的组织者和实践者,具有多元性。个人可以成为被害预防的主体,各种社会组织也可以成为被害预防的主体,例如家庭、学校、企事业单位、社会团体、政府机构等。有的国家设有专门的犯罪预防的职能机构,如法国设有国家犯罪预防委员会、省犯罪预防委员会、市镇犯罪预防委员会,各级预防委员会在预防犯罪领域发挥着重要的作用,其中包括被害预防的内容,如使社会公众了解犯罪的情况并指导采取相应的预防措施,提供被害预防的训练、向犯罪被害人提供帮助等,再如英国内政部犯罪预防委员会、美国联邦司法部设有犯罪被害人办公室 (Office for Victims of Crime)、国家被害人协助组织 (National Organization for Victim Assistance,NOVA)、国家被害人资源中心 (National Victim Resource Center,NVRC) 等。我国没有专门的犯罪预防或被害预防机构,社会管理综合治理委员会[1]一般被认为是我国的犯罪预防机构,负责指导和协调全国的社会治安综合治理工作,被害预防工作的开展被包含在其中。此外,公、检、法、司等机构也被认为是承担了重要的预防犯罪的职责,还有一些特定的社会组织承担某一类犯罪的预防或某一个特定群体的保护,如共青团、妇联承担着预防青少年、妇女等特定群体犯罪或被害的职责,知识产权局承担知识产权类犯罪的犯罪预防与被害预防。但是严格来讲,这些机构都不是专门的犯罪预防或被害预防机构,被害预防只是其职责之一,或者是其工作的副产品,不利于被害预防工作的充分开展。

我国公安机关在预防犯罪方面发挥着重要作用,具有重要地位,根据《公安机关组织管理条例》,公安机关承担"依法预防、制止和惩治违法犯罪活动,保护人民,服务经济社会发展,维护国家安全,维护社会治安秩序的职责"。[2] 根据《人民警察法》,人民警察需要履行的职责包括:预防、制止和侦查违法犯罪

---

[1] 原名社会治安综合治理委员会,为了适应新形势、新任务,加强和创新社会管理,2011年8月21日更名为社会管理综合治理委员会。

[2] 《公安机关组织管理条例》,2007年1月1日起施行。

活动；制止危害社会治安秩序的行为；处理交通事故；组织、实施消防工作；管理枪支弹药、管制刀具和易燃易爆、剧毒、放射性等危险物品等①。由此可见，公安机关承担着犯罪预防（包括被害预防）的重要职责。事实上，在公安机关的日常工作中，由于其特定的工作内容和工作方法，使得其与基层组织、人民群众的联系非常密切，使得公安机关在犯罪预防工作中具有得天独厚的优势。比如，公安机关在日常的人口管理、场所管理、特种行业的管理、危险品管理的过程中，更容易发现犯罪或被害的高风险人员和高风险空间，从而采取相应的干预措施，预防犯罪和被害。另外，公安机关，尤其是派出所，群众基础良好，与群众联系密切，熟悉社区居民的各种情况，了解社区治安状况，可以更有针对性地开展犯罪预防及被害预防活动，也更容易被社会公众接受。公安机关大量的日常的治安管理活动可以归属于犯罪预防的范畴，此外公安机关还承担着打击犯罪的职责，也属于犯罪预防的范畴。

鉴于此，我们可以尝试在公安机关设置一个专门的部门，专门负责犯罪预防的规划、指导和实施，成为与当前公安机关各业务部门相并列的一个部门，对犯罪预防工作进行全面系统地规划，制定具有可操作性的犯罪预防措施，从事犯罪预防工作的专职警官应当接受必要的培训，成为犯罪预防专家，掌握犯罪预防的措施、办法和技术，真正地贯彻落实犯罪预防措施，指导社会公众开展犯罪预防活动。

**（二）被害预防实施的阶段**

被害预防的实施可以分为被害前、被害中和被害后三个阶段。

1. 被害前

根据第五章对犯罪被害性的分析，很多时候是潜在犯罪人形成犯罪动机之前，由于受到犯罪被害某些因素的强烈刺激，而形成犯罪动机，进而实施犯罪行为，或者潜在犯罪人形成了犯罪动机之后，犯罪被害人方面的某些因素为其实施犯罪行为提供了条件或机会，犯罪动机才得以外化为犯罪行为。所以，在犯罪被害人遭受犯罪行为侵害之前，可以通过消除被害性或消除导致被害性产生的因素等措施，预防被害。被害前的预防是最符合预防之本意的，防患于未然是被害预防之上策，被害前的预防应当成为被害预防的重点，具体可以做好以下几个方面的工作：

（1）提高犯罪被害人的防害意识。所谓防害意识，是指人们在日常生活中对遭受犯罪行为侵害的可能性及其后果所具有的警觉性。这种警觉性包括行为人

---

① 参见《中华人民共和国人民警察法》第 6 条的规定。

对可能遭受犯罪侵害以及侵害后果的主观认知并由此而产生的警觉性行为。意识决定行为，具有防害意识是行为人实施相应预防措施的前提，所以，提高防害意识在被害预防中具有决定性的意义，个人的防害意识越强，越能采取有效的防范措施，而个体的防害意识的强弱受到多种因素的影响，包括个体的被害经历、个体获取的犯罪信息量、社会的治安状况、特定的环境特征，等等。而在这些影响个体防害意识的诸多因素中，个体尽可能多地获取犯罪信息量是提高其防害意识的主要途径，也是被害预防的重点。个体如何获取犯罪信息量，需要个人的努力，更需要各方面社会力量通过各种方式帮助其获取犯罪信息。

一方面，个人应当有意识地通过各种渠道关注各类犯罪信息，毕竟在犯罪持续高发的今天，每个人都存在被害的风险和可能性，多关注、多了解各种犯罪信息，可以增加对犯罪的识别能力及应对能力，进而有效地预防被害。

另一方面，虽然个人有责任提高自我的防范意识和犯罪识别能力，但是其提高防范意识的途径，却需要社会各方面力量的共同努力，加强被害预防宣传和教育，帮助其获取各类犯罪信息，以提高其警觉性。当前包括一些政府职能部门、企事业单位在内的各类社会组织通过各种渠道、借助各种媒介、采取各种方式开展被害预防的宣传教育，如公安机关等相关部门借助于广播、电视、报纸等传统媒体以及微博、微信、快手、抖音等新媒体针对电信网络诈骗犯罪、拐卖儿童犯罪、毒品犯罪等各种类型的犯罪进行被害预防宣传，社区基层组织针对特定类型的社区居民开展相应的被害预防的讲座，大中小学开展针对在校学生及学生家长的被害预防教育宣传，医院、银行、民航、铁路等机构以张贴预防标语的形式对相关人员进行被害预防的警示，等等。

比如，针对当前多发的电信网络诈骗犯罪，目前宣传教育主体多元、手段多样、渠道广泛，以公安机关为主，联合教育、交通、通信、金融、社区基层组织等，借助报纸、电视、微信、微博、抖音等传统媒体和新媒体，开展被害预防的宣传教育，进社区、进村居发放被害预防宣传册、进行被害预防宣讲，向社会公众提供各类电信网络诈骗犯罪信息，帮助公众识别诈骗手法、提高防骗意识。应该说，各行各业、各社会阶层、各地理区域的公众都会或多或少接触到关于电信网络诈骗犯罪信息，但是实践中仍然有不少人上当受骗，究其根本是个人的防害意识不强，意识不到自己有责任了解犯罪信息，有责任保护自己及家庭的财产安全，有责任维护社会的良性秩序。所以，提高犯罪被害人的防害意识是被害预防的关键措施。

（2）消除或减少被害性因素。根据第五章有关被害性的生成机制的论述，犯罪被害人具有的被害性因素，既有自身的原因，也有外在环境的原因，因此，消除或减少被害性因素需要多方主体共同努力。就宏观层面而言，国家相关职能部门要做到努力发展经济、缩小贫富差距、净化社会风气、树立良好的道德风尚、构建科学的价值体系，以减少潜在犯罪被害人的被害机会、降低其被害风险。就中观层面而言，应充分发挥社区基层组织、家庭、学校、用工单位等的作用，改善社区的物理环境和人文环境，营造良好的社区形象，减少社区的犯罪亚文化群，加强基层调解制度，强化邻里守望相助，发挥家庭、学校、用工单位等对个人的教育、监督、帮助、保护等作用。就微观层面而言，主要是指个人合理释放自己的消极情感、改变不良的生活习惯、消除不良的个性特征、减少不恰当的语言和行为，尽量避免自己陷入危险的情境，或避免对潜在犯罪人造成不良刺激，或避免被犯罪人利用，当然，这些都有一个前提，即提高防害意识。

(3) 提高防害技能。预防被害需要通过一定的防害技能来实现，这一类措施更具体、更丰富，也更具有可操作性。犯罪被害人提高防害技能，同样不仅仅需要其自身的努力学习，还需要相关机构传授防害技能。政府相关职能部门及社区基层组织可以通过各种形式针对某一类特定犯罪行为的特定易被害群体教授防害技能，如公安机关通过微信公众号、抖音短视频等介绍当前多发的杀猪盘、校园贷、刷单等电信网络诈骗犯罪的套路、手法，教给社会公众如何辨识犯罪、如何保护好个人信息、如何妥善保管手机银行里的钱款、如何报警求助；社区居委会在社区专门针对老年人举办讲座，教给社区的老年人了解掌握居家的安全措施、防范保健品诈骗等；学校通过组织消防演练、举办预防校园欺凌主题班会等各种形式，教给中小学生面对火情如何自救、遭到校园欺凌向谁寻求帮助和如何寻求帮助，等等。而个人需要做的，则是主动学习各种防害技能，当然前提仍然是具有一定的防害意识，防害意识越强，学习防害技能的愿望越强烈。比如个人在闲暇时间刷手机短视频时，加强对警方发布的一些短视频的关注，积极参与社区、学校举办的被害预防讲座，主动到一些训练机构学习防身的技巧、加强体能训练，等等。

(4) 加强物防和技防。提高犯罪被害人的防害意识，增强其防害技能，消除被害性因素等措施，都是围绕犯罪被害人（自然人）自身而开展的，物防和技防等措施则是针对容易被害的物品以及一些容易发生被害的环境而采取的。物防措施是利用物质设备的作用保护易被害物品或者保护特定的空间，将保护的对象与犯罪人相隔离，以达到阻却犯罪、预防被害的效果。比如，很多家庭安装防盗网以防入室盗窃，有的工厂把院墙建的非常高以防窃贼翻入，有的个人将自己的自行车用锁具锁起来以防被盗等。随着科技的发展和应用，越来越多的科学技术被应用到犯罪预防和被害预防的领域，技术预防在阻却犯罪、预防被害方面发挥着越来越重要的作用。比如，在各种空间、场所被广泛使用的监控，可以通过增加犯罪人实施犯罪的风险，有效地对其形成震慑，预防个人或场所的财物被盗或防范人身遭受暴力侵害等。再如，家庭预防入室盗窃，传统的预防手段是物防，最常见的是安装防盗网、防盗门，现在越来越多的家庭预防入室盗窃采取了高科技的手段，如使用报警器、安装智能猫眼等。

2. 被害中

被害中是指犯罪人已经开始实施犯罪行为，行为过程尚未结束，被害后果尚未出现。这个过程的预防目标是降低或者避免被害后果，具体实施者包括社会保卫力量和犯罪被害人个人。

（1）社会的保卫力量能够及时发现犯罪，并迅速而准确地作出反应，及时制止犯罪。这些社会保卫力量具体而言包括：警察、消防、保安、医疗急救机构、公民自发的保护组织等。这些力量需要建立完善的快速反应机制以及联动机制，一旦有犯罪发生，能够迅速反应，及时制止，并且还能在制止犯罪的同时，为犯罪被害人提供相应的保护和救助，以降低被害后果。比如，社区中发生暴力伤害事件，最早发现的可能是公民自发组成的义务巡逻队，巡逻队队员迅速进行干预，同时通知警察和保安，使专业的力量及时介入，制止犯罪，必要时还要通知医疗急救机构，对受伤的被害人进行医疗救治，降低被害后果。要实现社会保卫力量及时有效地预防被害，需要加强对相关人员的培训，提高他们的专业素质，并要配备专业的装备，为行动做好物质保障。

（2）犯罪被害人个人在面对犯罪行为的侵害时，需要沉着冷静，根据不同的情况作出不同的反应，目的是将被害后果降到最低，甚至避免被害。有的情形中，犯罪被害人可以凭借自己的力量制止犯罪，或者与犯罪人进行对抗，进行正当防卫，或者大声呼救，对犯罪人形成震慑，使其放弃犯罪，或者挣脱、逃跑，等等。总之，在条件具备的情形下，只要被害人拿出足够的勇气，就可以使犯罪人退缩。比如，在公共交通工具中常发生的猥亵女性的行为，只要是被猥亵的女性敢于大声说不，对犯罪人大声呵斥，就可以阻止犯罪，减少被害。但是，在有些情形下，却需要犯罪被害人顺从犯罪人，免于遭受更严重的伤害。这样的犯罪情形一般发生在较隐蔽的空间，且犯罪人的力量显然过于强大，甚至携带凶器，这时犯罪被害人无法逃跑，呼救无人应答，力量又不敌犯罪人，为了免于刺激犯罪人，免于受到更严重的伤害，需要顺从犯罪人，同时应当记住犯罪人的特征，等到脱身之后及时报案，尽量挽回损失，降低损害后果。在需要顺从犯罪人的情形中，有时犯罪被害人可以进行机智周旋、巧妙应对，可以抓住机会与犯罪人进行交流，询问犯罪人的一些基本情况，如他的犯罪动机、家庭情况、工作情况、生活情况等，也可以介绍一下自己的相关情况，与之建立感情上的连接，根据被害人非人格化理论①，这时犯罪人就会放弃犯罪，即便犯罪人没有主动放弃犯罪，也会转变对被害人的态度，敌对紧张的氛围会逐步消失，被害人就可以寻找或创造机会，逃跑或制止犯罪。当然，犯罪被害人在面临犯罪行为侵害的紧急危险时，很多时候难以做到沉着冷静、勇敢机智，而是惊慌失措，这就需要在被害前接受被害预防训练，通过训练掌握被害预防的技巧。

3. 被害后

犯罪被害人在遭到犯罪行为的侵害之后，在身体、心理、物质等方面需要得到来自社会、他人的帮助和保护，以避免被害后果的扩大化或者重复被害。所以，被害后预防的目标是降低被害后果、避免重复被害，具体实施的主体包括社会机构和犯罪被害人。

（1）建立犯罪被害人保护制度，从国家和社会层面对犯罪被害人提供帮助和保护，具体包括：第一，公安、法院、居委会（村委会）、妇联、共青团及其他相关组织及时为犯罪被害人提供人身保护，避免其再次遭受犯罪侵害；第二，公检法等部门相关工作人员增强犯罪被害人保护意识，改进工作方法，提高工作效率，避免被害人遭受二次被害；第三，引导社会舆论，形成理解、包容、尊重、支持犯罪被害人的社会风气，避免其遭受三次被害；第四，建立犯罪被害人国家补偿制度，使特定范围的犯罪被害人获得物质上的帮助，避免因被害而生活陷入困境，导致被害后果扩大化的情形；第五，建立犯罪被害人社会援助制度，成立犯罪被害人援助机构，为犯罪被害人提供心理危机干预、心理咨询、医疗救助、法律帮助、情感支持等，避免被害后果的深化。

（2）在一个特定的团体或组织遭受犯罪行为的侵害而成为犯罪被害人的情况下，要及时报案，并积极提供线索帮助破案，尽最大努力挽回损失，降低被害后果，对于自身的制度漏洞进行整改、完善，对于物理环境监控的漏洞加强技术防范，对于直接责任人员追究其相应的责任，以避免重复被害。

（3）在一个自然人遭受犯罪行为的侵害而成为犯罪被害人的情形下，要及时报案，并积极提供线索帮助破案，符合条件的可以申请犯罪被害人国家补偿，无法申请国家补偿但同时生活确实陷入困境的，应当寻求亲朋好友、社会相关机构的帮助和支持，同时，还要从主客观方面反思自己，规范自己的言行、改变不良的行为习惯、学习被害预防的技能，预防再次被害。

---

① 该理论认为，犯罪人根本不把被害人看作是人，而是把被害人看作是一个客体，一个满足其欲望的工具，即将被害人进行非人格化处理。如果在实施犯罪的过程中，犯罪人将被害人进行非人格化处理的过程被阻断，就会把被害人视为一个有血有肉有感情的人，犯罪人的道德感和良心就会被唤醒，就难以继续对被害人进行伤害。

# 第七章 犯罪被害人的权利保护

犯罪被害人的权利保护是犯罪被害人研究的一个非常重要的内容。在权利保护语境下所使用的犯罪被害人的概念与前面章节所使用的犯罪被害人概念有所不同,仅指合法权益遭受刑事犯罪行为侵害的自然人,不包括国家、社会及各种社会组织,通常也不包括遭受刑事犯罪行为之外的其他违法行为、越轨行为、不良行为侵害的人。这是因为,学界对犯罪被害人权益保护的探讨开始于对刑事犯罪被害人的各种窘状的认识以及对现代刑事司法制度忽视被害人权益的批评,对犯罪被害人权益保护的讨论也是围绕人类社会刑事司法制度的发展变化而展开的。

## 一、溯源犯罪被害人的权利保护

犯罪被害人的权利是与其遭受犯罪行为侵害的事实相联系的,保护犯罪被害人的权利最直接的渠道是通过对犯罪的追偿来实现,人类社会对犯罪的追偿最早可以追溯到原始社会。但是原始社会处于人类社会发展的蒙昧时期,正如恩格斯所说"没有大兵、宪兵和警察,没有贵族、国王、总督、地方官和法官,没有监狱,没有诉讼"[1],此时对于犯罪的追偿方式采取血的复仇的方式,包括血族复仇和血亲复仇,即"一切争端和纠纷,都由当事人的全体氏族或者部落来解决,或者由各个氏族相互解决"[2]。因为当时的社会生产力极为低下,个人必须要依赖于整个氏族的力量才能生存,一旦个人遭到来自其他氏族成员的犯罪侵害,即视为犯罪人所属的整个氏族对犯罪被害人所属的整个氏族的侵犯,犯罪被害人所属的整个氏族会对犯罪人所属的整个氏族进行血族复仇,以实现对犯罪被害人的权利保护。血族复仇和血亲复仇这种大规模、大范围的争斗会造成对劳动力的严

---

[1] [德] 马克思,恩格斯. 马克思恩格斯选集(第四卷) [M]. 北京:人民出版社,1995:95.

[2] [德] 马克思,恩格斯. 马克思恩格斯选集(第四卷) [M]. 北京:人民出版社,1995:95.

重伤害和破坏。随着人类社会的逐步发展，出于对劳动力的保护，此种复仇方式逐步受到限制，取而代之的是为大家所熟悉的同态复仇，即"以眼还眼、以牙还牙、以命偿命"的复仇方式。无论是血族复仇、血亲复仇还是同态复仇，犯罪被害人是犯罪追偿的主体，具有至高无上的地位，发挥着非常重要的作用，甚至有人说此时是犯罪被害人的"黄金时代"。在此后的任何一个历史时期，在对犯罪进行追偿的过程中，犯罪被害人再也没有对犯罪人及犯罪行为的惩处享有如此充分的权利，而是权利逐步被限制，权利范围越来越小，越来越不受重视，被边缘化直至被遗忘，甚至遭受二次被害。

人类社会进入阶级社会之后，随着国家的出现及国家机器的日臻完善，国家的司法权出现，对犯罪进行惩罚是其重要组成部分，先前犯罪被害人所享有的处罚犯罪人的权力被收归国有，成为国家司法权的一部分，犯罪被害人只享有请求国家对犯罪人进行惩罚的权利。最初的诉讼制度民刑不分，遵循"民不告官不究"的诉讼原则，即弹劾式诉讼模式。在该模式下，犯罪被害人虽然不能直接对犯罪人进行处罚，但是对于启动并推动对犯罪人的处罚程序、保护犯罪被害人权利具有主体性地位。犯罪被害人可以决定是否对犯罪人进行控告，是否启动对犯罪人进行惩罚的程序，当诉讼程序因犯罪被害人的控告而被启动之后，犯罪人（被告人）由犯罪被害人负责传唤，若犯罪人拒绝到庭，犯罪被害人可以采取强制手段使其到庭。在庭审过程中，犯罪被害人作为原告一方，负有举证责任，需自行收集证据，在庭审中与作为被告的犯罪人进行控辩，共同推动诉讼程序。在弹劾式诉讼模式下，犯罪被害人积极有效地参与对犯罪人的惩处和追偿，最大限度地保护自己的权利。

进入封建社会之后，诉讼模式发生了变化，弹劾式诉讼被纠问式诉讼取代，遵循的是"民不告官也究"的诉讼原则，即对犯罪行为的追究不以犯罪被害人是否控告为前提，而是国家司法机关发现犯罪主动追究，尤其是威胁到统治阶级利益的犯罪更是如此，完全不受犯罪被害人意志的影响。在该模式下，犯罪被害人的权利进一步被压缩，启动诉讼程序的权利也被收归国有，成为国家司法部门的法定职责，司法机关发现犯罪后启动诉讼程序对犯罪人进行追究，犯罪被害人享有参与诉讼进行控告的权利，但是其在诉讼过程中发挥的作用更像是作为案件的一方当事人出庭作证，某种意义上更像是犯罪被害人应当履行的义务。在纠问式诉讼模式下，犯罪被害人的地位进一步降低，所能行使的权利进一步受到限制。

18世纪以后，以反对当时黑暗的、野蛮的封建司法制度，保障犯罪人的人权为背景，建立起以犯罪人为核心的"罪犯本位"刑事司法制度，犯罪人的人权保障得到了最大限度地改善。但是与此同时，犯罪被害人的需求和权利却被完完全全地忽视了，犯罪被害人淡出了理论研究者和制度设计者的视野。现代刑事司法制度高度关注如何实现对犯罪人的公平公正和保障犯罪人的人权，犯罪被害人成为刑事司法中可有可无的存在，甚至被抽象成为研究犯罪构成的一个要素，更有甚者会遭受二次被害。现代刑事司法对犯罪被害人权利保护的弱化，其基础在于刑罚理论的发展变化。刑罚的正当性经历了由报应主义向功利主义的转向，在报应主义的视角下，刑罚的正当性在于通过刑法对犯罪行为的否定性评价、对犯罪人施加痛苦，以实现对犯罪人的正当报应；而在功利主义视角下，对犯罪人施以刑罚是维护社会利益和社会秩序的一种手段或工具。刑罚的目的不在于对犯罪人的报应，而在于对社会利益和社会秩序的维护，并且这种刑罚的功利性不断得到强化。功利主义刑罚观的逻辑在于，通过维护良好的社会利益和社会秩序，实现广大潜在被害人免受犯罪行为的侵害。但是，对于已经发生的个案而言，已经遭受犯罪行为侵害并且需要恢复和保护自己合法权益的被害人却被实实在在地忽略了。

  20 世纪中叶以后，随着国际上保障人权运动的广泛开展和犯罪被害人学的发展，犯罪被害人被遗忘、其权利被严重压缩、因被害而生活陷入困窘的状态等现象逐步被发现并被关注。女权运动、民权运动等社会诸多领域开始呼吁并推动被害人权利的保护，刑事司法领域也认识到以犯罪人为核心的刑事司法制度追求犯罪人人权保障的绝对化和片面化，并开始以加强对犯罪被害人权利保障为目的的刑事司法改革。联合国通过的《为犯罪滥用权利行为的被害人取得公理的基本原则宣言》亦指出"刑事诉讼的基本目的之一在于，使罪犯补偿被害人及其亲属所遭受的损害。不仅对物质性的损害，而且对诸如名誉损失等非物质性损害，都应当给予赔偿"。[①] 此外，一些国家出台了专门保护犯罪被害人的法律，诸如美国的《联邦被害人和证人保护法》[②]、德国的《被害人保护法》等，一些国家纷纷确立犯罪被害人国家补偿制度以及社会援助制度，以实现对犯罪被害人权利的保护。

---

  [①] 董士昙. 犯罪被害人权利保护的理论与实践 [J]. 法学论坛，2005（2）：97-104.
  [②] 该法于 1982 年制定并通过，著名的"被害人影响陈述"制度即出自该法。该法规定，在检察官提供给联邦法院的调查报告中，必须包括一份被害人影响的陈述，否则法院不得对犯罪人进行审判。被害人影响陈述是犯罪被害人就犯罪人对自己及家人所造成的后果而进行的陈述，实质上是犯罪被害人向法官提出的自己对被告人的判决意见。

## 二、我国犯罪被害人权利保护的现状

对犯罪被害人权利的保护可以通过刑事司法制度、犯罪被害人国家补偿制度和犯罪被害人社会援助制度等方面实现,我国尚未确立犯罪被害人的国家补偿制度和社会援助制度,对犯罪被害人的权利保护主要是通过刑事司法制度实现,而刑事司法制度则通过对犯罪人进行人身惩罚和对犯罪被害人进行经济赔偿两方面实现,分别对应犯罪被害人的两项权利是求刑权和求偿权。

### (一) 犯罪被害人的求刑权

对犯罪人进行人身惩罚体现了人类最原始的本能——受到他人侵害时进行复仇,亦即报应观念的体现,是现代刑事诉讼制度对报应观的部分保留。消除报应观念可能导致的混乱和破坏性,为犯罪被害人主张权利提供了制度空间,构建了文明社会被害人的报应观念在现实中得以满足的路径。在现代刑事诉讼制度中,通过对犯罪人进行定罪、量刑实现对犯罪人的谴责,实现犯罪被害人的权利在刑事法律制度中被确立,以彰显对犯罪被害人权利的保护。同时,也是对犯罪人以及潜在犯罪人的制约和震慑,使得广大潜在被害人的权利受到保护。不过,求刑权只是一种程序上的权利,是犯罪被害人请求国家司法机关履行对犯罪进行追诉的职能,对自己的权利进行救济,而这种程序上的权利需要通过《刑事诉讼法》予以确认并通过犯罪被害人参与刑事诉讼来实现。

我国《刑事诉讼法》赋予了犯罪被害人诉讼当事人的地位,比一般诉讼参与人享有更广泛的权利,包括:(1) 控告犯罪行为;(2) 申请复议;(3) 申请回避;(4) 委托诉讼代理人;(5) 对人民检察院的不起诉决定有权进行申诉或起诉;(6) 对公安机关或人们检察院不追诉的案件有权提起诉讼;(7) 法庭上就起诉书指控的犯罪进行陈述;(8) 对被告人进行发问与辩论;(9) 对未生效的一审判决申请抗诉;(10) 对人民法院的生效判决和裁定提出申诉,等等。刑事诉讼法的这些规定可以在一定程度上保障犯罪被害人参与刑事诉讼维护自己的合法权益,但是犯罪被害人这些诉讼权利是被限制在一定范围之内的或者是具有依附性的。比如,我国《刑事诉讼法》第110条第2款规定,"被害人对侵犯其人身、财产权利的犯罪事实或犯罪嫌疑人,有权向公安机关、人民检察院或者人民法院报案或者控告",但是犯罪被害人的控告并不必然启动刑事诉讼程序,而是需要相关司法机关经过审查,认为确实存在犯罪事实,需要追究行为人的刑事责任,予以立案,诉讼程序才会启动,如果司法机关认为不存在犯罪事实,或者犯罪行为显著轻微,不需要追究行为人的刑事责任,则不予立案,此时犯罪被害人虽然可以就不予立案申请复议，但复议结果仍存在不予立案的可能。再如，在庭审中犯罪被害人对被告人的发问与辩论并不起决定性的作用，而只是起到辅助性的作用。因为我国刑事诉讼制度将控诉职能赋予了检察机关，换句话说，检察机关才是求刑权的充分行使者，犯罪被害人并不享有与被告人相对等的诉讼地位，在诉讼过程中犯罪被害人的陈述、发问、辩论等只有在得到司法机关的认可时才能发挥作用，所以犯罪被害人的权利是处于从属地位、依附于公权力而存在的。

求刑权的目的是对犯罪人定罪量刑，经过刑事诉讼程序的侦查、起诉、审判，最终由法院对犯罪人定罪量刑。我国刑事法律制度发展完善至今，量刑逐步趋于轻缓，通过轻刑化以保障被告人的权利，但是轻刑化却抑制了犯罪被害人内心的报应观念在现实得以满足。以故意杀人罪为例，从判决结果可以明显看出法官对轻刑化的追求。有学者通过检索中国裁判文书网整理了 2013 年至 2017 年故意杀人案的 8749 份判决书，判决结果如表 7-1①所示。

表 7-1　故意杀人罪判决结果（2013-2017 年）

| 判决结果 | 既遂（案件数） | 未遂（案件数） | 犯罪中止（案件数） | 犯罪预备（案件数） | 合计 |
| --- | --- | --- | --- | --- | --- |
| 3 年以下有期徒刑 | 11 | 131 | 59 | 14 | 215 |
| 3 至 10 年有期徒刑 | 335 | 1262 | 233 | 16 | 1846 |
| 10 年以上有期徒刑 | 903 | 661 | 76 | 4 | 1644 |
| 无期徒刑 | 1232 | 511 | 91 | 13 | 1847 |
| 死刑缓期 2 年执行 | 783 | 242 | 57 | 11 | 1093 |
| 死刑立即执行 | 177 | 56 | 15 | 1 | 249 |
| 总计 | 3441 | 2863 | 531 | 59 | 6894 |

通过对表 7-1 的分析可以得出我国刑事司法对被告人量刑的整体态势：第一，严格限制死刑立即执行，5 年内共发生故意杀人案件 6894 例，而被告人被判处死刑立即执行的只有 249 例，占比 3.61%，可见死刑立即执行是被严格限制的。第二，死刑缓期 2 年执行的刑罚适用率偏低，占比 15.85%，明显低于 3 年

---

① 徐岱，巴卓. 中国本土化下被害人权利保护即延展反思 [J]. 吉林大学社会科学学报，2019 (6)：30-47.

以上有期徒刑（占比50.62%）和无期徒刑（占比26.79%），可见司法机关谨慎适用死刑缓期2年执行，更倾向于长期有期徒刑及无期徒刑。轻刑化意味着犯罪人所承受的人身惩罚低于其应当承担的责难，这意味着对犯罪被害人权利的保护是不充分的。

### （二）犯罪被害人的求偿权

求偿权是犯罪被害人要求犯罪人对自己进行经济赔偿的权利，在我国是通过刑事附带民事诉讼的形式实现的。我国《刑法》第36条规定："由于犯罪行为而使被害人遭受经济损失的，对犯罪分子除依法给予刑事处罚外，并应根据情况判处赔偿经济损失。承担民事责任的犯罪分子，同时被判处罚金，其财产不足以全部支付的，或者被判处没收财产的，应当先承担对被害人的民事赔偿责任。"不过，经济求偿权的实现却也受限于以下几个方面：

第一，"附带于"刑事诉讼。在我国的诉讼实践中，刑事附带民事诉讼的判决结果大多与刑事诉讼一并作出，在刑事案件未审结前，附带的民事案件是不会提前审结的，附带的民事判决很大程度上受到刑事判决的影响。一种情况是，如果刑事诉讼被告人被判处死刑立即执行，附带的民事诉讼就丧失了被告；或者刑事判决与附带的民事判决一并作出，但是刑事被告人被执行了死刑，如果其没有可执行的遗产，那么民事赔偿判决便成为一纸空文。另一种情况是，如果刑事诉讼认定被告人无罪，附带的民事诉讼则会被驳回。

第二，赔偿范围过窄。我国《刑事诉讼法》第101条规定，"被害人由于被告人的犯罪行为而遭受物质损失的，在刑事诉讼过程中，有权提起附带民事诉讼"。由此可见，我国刑事附带民事诉讼是以赔偿犯罪被害人的物质损失为原则的。司法实践中出现的比较突出的问题是，当出现犯罪被害人死亡或伤残时，死亡或伤残赔偿金以及精神损失费是否需要赔偿，争议比较大，有人支持，有人反对，在实际判决中，会出现赔偿范围过窄或者同类案件赔偿范围不同等问题。有学者整理了全国法院对赔偿金的观点，如表7-2[①]所示：

---

① 徐岱，巴卓. 中国本土化下被害人权利保护即延展反思 [J]. 吉林大学社会科学学报，2019 (6)：30-47.

表 7-2　法院对赔偿金所持观点

| 所持观点 | 死亡赔偿金（案件数） | 精神损害赔偿金（案件数） |
| --- | --- | --- |
| 予以支持 | 870 | 261 |
| 不予支持 | 431 | 856 |
| 未提及 | 953 | 1137 |
| 总　　计 | 2254 | 2254 |

通过表 7-2 可以看出，各地法院法官更倾向于支持犯罪被害人对死亡赔偿金的诉讼请求，而支持精神损害赔偿金的比例很低。毕竟目前我国要求犯罪人对犯罪被害人进行精神损害赔偿缺乏制度支持，我国《刑事诉讼法》只规定了对物质损失的赔偿。而死亡赔偿金承载了精神和物质两个方面的要求，可以突破精神损害赔偿的范畴，被认为是对物质损害的赔偿。司法实践中呼吁有些犯罪应当支持精神损害赔偿的声音很高，如性侵案件。因为性侵案件一般情形下不涉及身体损伤，所以法院一般对此类案件的精神损害赔偿是不予支持的，但是有些性侵案件性质非常恶劣，如针对幼女的性侵，甚至长时间针对同一幼女性侵，会导致幼女被害人从身体到心理遭受严重伤害。有的被害人因被性侵而染有性病或妇科病，需要身体治疗；有的被害人因被性侵而患有严重的心理疾病，需要心理治疗[①]；有的被害人需要转学或者搬家等，这些都会产生费用，形成物质损失，如果对犯罪被害人没有任何的经济赔偿显然是不公平的，是其权利被漠视的表现。

第三，犯罪人无力赔偿。司法实践中，有的犯罪人没有足够的赔偿能力，有的犯罪人完全没有赔偿能力，有的犯罪人虽有赔偿能力，但是不愿赔偿，法院虽然作出了民事赔偿的判决，但是犯罪被害人却拿不到一分钱或者只能拿到少部分赔偿。针对犯罪人有赔偿能力但不愿赔偿的情况，犯罪被害人可以申请法院强制执行，但是对于犯罪人没有赔偿能力的情形，我们的刑事司法就无能为力了。

第四，犯罪人未被定罪。大量的案件发生之后由于各种原因成为犯罪黑数，没有进入刑事司法系统，这个数字非常庞大，远远大于进入刑事司法系统的犯罪明数。能够被立案的犯罪也并非百分之百被破案，事实上我国的破案率非常低，有些案件破案之后并未被起诉，有些案件进入法庭审判程序之后被告人并未被定罪，这样下来，实施了犯罪行为并最终被定罪的犯罪人占比极小。大量的事实上的犯罪人未被定罪，意味着大量的犯罪被害人无法获得赔偿。

---

① 如果身体治疗费用可以看作物质损失的一部分，那么心理治疗费用也完全可以作为物质损失的一部分。

我国对犯罪被害人获得物质赔偿的权利保护显然是不充分的，犯罪人获刑，对于犯罪被害人而言，其权利只得到了部分的维护，没有获得相应的物质损害赔偿是缺乏现实意义的，对于生活因被害而陷入困境的犯罪被害人而言更是如此。有些犯罪被害人因被害之后未能获得相应的经济赔偿，无法接受充分的医疗救治，或无法继续学业，或日常生活陷入贫困等，这些单纯依赖刑事司法是无法解决的。若要充分地维护和保障犯罪被害人的权益，我们还要在刑事司法之外寻求其他的途径。

## 三、我国犯罪被害人权利保护体系的构建

### (一) 犯罪被害人权利的内容

明确犯罪被害人权利的内容是探寻犯罪被害人权利保护路径的前提。

1.《犯罪被害人人权宣言》的规定[①]

联合国《犯罪被害人人权宣言》于1985年通过，该宣言承认了犯罪被害人因犯罪行为而遭受的痛苦，并规定了其应当享有的权利，主要包括四大方面：

第一，获得公理和公平待遇的权利。包括：（1）犯罪被害人应当得到同情，其尊严应当得到尊重，他们有权利向司法机关申诉并使其迅速获得国家法律规定的补救；（2）国家应当设立和强化司法、行政机构，使犯罪被害人能够通过迅速、公平、经济、方便的正规或非正规程序获得补救；（3）应当通过一些方法便利司法和行政程序以满足犯罪被害人的要求，如让犯罪被害人了解诉讼的范围、时间、进度及案件的处理情况，在不损害被告人的合法权益并符合国家刑事司法制度的前提下，让犯罪被害人适时参与诉讼陈述其观点，在诉讼过程中的任何阶段向犯罪被害人提供适当援助，保护犯罪被害人及其家人的隐私和人身安全；（4）尽可能酌情利用非正规的解决争端的方法，如仲裁、调解、地方惯例及常理公道，以促进被害人恢复。

第二，获得赔偿的权利。包括：（1）犯罪人或应对其行为负责的第三人应当视具体情况向犯罪被害人或其家属或其抚（扶）养的人进行公平的赔偿，包括归还财产、赔偿伤害或损失、偿还因被害而产生的相关费用、提供服务、恢复权利；（2）各国政府应当审查各自的法律、规章和惯例，以确保除刑事制裁外，赔偿应作为刑事案件一种可能的判决方法；（3）在严重破坏环境的案件中涉及被害群体，赔偿应尽可能包括复原环境、重建基础设施、更换社区设备、偿还因

---

① 参见田思源．犯罪被害人的权利与救济 [M]．北京：法律出版社，2008：29-31．

搬迁而产生的费用等;(4)政府官员或其他以官方身份行事的代理人违反国家刑事法律给犯罪被害人造成伤害的,由国家进行赔偿。

第三,取得补偿的权利。包括:(1)因严重犯罪而遭受重大身心伤害的犯罪被害人,或因犯罪致死致残的被害人家属及其抚(扶)养的人,如果无法从犯罪人或其他途径获得充分的补偿,国家应当设法向他们提供经济上的补偿;(2)鼓励设立国家基金以向犯罪被害人提供补偿。

第四,获得援助的权利。包括:(1)犯罪被害人应当能够从政府、社区、自愿机构等获得必要的物资、医疗、心理等社会援助;(2)应当让犯罪被害人知晓可供其使用的社会服务及其他有关的援助,并且能够使用这些服务和援助;(3)应当对提供社会服务的人员进行培训,使他们认识到犯罪被害人的需要,并提供及时适当的援助。

2. 学理上的归纳

根据《犯罪被害人人权宣言》的规定以及各国有关犯罪被害人权利的规定,犯罪被害人的权利内容可以归纳为以下几类:

第一,知情权。即犯罪被害人有权知道自己享有哪些权利以及关涉到自己权利实现的犯罪人的相关情况。知情权是实现犯罪被害人权利的前提,可以被称为权利起点或权利入口(threshold right),很多国家在法律中作出了明确规定。具体来说,犯罪被害人的知情权包括两部分内容:(1)知道自己享有哪些权利的权利,如申请国家补偿的条件[①]、社会服务机构的服务内容、在刑事诉讼中可以行使的权利,等等。(2)犯罪人的相关情况,如犯罪人的获刑情况、服刑情况、释放时间、释放后的住所等。

第二,在刑事诉讼中的权利。为了更好地维护犯罪被害人的权益,他们应当积极参与刑事诉讼,在诉讼中充分行使权利并得到充分的尊重和保护,包括两个方面:(1)参与刑事诉讼以行使相关权利,包括告发犯罪人、参加庭审、对被害事实进行陈述、对被告人发问、对判决陈述意见、对刑罚的执行进行监督等。(2)在参与诉讼的过程中得到保护,一是犯罪被害人的个人隐私得到保护。比如,在接受询问时犯罪被害人有权拒绝回答与案件无关的问题,对案件的报道不得使用犯罪被害人的真实姓名,律师不得泄露犯罪被害人的个人隐私,尤其是被

---

[①] 犯罪被害人国家补偿制度规定,并不是所有的犯罪被害人都能够获得国家补偿,申请国家补偿必须符合特定的条件。

告人的辩护律师应尽到注意义务①；二是犯罪被害人及其近亲属的人身安全得到保护，保护被害人的正常生活，预防来自犯罪人及其近亲属的报复行为等。以上两种情形都会造成犯罪被害人的二次被害。

第三，经济求偿权。犯罪被害人因犯罪行为而遭受到物质损失、身体伤害和精神损害，都可以通过请求犯罪人进行损害赔偿以恢复和维护自己的合法权益，可以与犯罪人协商解决，或者提起民事诉讼，或者提起刑事附带民事诉讼，但是，实践中由于犯罪人不愿赔偿、无力赔偿、法律不支持等各种原因，有时犯罪被害人无法得到来自犯罪人的充分的赔偿。在这种情况下，有些犯罪被害人可以申请国家进行经济上的补偿，犯罪被害人国家补偿制度是犯罪被害人权利保护的一项非常重要的制度，很多国家已经建立该项制度，并成立专门的补偿基金，以保障犯罪被害人的经济求偿权的实现。

第四，接受社会援助的权利。犯罪被害人遭受犯罪行为侵害的合法权益，有些可以通过经济损害赔偿或国家补偿来获得恢复和维护，但是很多时候犯罪被害人所受到的伤害并不是金钱可以补救的。比如，身体创伤需要医疗救治、精神创伤需要心理治疗、参与诉讼需要法律帮助等，所以，犯罪被害人不仅仅需要政府的帮助，还需要来自社会多方面的帮助、理解、关心和支持。

### （二）我国犯罪被害人权利保护体系的构建

1. 加强刑事诉讼中对犯罪被害人权利的保护

犯罪被害人能够积极参与刑事诉讼，且在诉讼中充分行使权利并得到充分的尊重和保护是其一项非常重要的权利。但是从刑事司法制度的发展历史来看，犯罪人的权利无论是在程序法中还是在实体法中均不断得到保护和完善，而犯罪被害人的主体性地位则一直未得到应有的重视。当然为了避免犯罪人在刑事诉讼中遭受来自公权力的可能的侵害而有必要对其权利加大保障力度，但是对于合法权益已经遭受侵害的犯罪被害人而言，他们更应该得到法律的保护与尊重。如果刑事诉讼为了保护犯罪人权利免遭可能的侵害而牺牲了被害人的权利，那么刑事诉讼制度就陷入了绝对化之中，且令犯罪被害人陷入无尽的痛苦和不公平之中，这违背了人们惩罚犯罪、保护被害的朴素情感，也违背了公平正义的理念。所以，犯罪被害人在刑事诉讼中的地位应当受到重视，法律应当给予犯罪人和犯罪被害人同等的保护和尊重，应该实现犯罪人与犯罪被害人权利的平衡。基于此，应当

---

① 有些时候被告人的辩护律师为了证明被告人无罪或者罪轻，会努力寻找犯罪被害人不良的生活习惯、不良的性格特征、不良的人际关系等，甚至捕风捉影、夸大和歪曲事实，并在法庭上公之于众。

在刑事诉讼中提高犯罪被害人的地位，加强对其权利的保护。

第一，保障犯罪被害人的知情权。如果刑事诉讼制度赋予犯罪被害人与犯罪人相平衡的权利与地位，那么知情权应当是被害人必然享有而无须论证的。在刑事诉讼中，犯罪被害人的知情权应当贯穿于立案、侦查、审查、起诉、审判、执行等所有环节，涉及犯罪被害人在此过程中享有哪些权利、犯罪人的到案、定罪、量刑、刑罚执行情况等，而犯罪被害人对所有情况的了解，均需依赖于公检法司等机关。所以，保障犯罪被害人的知情权，需要规范相关机关的告知行为，建立完善的告知机制。

第二，尝试设立犯罪被害人的量刑建议权。求刑权是犯罪被害人的一项非常重要的权利，是人类最原始的复仇情感最直接的表达。在现代公诉制度中，求刑权主要由国家垄断，犯罪被害人希望对犯罪人判处刑罚的愿望需要通过特定的渠道进行表达，量刑建议权是其求刑愿望最充分的表达方式。美国最早设置被害人影响陈述制度，犯罪被害人可以就犯罪行为给自己及家庭造成的痛苦、生活状态的变化等进行陈述，虽然这些陈述没有对如何量刑提出建议，但是却可以让法官对犯罪所造成的恶劣后果、犯罪被害人所承受的痛苦有更充分的了解，并对量刑产生影响。在司法实践中，犯罪被害人通常对量刑有着强烈的诉求，他们的诉求并不都是要求对犯罪人严惩，有时可能是希望对犯罪人轻判，通过量刑建议权的制度设计，使被害人有合理的渠道将自己的意见进行表达。量刑建议权的设立，对被害人而言，可以让他们合理合法地宣泄痛苦、表达情绪，让他们感到自己被尊重、被保护，建立对刑事司法的信心；对法官而言，可以对犯罪事实有更客观更全面的了解，并作出更公平合理的判决；对社会而言，可以更好地实现司法公正，树立司法的公信力，减少因被害人表达不畅而造成的缠诉、上访等事件。

第三，保障犯罪被害人的经济求偿权。由犯罪人对犯罪被害人作出相应的经济赔偿，对于犯罪被害人而言是最具有现实意义的。刑事附带民事诉讼的制度设计的初衷是为了保护犯罪被害人的权利更好地实现，最大限度地恢复犯罪被害人因犯罪行为的侵害而遭受的利益损失，为其合法权益的救济提供了一条重要的渠道。但是，我国刑事附带民事诉讼的赔偿范围却限定在物质损失的赔偿，不包括精神损害赔偿，这个范围小于民事诉讼的赔偿范围，不符合民法的一般原理，也不符合社会共识，根据民事法律关系的一般规则，精神损害是应当被纳入赔偿范围的。刑事犯罪给犯罪被害人造成的除了物质损失和身体伤害之外，往往还有更为严重的心理伤害，有的犯罪被害人长期生活在被害的阴影中难以恢复正常的工作、学习和生活，刑事附带民事诉讼将精神损害赔偿排除在外，是对犯罪被害人一部分合法权益的漠视，显然是不合理的。因此，应当对刑事附带民事诉讼制度进行改进，将精神损害纳入赔偿范围。

2. 建立恢复性司法制度

现代刑法理论在逐步向功利主义发展的过程中，刑罚成为维护社会秩序和社会利益的工具，这一认识不断被强化。刑罚的目的在于制止犯罪、惩罚犯罪，更多地体现出功利和改造的意味，犯罪行为被简化为犯罪人与国家之间的关系，犯罪被害人逐渐从刑事法律关系中被迫退出。虽然维护良好的社会秩序和法律秩序有利于保护广大的潜在被害人，但是具体个案中已然遭受犯罪侵害的被害人的权益却在功利主义视角下的司法实践中遭到漠视，犯罪被害人的现实的、具体的创伤难以被消除。现代的刑事司法制度通过刑罚对犯罪进行惩罚，却难以对犯罪人与犯罪被害人之间的纷争进行妥善解决，犯罪被害人的权利难以得到恢复和维护。在现代公诉制度下，犯罪人是被惩罚的对象，通常是被动地接受惩罚、进行赔偿，并且为自己百般辩解，想方设法逃脱罪责，即便有些犯罪人非常积极主动地对犯罪被害人进行物质赔偿，其目的却在于为自己争取减轻刑罚。所以，现代刑事司法制度中，犯罪被害人是缺位的，犯罪——被害的法律关系是不平衡的，犯罪人对罪责的承担是逃避式的被动的。因此，犯罪被害人的合法权益很难得到充分的保护。我们有必要寻找一种路径，以真正实现犯罪与被害关系的平衡，通过让犯罪被害人成为法律关系的主体，使犯罪人能够自发地、主动地消除犯罪行为造成的恶劣后果，犯罪被害人的合法权益得以充分的恢复和保护。恢复性司法制度可以为我们提供解决的路径。

恢复性司法以实现犯罪被害人被侵害的权益的恢复为目的，通过恢复性程序以实现恢复性结果的一系列司法活动。恢复性程序是指犯罪人、犯罪被害人以及其他受到犯罪影响的相关第三人进行积极的面对面的沟通交流，由一个专业的公正的第三方居中调解，以寻找犯罪行为造成的不良后果的解决方案。恢复性结果是指犯罪人通过一系列积极的行为，如经济赔偿、赔礼道歉、社区服务等，使犯罪被害人遭受的物质损失得到赔偿，精神得到抚慰，生活恢复常态，犯罪人亦通过自己积极承担责任的行为获得犯罪被害人及社会的谅解，重新融入社会。恢复性司法不以惩罚犯罪为目的，以修补被犯罪破坏的社会关系、恢复遭犯罪侵犯的被害人权利为宗旨，以犯罪被害人的权利和要求为中心，解决问题的过程实现了犯罪人与被害人关系的相互对立与排斥向互相尊重与合意的转变，犯罪被害人充分陈述犯罪带给自己的恶劣影响并充分表达自己的意愿，使得犯罪人认识到自己给犯罪被害人造成的伤害并积极承担责任，最终实现纠纷的解决和犯罪被害人权益的维护。

恢复性司法自20世纪70年代在加拿大出现第一次尝试之后，已经在数十个国家有了不同程度的应用和发展，甚至在有些国家成为刑事司法改革的方向。我们国家也应当借鉴恢复性司法的理念，相应调整现行的刑事司法政策，以更好地保护犯罪被害人的权利。我国进行恢复性司法的实践具有一定的组织基础，我国的人民调解委员会制度可以为之提供资源支持，我国各地均设有人民调解组织，积累了丰富的调解工作实践经验，为我国推行恢复性司法提供了基础。建立恢复性司法制度可以保障犯罪被害人获得较充分的经济赔偿，修复其精神创伤，犯罪人也可以免受刑罚之苦，既减少了国家的司法成本，也有利于犯罪人回归社会。此外，恢复性司法制度还可以在一定程度上分流法官、检察官的一部分案源，缓解其办案压力，使其可以更加集中精力办理手中其他的案件。

3. 建立犯罪被害人补偿制度

在实践中确实存在犯罪人无力赔偿或无力足额赔偿的情形，而一些犯罪被害人却因为犯罪行为的侵害，身体受到严重伤害需要巨额医疗费，甚至生活也因此陷入极端困苦，或者犯罪被害人因犯罪侵害致死，其生前抚养或扶养的人失去生活来源而陷入困顿。此时，国家应当承担起一定的责任，作为犯罪人赔偿的补充形式，对犯罪被害人进行补偿，一定程度上缓解他们的困苦，这对于犯罪被害人的保护是至关重要的。毕竟国家作为一个利益共同体的成立，是个人以牺牲自己绝对的自由为代价，目的是成立一个强有力的共同体对个人的安全和利益进行保护，所以国家具有保护个体的天然职责，包括保护个人不受他人的侵犯、保护个人遭受到他人侵犯之后权益的恢复等。由国家对犯罪被害人进行一定物质补偿的做法在20世纪70年代的新西兰首次出现，随后世界上很多国家均确立了犯罪被害人补偿制度，一般是对遭受严重暴力犯罪的侵害、没有获得任何形式的赔偿、陷入物质困境的犯罪被害人及其近亲属，由国家给予一定的物质补偿。我国尚未建立犯罪被害人补偿制度，实践中存在对刑事犯罪被害人进行特困救助的做法，一定程度上对缓解部分犯罪被害人因刑事犯罪而遭遇的困境发挥了作用，但是因为没有建立起全国统一的犯罪被害人补偿制度，对刑事犯罪被害人进行特困救助的做法也并非每个省份都有，开展了此项工作的各省市之间差异也非常大，开展的效果很大程度上受制于当地经济发展状况以及对犯罪被害人保护的意识。总之，我国目前一些地方开展的对刑事犯罪被害人进行特困救助的做法能够发挥保护犯罪被害人的作用十分有限。我们应当尽快建立全国统一的犯罪被害人补偿制度，以真正发挥国家补偿对犯罪被害人权利保护的作用。

4. 建立犯罪被害人援助制度

犯罪行为给犯罪被害人造成的伤害是多方面的，有直接的财产损失，如财物被盗、被破坏；有身体伤害以及由此产生的医疗、护理、误工等费用、病痛的折磨、生活的改变；有心理伤害，如有的被害人被害以后长期抑郁、难以建立亲密关系、丧失生活的信心等，所以对犯罪被害人权利的保护也应当是多方面的。除了对犯罪人科以刑罚以平复犯罪被害人被伤害的情感，从物质上对犯罪被害人进行损害赔偿或国家补偿以维护其经济上的利益，还需要社会更多元的帮助。比如，对犯罪被害人进行法律上的支援，帮助其更好地参与刑事诉讼、更充分地行使诉讼权利；对犯罪被害人进行心理援助、提供感情支持，帮助其尽快地摆脱心理阴影恢复正常的工作、学习和生活；对一些特殊的犯罪被害人，如性犯罪被害人、青少年被害人、家庭暴力被害人等提供专门的心理服务和更加细致的人文关怀等。英、美两国早在20世纪70年代初就开始了对犯罪被害人展开社会援助的运动，这是世界上最早对被害人进行社会援助的国家，之后很多国家纷纷效仿。犯罪被害人援助制度为修复被害后果、保护犯罪被害人权利作出了巨大贡献。我国目前尚未建立统一的犯罪被害人援助机制，实践中存在对犯罪被害人的法律援助和心理援助等活动，不过多数是针对女性被害人、未成年被害人、老年被害人、残疾被害人等一些特殊的犯罪被害人，特别是心理援助主要针对家庭暴力犯罪中的被害人，覆盖面过窄，且缺乏专门的被害援助组织和人员，这些都制约了社会力量对犯罪被害人的保护。我们应当逐步建立全国统一的犯罪被害人援助机制，成立专门的援助机构，对参与开展社会援助的相关人员进行专业培训，以充分发挥其保护犯罪被害人的作用。

# 第八章 犯罪被害人的国家补偿

在现代公诉制度下存在向保护犯罪人权利过度倾斜而犯罪被害人权利难以保障的情形,学界提出以加强犯罪被害人权利的保护为目的进行刑事司法制度的改革,由以犯罪人为中心转向以犯罪被害人为中心,目前主要限于理论论证的阶段,立法与司法实践将是一个逐步发展的漫长过程,在现行的刑事司法制度之外寻求对犯罪被害人的保护是必然的路径选择。由国家对犯罪被害人进行一定的经济补偿,承担起对犯罪被害人进行保护的职责,是当前许多国家的做法。

## 一、犯罪被害人补偿制度的由来

所谓犯罪被害人补偿制度,是指在犯罪被害人或其家属未得到相应赔偿的情形下,由国家给予一定的金钱进行补偿的制度。在该项制度中,对犯罪被害人进行补偿的主体是国家,进行补偿的形式是支付一定的金钱,但仅具有福利的性质,不以实际损失为补偿标准,进行补偿的前提是犯罪被害人或其家属未能从犯罪人处获得赔偿,也未能从其他渠道获得赔偿,进行补偿的目的是修复被犯罪行为所破坏的社会关系,维护社会利益格局的平衡,"通过对犯罪被害人进行补偿,恢复由于发生犯罪而失衡的法律秩序及国民对刑事司法的信赖,由此而安定社会秩序"。①

由国家对犯罪被害人进行物质补偿的制度由来已久,最早可以追溯到公元前1776年古巴比伦的《汉谟拉比法典》,该法典规定:"如果抢劫者未被抓获,被抢劫者应在神的面前正式宣誓并告知神他所失去的财物,抢劫行为实施地区或领域的公社和长老应负责偿还被害人的财产损失。如果在谋杀案件中被害人失去的是生命,则犯罪地区或领域的公社和长老应向已死亡被害人的家属支付一定数量

---

① 转引自赵可主编.犯罪被害人及其补偿立法[M].北京:群众出版社,2009:166-167.

的金银。"① 19世纪后半叶的实证犯罪学派也有关于政府资助救济犯罪被害人的论述,他们发现无端遭受犯罪侵害而死亡的被害人的遗属或者因犯罪侵害而丧失劳动能力的人生活之困难,对于生活陷入苦难之人,国家应当伸出援手给予救济。菲利在其代表作《犯罪社会学》一书中指出:"国家应当对犯罪被害人的权利负责,并且使被害人的权利及时得到满足……国家必须赔偿个人因国家不能预防的犯罪给其造成的损失……"② 1957年英国大法官、社会活动家玛格丽·弗瑞(Margery Frey)发表了《为了被害人的正义》(Justice for Victims)一文,通过一个案例阐述了犯罪被害人的悲惨境遇③,并提出由国家对犯罪被害人所遭受的损害进行补偿的建议,玛格丽·弗瑞女士因此被尊称为犯罪被害人补偿制度之母。弗瑞女士的建议引起了英国政府的重视,英国内政部分别在1959年、1961年、1964年的犯罪白皮书中提出对暴力犯罪被害人进行补偿的观点。1963年,英联邦国家新西兰率先制定了《犯罪被害人补偿法》(Criminal Injuries Compensation Act),这是世界上第一部关于国家对犯罪被害人补偿的法律,该法于1964年1月1日生效。紧随其后,英国内务部制定通过了《犯罪被害补偿计划》(The Criminal Injuries Compensation Scheme),并于1964年8月1日实施。受到这两部法律的影响,20世纪60年代中后期,美国、澳大利亚、加拿大、英国北爱尔兰等英语系国家相继制定并通过了《犯罪被害人补偿法》,1970年以后,瑞典、芬兰、爱尔兰、联邦德国、荷兰、丹麦、挪威、法国等欧洲各国也相继推行此项制度。我国的香港地区和台湾地区也分别于1973年和1998年确立了犯罪被害人补偿制度。联合国于1985年11月29日通过的《为罪行和滥用权力行为受害者取得公理的基本原则宣言》(Declaration of Basic Principles of Justice for Victims of Crime and Abuse of Power)确立了由国家补偿犯罪被害人的原则:"当被害人无法从罪犯或其他来源得到充分的补偿时,会员国应设法向下列人等提供金钱上的补偿:遭受严重罪行造成的重大身体伤害或身心健康损害的受害者;由于这种受害情况致使受害者死亡或身心残障,其家属特别是受养人。"④

---

① 转引自赵可主编. 犯罪被害人及其补偿立法 [M]. 北京:群众出版社,2009:166-167.

② [意]恩里科·菲利. 犯罪社会学(第二版) [M]. 郭建安译. 北京:中国人民公安大学出版社,2004:281-283.

③ 在该文中弗瑞女士讲述了一个案例,一名年轻力壮的年轻人因遭到两名强盗的暴力伤害,而身受重伤、双目失明、丧失劳动能力,法院判决两名强盗有期徒刑,并赔偿犯罪被害人一万一千五百英镑,每周分期支付五先令,需要四百四十二年才能全部付清。

④ 转引自赵可主编. 犯罪被害人及其补偿立法 [M]. 北京:群众出版社,2009:168.

## 二、犯罪被害人补偿制度的理论依据

犯罪被害人遭到犯罪行为人的侵害,却由国家进行一定的补偿,国家为个人买单,有什么合理性?此时的被害人权利与国家权力是一种什么关系?学者们试图从不同角度进行解释,形成了以下几种理论。

### (一) 国家责任说

顾名思义,国家责任说强调国家有责任保护公民的权利。该学说以社会契约论为其理论渊源。根据社会契约论,公民生而享有充分的权利和自由,大家将自己的一部分权利和自由让渡出来形成一个具有公共权威的联合体,即国家,形成国家的目的在于保护个人所保留的权利和自由。正如萨拜因所说:"这种办法之所以视为正当,仅仅在于它在保障天赋人权方面比每个人天赋享有的自助办法要好一些。"① 所以,国家是社会契约的产物,天然具有保护公民权利的责任。犯罪行为虽然是犯罪人对被害人合法权益实施侵害的行为,理应由犯罪人对犯罪被害人进行赔偿,但是在犯罪人无力赔偿时,国家就应当承担起相应的责任。有学者将此时的国家责任分为两种情况②:一种情况是"显性的国家责任",即犯罪之所以发生,与国家相关职能部门工作效率不高有关,表现出国家在保护公民合法权益方面工作不力,此种情形下,犯罪人应当对犯罪被害人承担相应的损害赔偿责任,同时,国家也应当对犯罪被害人被害承担一定的责任;另一种情况是"隐性的国家责任",即国家对犯罪的发生毫无责任,在治安管理等方面尽职尽责、对特定情况处置得当,尽可能地为公民提供安全保障,但是犯罪的发生有其复杂性,受到犯罪人因素、被害人因素、特定情境因素等的综合作用,犯罪不可避免地发生了,此种情形下,国家没有明显的直接的责任,不过基于社会契约的精神,国家对社会上的每个公民均具有保护的职责,当犯罪被害人无法从他处获得相应赔偿时,国家就承担起补偿犯罪被害人损失的"隐性的国家责任"。

### (二) 社会福利说

一般认为,社会财富是全体公民共同创造的,所以享受社会福利是每一位公民的权利。当公民因为遭受犯罪行为的侵害而生活陷入困境之时,理应获得社会的帮助,这体现了社会福利对社会弱势群体的保护。社会越向前发展,社会的文明程度越高,社会的福利事业就应当越能够发挥保护弱者的作用。社会福利是为

---

① [美] 萨拜因. 政治学说史 [M]. 刘山等译. 北京:商务印书馆, 1986:597.
② 参见董士昙主编. 犯罪学教程 [M]. 北京:中国检察出版社, 2013:141.

社会全体公民提供的,并以提高服务对象的生活质量为目的,那么向处境悲惨的犯罪被害人提供帮助,甚至在政策上适度倾斜,这都是社会福利的应有之义。通过福利事业对犯罪被害人提供帮助,保护犯罪被害人的权利,对于缓和社会矛盾、解决社会问题具有积极意义,这也是社会福利的终极目标。社会福利说将犯罪被害人视为一个特定的"弱势群体",对该群体提供专门的帮助,有利于对犯罪被害人提供全面充分的保护。但是,也有学者对社会福利说提出质疑,认为国家会通过社会保障机制对生活困难的公民提供帮助,如果再对犯罪被害人提供专门的帮助,会与其他的社会保障措施发生重合。不过,在目前对犯罪被害人的权益保护普遍不足的情形下,大可不必有此种疑虑。

### (三) 公共援助说

公共援助说主张国家对犯罪被害人进行补偿是对社会上处于困难处境的人提供的公共援助。遭受到犯罪行为侵害的犯罪被害人或者身体受到伤害,又或者财产遭受损失,他们在社会上处于不利的地位,甚至因得不到足额的赔偿而境遇悲惨,此时,国家出于道义上的考虑对其提供物质上的援助。这种援助既然是出于道义上的考虑,则不属于法律上的义务,不具有强制性。于犯罪被害人而言,基于道义上的考虑而进行的国家补偿只具有一定的"可期待"性,而不是其必然享有的权利;于国家而言,基于道义上的考虑而对犯罪被害人进行补偿只是对其损失给予一定的弥补,无须作出与其损失等额的赔偿,而且可以对补偿对象设定适格条件。根据公共援助说的理念,既然国家是出于人道主义精神对犯罪被害人进行援助,那么通常只有因犯罪行为的侵害而陷入困境的犯罪被害人才能得到帮助,那些虽然遭到犯罪行为的侵害但并未陷入困境的犯罪被害人则得不到帮助,且补偿范围相对较小。

### (四) 社会保险说

社会保险制度是当被保险人遭遇到自然灾害或社会风险而收入减少时,由国家通过筹集一定的保险资金,对其给予一定的物质补偿,保障其基本生活,使其安然度过风险。社会保险遵循的是"危险分散"的原则,所有被保险人缴纳保险费,共同承担可能发生在某一个人身上的风险。社会保险说把国家对犯罪被害人进行补偿的做法也视为一种社会保险政策,认为犯罪是一种社会风险,生活在社会中的每一个人都有可能遭受到犯罪行为的侵害,人们向国家缴纳的税收相当于对抗犯罪侵害这种社会风险的保险金,一旦遭受到犯罪行为的侵害,保险合同即生效,国家就应当按照保险合同给付犯罪被害人一定的金额,以帮助其对抗风险,渡过难关。社会保险说"将犯罪的侵害视为一种特殊的意外事故,并对社会保险做广义的理解，认为国家补偿制度是一种附加的社会保险，这对于建立刑事被害人国家补偿制度具有启发性"[1]。但是，也有学者指出，根据社会保险说的观点，公民缴纳的税收视为对抗被害风险的保险金，那么只有缴纳税收的人才会受到保护，而没有纳税的人，如未成年人，则被排除在国家补偿范围之外，这与很多国家的犯罪被害人补偿制度是不相符的。而且，很多国家的补偿金的来源并不以税收为主，而是对罪犯的罚金以及罪犯在服刑期间的劳动所得。

以上各种学说都不是绝对的真理，每种学说都有它的局限性，但同时又有其存在的合理性并在特定时期的特定国家或地区得到支持。无论哪种学说从何种角度出发都承认，对于保护犯罪被害人的权益，国家应当积极承担相应的责任，国家对犯罪被害人的补偿不是施舍或恩赐。

### 三、我国犯罪被害人补偿制度的发展概况

随着我国犯罪被害人研究的深入，犯罪被害人的权利保护问题逐步受到理论界和实务界的重视，21世纪以后，对刑事犯罪被害人进行补偿的理论探讨和实践做法开始出现。我国犯罪被害人补偿制度的最初开展是法院系统针对特别困难的刑事犯罪被害人给予一定的经济帮助。由于当前刑事诉讼制度对于保护犯罪被害人的局限性，一些刑事犯罪被害人得不到任何形式的赔偿，经济陷入窘困，于是就有了缠诉、上访，甚至到法院自残、自杀的情况。在这样的背景下，一些地方法院"被迫"想出一个解决问题的办法——筹措资金给予经济特别困难的犯罪被害人一定的物质帮助以缓和矛盾。2002年，山东省高级人民法院向省委政法委提出建议，设立刑事犯罪被害人保护机构，并向全省法院建议尝试对刑事犯罪被害人进行救助。2004年，山东省淄博市中级人民法院最早开始对刑事犯罪被害人进行特困救助，这是全国首创，山东省青岛市紧随其后也开始了这项工作。之后，北京、浙江、河南、湖北、四川、江西、江苏、广东、甘肃、宁夏等多个省份的城市陆陆续续开始了对犯罪被害人进行特困救助的工作。我国实践中的这种做法是法院系统迫于犯罪被害人缠诉上访的压力而被动为之，其目的在于息诉罢访。但是法院作为一个审判机构，对特别困难的犯罪被害人提供帮助缺乏专门的庞大的经费支持，面对人数众多的需要帮助的犯罪被害人，法院对自己的这一做法并不敢"声张"，毕竟杯水车薪。通常是法官在办案过程中了解到一些生活确实极为困难需要帮助的犯罪被害人，或者不断上访、缠诉、大闹法院的犯

---

[1] 曲涛. 刑事被害人国家补偿制度研究 [M]. 北京：法律出版社，2008：240.

罪被害人，法院会对他们提供一定的物质帮助。所以，以各地方法院为救助主体而开展的犯罪被害人特困救助实践缺乏规范性，随意性极大，救助效果也并不理想，在实践中推进该项工作举步维艰。

随着犯罪被害人特困救助实践的不断发展以及理论界的论证与推动，社会各个层面逐步认识到该项工作的重要性。2006年12月30日，由最高人民检察院刑事申诉检察厅、江西省人民检察院、北京大学、中国政法大学等的专家学者共同起草了《刑事被害人国家补偿法建议稿》。2007年"两会"期间，江西省人民检察院检察长孙谦作为全国人大代表，向大会提交了"关于制定《中华人民共和国刑事被害人国家补偿法》的议案"。最高人民法院和最高人民检察院对地方法院所做的犯罪被害人特困救助持高度肯定的态度，2007年1月，最高人民法院在部署当年的工作时指出要研究建立"刑事被害人国家救助制度"，同时最高人民检察院在《2007年刑事申诉检察工作要点》中指出建立"刑事被害人补偿机制"试点。2009年3月，最高人民法院发布《人民法院第三个五年改革纲要（2009-2013）》将"建立刑事被害人救助制度"作为"改革和完善司法救助制度"的一部分。同年，中央社会治安综合治理委员会将建立健全刑事犯罪被害人救助制度作为当年全国社会治安综合治理工作中的一个重要方面。随后，中央政法委、最高人民法院、最高人民检察院、公安部、民政部、司法部、财政部、人力资源和社会保障部联合出台《关于开展刑事被害人救助工作的若干意见》，明确了开展刑事被害人救助工作的意义、工作要求、基本原则，并对救助范围、资金保障、审批等问题作出原则性规定，八部门出台政策性意见"是在当前相关法律制度尚未建立的特殊时期，为解决刑事被害人特殊困难而采取的一种过渡性安排，对于统筹兼顾被告人的人权保障和被害人的权益保障、实现司法公正，具有重要意义"①。2010年，最高人民检察院召开全国检察机关国家赔偿暨刑事被害人救助工作座谈会，要求检察机关进一步做好刑事犯罪被害人的救助工作，此外，最高人民检察院还多次作出建立刑事犯罪被害人救助制度的调研报告，涉及救助的对象、范围、方法、程序、经费保障、职责分工等较为深入细致的内容。

尤其值得一提的是，关于开展刑事犯罪被害人救助的立法工作。无锡市《刑事被害人特困救助条例》于2009年10月1日开始实施，这是我国第一部对犯罪被害人进行救助的地方性法规，该条例规定了救助对象、救助范围、救助部门、救助金的来源与发放等。为了保证该项工作的顺利开展，无锡市财政设立了刑事

---

① 李恩树. 刑事被害人救助工作"落地"两年地方司法机关执行给力17个省［N］. 法制日报，2011-02-10（5）.

被害人特困救助资金专户,每年拨款 200 万元,专门用于公安、检察、法院等开展刑事被害人救助,取得了良好的社会效果。2010 年 1 月 1 日,《宁夏回族自治区刑事被害人困难救助条例》正式实施,这是我国第一部对犯罪被害人进行救助的省级立法。截至 2011 年,我国已有 17 个省出台了省级刑事被害人救助工作实施办法,有些省份即便没有出台省一级的救助工作实施办法,也出台了地市级的规范性文件。关于刑事犯罪被害人救助的各级地方立法工作的开展标志着我国对犯罪被害人进行补偿的工作开始走向规范化。

我国针对刑事犯罪被害人展开救助,保障了因犯罪侵害而生活陷入困境的犯罪被害人及其家属维持基本正常的生活,一定程度上缓解了他们的经济困难和精神痛苦,有效缓解了犯罪被害人与犯罪人之间的对立与矛盾,修复了被破坏的社会关系,防止了犯罪被害人向犯罪人的转化,预防了报复性犯罪,维护了社会稳定。但是,我国各地开展的对犯罪被害人进行救助的做法,是针对因犯罪侵害而导致生活特别困难的被害人,以保障其基本的生存为目的,所以被称为"特困救助",与目前世界上其他国家实施的犯罪被害人补偿制度存在很大的差距。

## 四、我国建立统一的犯罪被害人补偿制度的必要性

### (一)当前我国犯罪被害人救助机制存在的问题

2009 年,我国中央八部门联合出台开展刑事犯罪被害人救助工作的政策性意见,标志着我国犯罪被害人救助机制的正式确立。之后各省、地市相继出台规范性文件,犯罪被害人救助工作相对规范有序地开展,但是由于缺乏全国统一的法律规定,各地的做法极不统一,导致我国该项工作的运行仍然不规范,限制了其保护犯罪被害人权益作用的发挥。

1. 救助机构不统一

我国各省市承担对刑事犯罪被害人进行救助的机构不尽一致,多数是公安、检察、法院、政法委等部门共同对犯罪被害人展开救助。比如,山东省规定,各级公安机关、检察院、法院要明确或设立专门的救助机构负责本部门对刑事犯罪被害人救助的审查、申报、发放救助金等工作,而公检法部门提出的救助意见则由各级政法委统一审批。我国有的省、市,对刑事犯罪被害人进行救助的工作主要由法院和检察院承担,而有的地市只有法院承担救助工作。这样会导致一个最突出的问题,即救助范围差别巨大,法院承担救助工作的情形,只有进入庭审程序的案件中的犯罪被害人才有可能得到救助,法院和检察院共同承担救助工作的情形,进入审查起诉阶段和审判阶段的犯罪被害人可以获得救助资格,公检法联

合承担救助工作的情形,才会全面覆盖刑事诉讼各个阶段的被害人。另外,不同的部门分别承担救助工作,也容易形成各自独立的救助系统,在救助程序、救助对象、救助标准等方面规定各不相同。

2. 救助对象和救助金额差别较大

我国刑事犯罪被害人救助的对象一般是因严重暴力犯罪的侵害而生活陷入困境的直接被害人及其近亲属,但是在此前提下,各地的规定仍然千差万别。比如,山东省规定的救助对象是指因暴力犯罪的侵害而导致严重残疾的,或者因暴力犯罪而导致直接被害人死亡,直接被害人生前抚养或赡养的人生活陷入困境的,此处的暴力犯罪并没有进一步做故意或过失的划分。而有的省、市则将犯罪进行了故意和过失的划分,将过失犯罪中的被害人的近亲属排除在了救助范围。另外,有些地方将救助对象与户籍挂钩,只对本地户籍人员进行救助,不具有本地户籍的被害人不具有被救助的资格。

关于救助金额,由于受到当地经济发展水平的限制,各地的差别更是巨大。比如,山东省的犯罪被害人救助金由省财政和市财政共同承担,具体的救助金额,视被害人的具体情况,以上年度城镇在岗职工的月平均工资为依据,在6-24个月内确定。由于地区间经济发展不平衡,各地区城镇在岗职工的月平均工资存在差异,所以,同一个省份不同地区的犯罪被害人受到本地区经济发展水平的限制以及自身具体情况的影响,可能享受到的救助金额存在很大差别,从几万元到十几万元不等。很多省份都存在这个问题,这样就导致相同境遇的犯罪被害人得到的救助却大相径庭。

3. 救助程序不够规范

救助程序涉及救助申请、审查、批准、救助金的管理与发放等,当前我国各地的规定和具体操作很不一致。关于救助申请,有的地方需要被害人提出申请,有的地方则是相应的部门依职权启动救助程序,有的地方则二者均可。实践中相应部门依职权启动救助程序的情况比较多见,这却增加了救助工作的随意性,有时由于相关工作人员救助意识淡薄或救助资金不到位等原因,导致救助程序难以启动,救助工作无法落实。关于审查、批准、救助金的管理和发放,通常是在公安、检察、法院等各自形成的救助系统内部自行审查、批准、管理和发放,这种"一条龙"式的救助程序缺乏监督,也会影响到救助工作能否真正落实。实践中很多地方对救助申请的审查和批准没有设定时限,导致审批时间过长,甚至长达半年以上,这样无法对犯罪被害人提供及时的救助,而我们的救助对象多数是因犯罪行为而生活陷入困难的犯罪被害人,是急需要得到物质帮助的。因此,审批时间过长是无法有效维护犯罪被害人合法权益的。

## （二）建立我国统一的犯罪被害人补偿制度具有重要意义

1. 有利于确立我国犯罪被害人"弱势群体"的主体性地位

世界上许多国家将犯罪被害人视为一个独立的"弱势群体"给予特殊的保护，针对这一特定主体的特殊性，从保护的理念、原则、方式方法等形成专门的保护体系，这个更有助于犯罪被害人权益全面充分的保护。我国的犯罪被害人不属于一个独立的"弱势群体"，即不具有"弱势群体"的主体性，而是被剥离为多种不同的主体。比如，我国特别重视对妇女、儿童、青少年、残疾人、老年人等特定类型被害人的保护，通过各种形式各种层级的规范性文件予以规定，并在司法实践中贯彻执行。犯罪被害人并没有作为一个"弱势群体"整体被重视，导致我国对犯罪被害人的保护是片面化或片段化的，对于犯罪被害人整体的保护是边缘化的，犯罪被害人中有一部分人的权利是被漠视的。赋予犯罪被害人"弱势群体"的主体性地位，有利于针对这个特定的群体建立专门的保护制度，形成专门的保护体系，有利于犯罪被害人整体得到重视和保护。

2. 构建我国犯罪被害人保护体系的需要

综观世界上其他国家对犯罪被害人的保护，包括犯罪被害预防、诉讼制度对犯罪被害人权利的保护、犯罪被害人的赔偿、国家补偿、社会服务等诸多方面，并形成了较为完善的犯罪被害人保护体系。反观我们国家，没有专门针对犯罪被害人保护的制度和法律文件，对犯罪被害人的保护散见于各种相关的制度和文件中。我国对犯罪被害人的保护体现最突出的是刑法和刑事诉讼，但仅仅通过刑事诉讼是无法为犯罪被害人提供全面充分的保护的，还需要通过多种途径来实现，由国家对犯罪被害人进行补偿是一个非常重要的途径。我国目前针对该项制度的研究还很不充分，实践中的做法还很欠缺，犯罪被害人保护体系的构建任重道远。

3. 实现犯罪人与犯罪被害人权利平衡

犯罪人与犯罪被害人是一对矛盾统一体，对于二者权利的保护应当趋于平衡，当前的刑事司法偏重对犯罪人权利的保护，却忽视了对犯罪被害人权利的保护，导致二者权利的失衡。现在强调对犯罪被害人权利的保护，只是将之前失衡的关系趋于平衡而已。但是强化对犯罪被害人权利的保护却要持审慎的态度，应当以不牺牲犯罪人的权利为前提。不过，毕竟犯罪人与犯罪被害人是一种敏感的对立关系，过于强调犯罪被害人的权利保护势必影响甚至侵害犯罪人权利，尤其是在刑事诉讼中，如果犯罪人与犯罪被害人的权利出现冲突，是否能够单纯强调犯罪被害人的权利实现，是否会以牺牲犯罪人的权利为代价，刑事诉讼制度缺乏了对犯罪人的权利保护是否还具有正当性，这些都将面临巨大的争议。所以，在刑事诉讼制度之外寻求对犯罪被害人的保护，可以不必触碰犯罪人权利的边界，在不影响犯罪人权利的同时，加强对犯罪被害人权利的保障，实现二者权利的平衡，建立犯罪被害人国家补偿制度正是这样一种路径。

4. 阻却犯罪被害人向犯罪人的转化

根据犯罪学及犯罪被害人学理论，在一定条件下犯罪被害人是会向犯罪人转化的。当犯罪被害人的合法权益没有得到相应的保护，对犯罪人的惩罚与其罪行之恶不相适应，犯罪人对犯罪被害人没有作出相应的赔偿，犯罪被害人因为犯罪行为生活陷入困境等，都会导致犯罪被害人产生不满、怨恨的心理，这些不满和怨恨的情绪既有针对犯罪人及其近亲属的，也有针对刑事诉讼制度的，还有针对政府、司法机关和社会的。在怨恨情绪的支配下会导致报复性行为，导致犯罪被害人向犯罪人的转化。通过国家给予犯罪被害人一定的经济补偿，可以帮助犯罪被害人度过经济难关，有效平复犯罪被害人的不满和怨恨情绪，恢复犯罪被害人以及整个社会对刑事诉讼制度的信心，避免犯罪被害人向犯罪人的转化，维护社会和谐稳定。

## 五、我国犯罪被害人补偿制度的构建

近些年在我国建立犯罪被害人补偿制度并进行全国性的立法在学界的呼声很高，通过学习、借鉴国外的先进经验并总结我国实践中的做法，构建我国的犯罪被害人补偿制度，以更好地保护犯罪被害人的合法权益，是摆在我们眼前的紧迫任务。构建我国犯罪被害人补偿制度，需要考虑的主要问题有以下几个方面。

### (一) 通过立法以确立犯罪被害人补偿制度

通过国家立法的形式确立犯罪被害人补偿制度，才能确保该项制度的理性化、规范化和稳定性。我国应当从国家层面制定统一的法律以确立犯罪被害人补偿制度，但是应当采取哪种立法模式是需要考虑的问题。

综观国际社会关于犯罪被害人补偿制度的立法模式，有的国家或地区制定了独立的犯罪被害人补偿法，我们称之为补偿法模式，其调整内容仅涉及犯罪被害人的国家补偿，具体包括补偿范围、补偿标准、补偿条件、补偿金的来源等。有的国家或地区制定了犯罪被害人保护法，我们称之为保护法模式，该模式的调整内容大于补偿法模式，将对犯罪被害人的保护包括被害赔偿、国家补偿、社会援助等内容均纳入调整的范畴。还有的国家采取的是混合立法模式，即对犯罪被害人的国家补偿不单独立法，而是将其纳入刑事诉讼法典，另外再出台单行法进行规定。世界上一些国家或地区的立法模式如表 8-1 所示：

表 8-1　一些国家或地区关于犯罪被害人补偿制度的立法模式

| 补偿法模式 | 保护法模式 | 混合立法模式 |
| --- | --- | --- |
| 英国《刑事伤害补偿方案》、瑞典《刑事伤害补偿法》、德国《暴力行为被害人赔偿法》、日本《犯罪被害人等给付金支付办法》、韩国《犯罪被害者救助法》、中国香港《被害人补偿法案》 | 西班牙《暴力犯罪和侵犯性自主的犯罪》、葡萄牙《暴力犯罪被害人保护法》、美国《刑事被害人保护法》、中国台湾《犯罪被害人保护法》 | 法国的《刑事诉讼法典》第 4 卷第 14 编是"某些被害人对犯罪引起的损害请求补偿的程序",规定了补偿申请、审查、决定、条件、标准等 |

　　以上三种立法模式各有优点,补偿法模式和保护法模式是当前绝大多数国家和地区选择的模式,体现出把犯罪被害人作为一个特殊的利益群体给予高度的关注和重视,根据其特殊性作出有针对性的保护措施;混合立法模式将对犯罪被害人的补偿纳入国家最重要的法律之中,体现出了对该制度的高度重视,此外,此种模式通过刑事诉讼法对犯罪被害人的补偿进行规定,也体现出了国家对犯罪人与犯罪被害人权利的同样重视。

　　我国学界就我国犯罪被害人补偿制度的立法模式提出了不同的观点。有人主张补偿法模式,有人主张保护法模式,有人主张从补偿法模式向保护法模式逐步过渡,有人则主张混合立法模式。从目前我国各地已有的针对刑事犯罪被害人救助的规范性文件来看,多数省市的规定体现出了补偿法模式,但也有部分省市体现出了保护法模式。比如,《云南省涉诉特困人员救助办法》规定,对特困人员的救助内容不限于经济救济,还包括基本医疗保障、低保救助、大病救济、公益性岗位就业援助、大灾补充救助、住房保障救助等,属于典型的保护法模式。笔者认为,我国构建犯罪被害人国家补偿制度,可以采取从补偿法模式向保护法模式逐步过渡的方式。当前我国的实践主要针对刑事犯罪中的特困被害人进行救助,救助范围过窄,且公检法部门成为救助的主体,属于司法救助的范畴,具有更多的政治属性。作为一种国家政策而存在,2009 年中央八部委联合出台的《关于开展刑事被害人救助工作的若干意见》被认为是针对我国的犯罪被害人补偿问题提出的指导性政策。然而国家政策通常具有原则性和时效性,与法律相比较,其规范性、稳定性、强制性、可操作性都比较弱,正如有人所指出的:"虽然目前有政策依据,但其规范性与有效性是无法与制定法律所产生的效果可比拟的，要进一步推进被害人救助工作，就必须在国家层面进行全局性的立法。"[①]所以，首先我们需要从当前各省市"各自为政"的刑事犯罪被害人的司法救助政策过渡到制定全国统一的犯罪被害人补偿法。不过，犯罪被害人补偿法相对于犯罪被害人保护法，内容相对单一，对犯罪被害人的保护不够全面，为什么不直接制定犯罪被害人保护法呢？这是与我国当前的理论与实践发展阶段相适应的。我国当前对犯罪被害人补偿和犯罪被害人保护理论研究相对薄弱，实践工作也存在很大的欠缺，犯罪被害人补偿法内容相对简单，立法工作也相对简单，而犯罪被害人保护法范围宽泛、内容复杂、立法过程涉及与更多部门法的协调，需要相对成熟的理论研究和丰富的实践经验。因此，就我国当前的实际情况而言，制定一部全国统一的犯罪被害人补偿法是可行的，待将来随着对犯罪被害人保护的理论研究的深入和实践的发展，再逐步向犯罪被害人保护法过渡。

### (二) 犯罪被害人补偿的原则

对犯罪被害人进行补偿，应当遵循如下几个原则：

1. 必要补偿原则

综观各国的犯罪被害人补偿制度，均对可以获得国家补偿的犯罪被害人设定了一定的条件，也就说并非所有的犯罪被害人都可以获得国家补偿，我国实践中更是对可以获得救助的刑事犯罪被害人设定了比较严苛的条件，在一些规范性文件中使用了"特困救助"的词汇足以说明救助条件的严苛。正如有的学者所说，国家补偿"并非阳光普照式的社会福利，不能被不符合条件和目的的滥用，需达到相当程度的条件和必要性，方能补偿"[②]。所以，犯罪被害人补偿应当遵循必要补偿的原则，对于那些因犯罪行为的侵害而遭遇困难，确实需要帮助的犯罪被害人及其家属，国家应当给予相应的关怀，在立法中应当根据国情对补偿的条件进行设定。

2. 及时补偿原则

对犯罪被害人的国家补偿是一种帮助被害人渡过难关的紧急救助，需要国家补偿的被害人通常是因犯罪行为的侵害而遇到了困难，所以，对他们的补偿要及时才具有现实的意义。比如，有的犯罪被害人因暴力犯罪侵害而身体遭受严重伤害需要就医，犯罪人却通常不会对被害人进行及时赔付，刑事诉讼程序的进行需

---

① 叶前义. 关于检察机关开展刑事被害人救助工作实践的几点思考 [J]. 经济研究导刊, 2010 (29): 211.
② 董文蕙. 犯罪被害人国家补偿制度基本问题研究 [M]. 北京：中国检察出版社, 2012: 246.

要较长时间，只有等诉讼程序结束才能对犯罪人判赔，但是如果被害人经济困难无力支付巨额医疗费，这时就需要获得及时的物质帮助才能继续得到医治。因此，在对犯罪被害人进行补偿时，应当尽量做到程序简化、特事特办，尽量减轻犯罪被害人及其家属的经济压力，给予他们及时的救助。

3. 特殊保护原则

在犯罪被害人群体中存在一些比较特殊的被害人，如性犯罪被害人，尤其是未成年性犯罪被害人，他们所遭受到的精神损害通常是常人难以想象的，这种精神打击甚至会影响其一生，再如直接被害人死亡的情形下，其生前抚养的未成年人往往会陷入精神受打击、生活无着落、受教育权无保障等困境。对于这样的特殊的被害人，应当给予特殊的保护，可以考虑设置精神损害赔偿基金、教育基金等一些特殊形式的补偿基金。

(三) 犯罪被害人补偿的范围

1. 关于补偿对象

世界各国或地区都将直接犯罪被害人及其近亲属作为补偿对象，其中直接犯罪被害人是指直接遭受到犯罪行为侵害的自然人，非自然人被排除在外。关于直接犯罪被害人的近亲属的界定，各国不尽一致，简单列举几个国家或地区，如表8-2①所示。

表8-2 一些国家或地区关于直接被害人的近亲属的规定

| 美国 | 英国 | 法国 | 日本 | 中国台湾地区 |
| --- | --- | --- | --- | --- |
| 依法由被害人抚养的人、应当支付或者愿意支付因被害人死亡而产生的医疗丧葬费的人 | 夫妻（包括同性伴侣）、父母、子女 | 死亡被害人的受益人 | 夫妻、依赖被害人收入维持生活的子女、父母、孙子女、祖父母、兄弟姐妹 | 夫妻、依赖被害人的扶养维持生活的父母、祖父母、孙子女、兄弟姐妹 |

根据我国刑事诉讼法的规定，近亲属包括配偶、子女、父母、兄弟姐妹，但是如果补偿对象中的近亲属仅限于此，范围未免过窄。在现实中直接被害人所赡养、扶养或抚养的人还有可能包括祖父母、外祖父母、孙子女、外孙子女以及其他亲属，所以补偿对象中的近亲属不能局限于刑事诉讼法的规定，而应稍微扩大范围，将直接被害人所赡养、扶养和抚养的人都包括在内。此外，应当注意一种

---

① 参见吴淼. 刑事被害人国家补偿制度研究 [D]. 吉林大学，2012：37.

特殊情况，即犯罪人是直接被害人的近亲属，此时应当排除在补偿范围之外。

2. 关于犯罪类型及主观要件

世界上各个国家或地区的犯罪被害人补偿制度通常只针对暴力犯罪的被害人，并且多数国家或地区规定了犯罪的主观要件是故意，少部分国家或地区规定了犯罪的主观要件是故意和过失，举例如表 8-3[①] 所示。

表 8-3　一些国家或地区关于犯罪类型及主观要件的规定

| 美国 | 英国 | 日本 | 中国台湾地区 | 中国香港地区 |
| --- | --- | --- | --- | --- |
| 犯罪类型：暴力犯罪、性犯罪、虐待犯罪、家庭暴力、醉酒驾驶肇事<br>主观要件：故意 | 犯罪类型：暴力犯罪（包括纵火、投毒）、侵犯铁路系统犯罪<br>主观要件：故意 | 犯罪类型：危害生命身体之犯罪行为<br>主观要件：故意 | 犯罪类型：侵害他人生命、身体的行为<br>主观要件：故意、过失 | 犯罪类型：暴力犯罪（包括纵火、投毒）<br>主观要件：故意 |

各个国家和地区将被害补偿局限于身体健康和生命权益受到严重侵害的犯罪被害人是符合现实状况的。在犯罪如此高发的今天，犯罪被害人是一个非常庞大的群体，如果将所有的侵财犯罪被害人和暴力犯罪被害人均纳入补偿的范围，是任何一个国家的财力都无法承担的。况且，财产犯罪对犯罪被害人的伤害仅仅是财产损失，比身体和生命的伤害相对较轻，犯罪被害人仍然可以通过劳动以维持正常的生活，处境不至于太过悲惨。

犯罪行为的主观要件应不应当包括过失，这是一个值得探讨的问题。尽管大多数国家和地区规定只有故意犯罪的被害人才可以获得国家补偿，但是笔者却认为，犯罪的主观要件没有必要只限定为故意，有的时候过失犯罪也会造成犯罪被害人生命、身体健康的严重损害，被害补偿还是应当以结果为导向，无论犯罪人是故意还是过失，只要给被害人及其近亲属造成严重的损害甚至陷入困境，都可以获得国家补偿。

### （三）犯罪被害人补偿的条件

关于犯罪被害人补偿的条件学者们讨论比较多的是犯罪被害人的经济状况以及犯罪被害人在犯罪中所发挥的作用。

有学者认为犯罪被害人的经济状况不能成为其是否能够获得国家补偿的重要

---

① 参见吴淼. 刑事被害人国家补偿制度研究［D］. 吉林大学，2012：38.

影响因素，无论经济状况好坏，都可以获得国家补偿，但是更多的学者却倾向于只对经济状况差的犯罪被害人进行补偿，毕竟救助资源是有限的。国际上通常会对犯罪被害人的经济状况作出设定，一般只对经济生活受到实质性影响的被害人或生活陷入困境的被害人近亲属作出补偿，举例如表8-4①所示。

表8-4 一些国家或地区对犯罪被害人经济状况的规定

| 美国 | 英国 | 法国 | 中国台湾地区 | 中国香港地区 |
| --- | --- | --- | --- | --- |
| 联邦和各州的规定不同，加州的法律规定，须因犯罪被害而经济陷入严重困难时，方可申请补偿 | 因伤害的直接后果导致被害人收入损失或者失去赚钱能力超过28周，从28周之后开始补偿，且被害人必须是无工作能力，且理赔官认为该期间会持续下去 | 被害人处于严重经济困难的，可以获得补偿 | 因重伤而丧失或者减少劳动能力或者增加生活需要的 | 至少3天内无工作收入或者无能力工作的；委员会认为如不发放赔偿，受养人便会陷入困境，可就被害人去世前因受伤而损失的收入、开支和债务发放赔偿 |

我国实践中的做法是对因犯罪侵害而生活陷入困境的刑事犯罪被害人进行救助。但是生活陷入困境的标准怎么确定，各地的做法不尽一致，有的地方并未设置生活困难的标准，这就会受到承办人员的主观性影响，造成对犯罪被害人救助的主观随意性，有的地方则将生活困难的标准设置为当地的最低生活保障标准。笔者认为，这个标准可以暂时作为我国犯罪被害人补偿制度中的一个补偿条件，因犯罪行为的侵害而生活低于当地最低生活保障标准的犯罪被害人，可以认定为其生活陷入困境，可以获得补偿。

犯罪被害人在犯罪中所发挥的作用，可以影响其是否可以获得国家补偿。根据犯罪被害人与犯罪的互动关系理论，在犯罪的发生发展过程中，犯罪被害人并不是完全消极被动的承受者，而是会对犯罪产生积极主动的影响，甚至有时候是犯罪被害人诱发、推动了犯罪或导致犯罪后果的扩大化，换句话说，有时候如果没有犯罪被害人的过错在先就不会有其被害的结果。这种情形下犯罪被害人是应当被排除在国家补偿的范围之外的，即犯罪被害人具有过错是国家补偿的排除性条件。这样规定，一方面可以体现出犯罪被害人对自己先前的过错行为的责任承

---

① 参见吴淼. 刑事被害人国家补偿制度研究 [D]. 吉林大学，2012：39.

担,另一方面也体现出国家鼓励公民遵纪守法的价值取向。

**(四) 犯罪被害人补偿的资金来源**

资金问题是犯罪被害人补偿制度的核心问题,资金能否到位是确保犯罪被害人补偿制度能否顺利实施的关键。综观世界各国的做法,国家财政是最为重要的来源,此外,还包括对犯罪人的罚金、犯罪所得、犯罪人服刑期间的劳动所得等,举例如表 8-5[①] 所示。

表 8-5  一些国家或地区的补偿资金来源

| 美国 | 英国 | 日本 | 中国台湾地区 | 中国香港地区 |
| --- | --- | --- | --- | --- |
| 犯罪人的罚金、没收的保释金和担保金、对所有已经判刑的犯罪人征收特别税、私人团体的捐赠 | 国家财政承担,其所需经费由议会投票决定 | 国家财政承担,以税收为财源 | 法务部编列的预算、从监所作业者之劳动金总额提拨部分金额、犯罪人因犯罪所得或其财产依法没收变卖获得的金额 | 立法会的拨款 |

目前我国实践中,一种做法是完全由政府财政拨款,将对刑事犯罪被害人进行特困救助的资金列入每年的财政预算,由省、市、县(区)等各级财政共同承担;另一种做法是以政府财政为主,其他资金来源为辅,其他资金来源包括刑事案件中的罚金、犯罪人在服刑期间的劳动所得、犯罪人的犯罪所得或者其财产依法被没收后的变卖所得、法院收取的诉讼费用、上缴国库的无主财产、社会捐赠等[②]。其中,第一种做法以政府财政为后盾,可以保障补偿资金稳定可靠,但是资金来源渠道过窄,会影响补偿资金的充足性;第二种做法既有政府财政作为可靠而强大的后盾,又有多种渠道进行补充,可以弥补资金不足的缺陷。

构建我国犯罪被害人补偿制度,资金来源可以采取以政府财政为主,社会捐赠为辅的方式。其中,政府财政包括中央财政和地方财政,补偿资金需要中央和地方省、市、县(区)等各级财政共同承担,并确定相应比例。对政府财政支出进行补充的方式是社会捐赠,排除了对犯罪人的罚金、财产变卖所得、犯罪所

---

① 参见吴淼. 刑事被害人国家补偿制度研究 [D]. 吉林大学,2012:44.
② 参见赵可,周纪兰,董新臣. 一个被轻视的社会群体——犯罪被害人 [M]. 北京:群众出版社,2002:360-361.

得、劳动所得、法院收取的诉讼费、上缴国库的无主物等，因为这些形式的资金最终是要上交国库成为政府财政的一部分，无须单独列出作为补偿资金的来源。社会捐赠是需要依赖于民间的力量，通过加强对犯罪被害人补偿制度的宣传，提高公民对该项制度的认识和了解，鼓励社会各界积极捐赠。有学者提出，可以通过发行专门的犯罪被害人补偿福利彩票募集补偿资金，或者从当前各种形式的福利彩票募集到的公益金中拨取一定比例的资金到犯罪被害人补偿资金中，这不失为一种有实际意义的建议①。

### （五）犯罪被害人补偿的金额及支付方式

犯罪被害人补偿金额的确定是最具有实际意义的，关系到犯罪被害人的困境能在多大程度上得到缓解，同时补偿金额的确定也是非常敏感的，金额过高会增加国家的财政负担，金额过低则起不到缓解犯罪被害人经济压力的目的。当前国际上普遍设置了犯罪被害人补偿的最高限额，也有些国家和地区设置了最低限额，限额的设置依据多是社会普遍的生活水平以及犯罪被害人个人的收入状况。我国当前对刑事犯罪被害人的特困救助一般也设置了上下限额，有的地方对上下限额规定了具体数额，例如，江苏省检察机关规定地方的救助金额下限是1000元，上限是3万元；有的地方则是以倍数法确定上下限额，例如，山东省规定地方的救助金额按上年度城镇在岗职工月平均工资的6倍到24倍确定。我国理论界也对该问题进行了探讨，有学者提出可以针对不同的情形设置上限的具体数额，对部分丧失劳动能力的被害人补偿金额最高10万元，对全部丧失劳动能力或死亡的被害人补偿金额最高可达20万元，最低补偿金额均为2000元②；有学者提出可以以上年度城镇在岗职工的年平均工资的倍数为标准设置补偿资金的限额，对于部分丧失劳动能力的被害人补偿金额最高是上年度城镇在岗职工年平均工资的10倍，对于全部丧失劳动能力或死亡的被害人补偿金额最高是上年度城镇在岗职工年平均工资的20倍③；有的学者提出可以以最低生活保障金为标准确定补偿金的限额。笔者认为构建我国的犯罪被害人补偿制度，补偿金额的上下限额不宜采取具体数额的方式，因为随着社会生活水平及消费水平的提高，固定化

---

① 我国福利彩票募集到的公益金，其用途就是"扶老、助残、救孤、济困、赈灾"，将其中一定比例的资金用于犯罪被害人补偿，是完全具有正当性和合理性的。况且，我国每年通过福利彩票募集到的公益金是一个非常庞大的数字。2020年前5个月全国福利彩票销售量达365亿元，筹集公益金10.6亿元。哪怕将其中的1%用于犯罪被害人补偿资金，也将是对犯罪被害人补偿制度的巨大支持。

② 曲涛. 刑事被害人国家补偿制度研究 [M]. 北京：法律出版社，2008：240.

③ 尹伊君. 建立适合中国国情的被害人补偿制度 [J]. 人民检察，2006 (9)：15.

的限额会具有滞后性,与社会的发展不相适应,起不到保障被害人权益的作用。可以以上年度城镇在岗职工的月(或年)平均工资或城镇最低生活保障金为标准,设置一定的倍数,这个倍数的设置不宜过高,要充分考虑到国家的财政能力。考虑到我国各省经济发展很不平衡,在国家设置统一的限额之内,各省还可以根据各自的经济发展状况设置各自的限额,但不得突破国家统一的限额。

关于补偿资金的支付方式,国际上多采取一次性支付的方式,在特殊情况下可以分期支付,举例如表8-6[①]所示。

表8-6 一些国家或地区补偿资金的支付方式

| 美国 | 英国 | 日本 | 中国台湾地区 | 中国香港地区 |
|---|---|---|---|---|
| 一次性支付或者按月支付 | 通常一次性支付,但理赔官认为合适的情况也可以采取分期支付的方式 | 一次性支付 | 一般是一次性支付,但遗属补偿金可根据申请人的申请予以分期支付。当申请补偿金的遗属是未成年人时,其补偿金必须委交犯罪被害人保护机构信托管理,分期或以其孳息按月支付 | 一次性支付。在某些情况下,如起初只可作出临时的医疗评估,其后又证明申请人有资格领取其他补助,补偿金额便会分期发放 |

构建我国的犯罪被害人补偿制度,补偿资金的支付方式可以参考国际上通行的做法,采取一次性支付,极特殊情况可以分期支付。一次性支付有利于犯罪被害人的经济压力得到迅速缓解,也有利于相关机构提高工作效率,但是存在一些极特殊的情况,如在直接犯罪被害人死亡的情况下,其生前抚养的未成年人或者赡养的老年人无力管理自己的财务,而又没有其他合适的人选帮助其管理,如果给予犯罪被害人一次性支付反倒可能会损害其经济利益,这时可以按月分期支付。

### (六) 犯罪被害人补偿的机构和程序

犯罪被害人补偿的程序涉及补偿的申请、审查、决定以及资金发放几个主要

---

① 参见吴淼. 刑事被害人国家补偿制度研究 [D]. 吉林大学,2012:46.

环节，每个环节的工作由什么机构开展，这是整个犯罪被害人补偿制度运行的关键问题。目前，我国实践中对刑事犯罪被害人展开的特困救助最常见的模式是由公安机关、检察院、法院分别在各自的系统内开展救助工作，也有些省市的救助机构除了公检法部门，还涉及政法委、民政局等部门。构建我国统一的犯罪被害人补偿制度，可以在现行做法的基础上进一步规范，公检法三部门仍应当成为犯罪被害人补偿制度运行中的重要机构，因为随着刑事诉讼程序的开展，公检法三部门对案情和犯罪被害人的情况最为了解，由这三个部门对犯罪被害人申请国家补偿的资格进行审查是最具有可行性的，比其他任何一个机构都方便、快捷、高效。在公检法机构审查的基础之上，对是否给予犯罪被害人进行国家补偿的决定则应当由审查机构之外的其他机构作出，在我国成立一个专门的补偿决定机构不太现实。可以借鉴目前我国一些地方的做法，由政法委作为补偿决定机构，亦有学者提出由社会管理综合治理委员会作为补偿决定机构，也不失为一种有益的建议，制度的设计者可综合考虑。在补偿的审查、决定机构之外，还应当有专门的机构进行补偿资金的管理和发放，就我国目前的社会机构设置而言，可由民政部门或社会慈善机构承担。

由此，犯罪被害人补偿的程序大致可以分为如下几个步骤：(1) 补偿申请，此时公检法等机构相关工作人员具有告知义务，告知犯罪被害人具有的申请国家补偿的权利，然后由犯罪被害人自行决定是否提起补偿申请，如果犯罪被害人决定提起补偿申请，应当填写犯罪被害人补偿申请书，公检法机构具有协助义务。(2) 补偿审查，由公检法等机构对犯罪被害人提交的补偿申请书进行审查，并向决定机构提出予以补偿或不予补偿的建议。(3) 补偿决定，由政法委对审查机构提交的补偿建议书进行审查，并作出是否给予补偿的决定，决定给予补偿的，同时确定补偿金额。(4) 补偿资金的发放。补偿决定机构作出补偿决定之后，犯罪被害人可持补偿决定书到补偿资金管理机构要求发放补偿金，补偿资金管理机构对补偿决定书审核无误之后，应及时发放补偿金。

# 第九章　犯罪被害人的社会援助

现代国家加强对犯罪被害人的权利保护，由国家对犯罪被害人进行补偿是一项非常重要的内容，但是犯罪被害人的国家补偿仅限于对犯罪被害人经济方面的保障，且规定了较为严格的条件和程序。犯罪行为对犯罪被害人造成的困苦往往是多方面的，除了经济的损失外，还有身体的伤害、精神的损害。此外，有些犯罪被害人在接受了来自国家的经济救助之后，生活仍然面临困难。所以现代社会对犯罪被害人的权利保护，应当是全方位的，而不是仅仅局限于经济上的救助，对于犯罪被害人的权利保护，除了国家具有相应的责任之外，我们的社会也应当对陷入困境的犯罪被害人伸出援助之手，努力通过多种途径帮助其解决实际困难。

## 一、犯罪被害人社会援助的概念厘定

### （一）犯罪被害人社会援助的概念

对犯罪被害人的社会援助可以简称为"被害援助"。1985年联合国通过了《为罪行和滥用权力行为受害者取得公理的基本原则宣言》，该宣言被认为是犯罪被害人的人权宣言，宣言的第14条规定，受害者应从政府、自愿机构、社区方面及地方途径获得必要的物质、医疗、心理及社会援助。第15条规定，应使受害者知道可供使用的医疗和社会服务及其他有关的援助，并且能够利用这些服务和援助。第16条规定，应对警察、司法、医疗保健、社会服务及其他相关人员进行培训，使他们认识到受害者的需要，并使他们对准则有所认识以确保适当和迅速的援助。通过该宣言的规定可以看出，被害援助的内容具有多元化，包括物质、医疗、心理以及其他社会方面，犯罪被害人可以从政府、社会、社区等相关机构获得援助，具体承担社会援助工作的包括警察部门、司法部门、医疗部门、社会服务机构等，所以对犯罪被害人进行援助的主体也具有多元化。据此可以认为，犯罪被害人的社会援助可以通过多种渠道有效减少犯罪被害人的痛苦，全面增强犯罪被害人的恢复能力，有效实现对犯罪被害人的权利保护。

我国关于被害援助的研究相对不足，自 21 世纪初理论界才开始出现对该问题的探讨，从中国知网搜索"犯罪被害人社会援助"，仅有 7 篇文章以犯罪被害人的社会援助为主题展开论述，包括期刊论文和硕士论文，还有 21 篇文章围绕犯罪被害人的权利保护或权利救济展开论述，其中涉及犯罪被害人的社会援助。最早的一篇文章是田思源的《论犯罪被害人的社会支援》，发表在 2002 年第四期的《法制与社会发展》中，该文使用了"社会支援"一词，实际探讨的是被害援助，该文没有明确界定被害援助的概念，从其阐述的内容来看，犯罪被害人的社会援助是指为了犯罪被害人及时而有效的恢复，全社会对犯罪被害人给予理解、关怀和尊重，并在力所能及的范围之内进行支援①，是在犯罪被害人赔偿和犯罪被害人补偿的制度之外，对犯罪被害人的又一种权利保护的渠道。我国学者除了通过写论文探讨犯罪被害人的社会援助之外，对该问题的探讨还散见于各种关于犯罪被害人的著作之中，但鲜见有围绕犯罪被害人的社会援助展开论说的专著，麻国安 2002 年在上海财经大学出版社出版了《被害人援助论》，是目前唯一一部专门论述被害援助的专著，该书对被害援助的概念进行了界定，认为："被害援助就是指所有旨在减轻被害人痛苦和增强被害人康复能力的活动。从广义上说，它包括下列活动：被害人赔偿、被害人补偿、被害人的权利、案件进展情况、支持团体、被害人与罪犯之间的调解与和解、服务热线、危机介入、被害人咨询与治疗、紧急医疗服务、社会服务、陪同出庭、保护免遭二次被害等。"②

我国学者上述两种对被害援助的界定，含义和内容大不相同，《论犯罪被害人的社会支援》一文中对被害援助的界定与联合国犯罪被害人人权宣言的界定比较一致，是全社会包括国家有关部门、相关社会机构、社区、个人等对犯罪被害人提供的经济、法律、医疗、心理等各方面的服务与帮助。《被害人援助论》一书对被害援助的界定过于宽泛，其提出的案件进展情况、被害人咨询与治理、危机介入、服务热线、紧急医疗服务、陪同出庭、社会服务等属于一般意义上被害援助的内容，而对犯罪被害人的赔偿、对犯罪被害人的补偿、刑事和解、恢复性司法、免遭二次被害等则属于相关法律制度、诉讼程序中的被害人权利保护的内容，与联合国犯罪被害人人权宣言的界定相差甚远。笔者认为，一个概念的界定或一项制度的确立不宜过于宽泛，尤其不应把一些本已独立存在并已经发挥重要作用的相关制度重复纳入研究的范畴。比如，犯罪被害人赔偿制度、犯罪被害人

---

① 田思源. 论犯罪被害人的社会支援 [J]. 法制与社会发展，2002（04）：78-82.
② 麻国安. 被害人援助论 [M]. 上海：上海财经大学出版社，2002：1.

补偿制度、恢复性司法等均是已经对犯罪被害人的权利保护发挥了重要作用的相关法律制度，理论界和实务界均已对这些相关制度展开了研究和实际应用，不宜再纳入犯罪被害人的社会援助的范畴，一方面与国际社会的普遍做法不甚适应，另一方面也会使得我国的犯罪被害人社会援助制度的内容过于庞杂而失去其特定的内涵，不利于切实有效地开展针对犯罪被害人的社会援助工作。基于此，被害援助的定义可以基本遵循联合国犯罪被害人人权宣言的界定，即国家有关部门、相关社会机构、社区、个人等对犯罪被害人提供的经济、法律、医疗、心理等各方面的服务与帮助，又可以称为被害支持、被害服务等。

### （二）被害援助与相关概念的辨析

围绕犯罪被害人的权利保护，存在"被害赔偿""被害补偿""被害救助""被害援助"等概念，有时会出现混淆的情况，但这几个概念实则各有其特定的含义。

1. 从行为主体看

被害援助的主体具有多元化，包括政府相关部门、相关社会机构、社区、个人等，以社会的力量为主。被害赔偿是犯罪行为对犯罪被害人造成的经济损失，由犯罪行为的实施者作出的经济赔偿，所以被害赔偿的主体是对犯罪被害人造成侵害的人，即犯罪人，既包括实施了犯罪行为的自然人，也包括相关组织机构，还包括具有赔偿义务的国家等。被害补偿是犯罪被害人在未得到任何形式的赔偿或得到的赔偿明显不足的情形下，由国家给予一定的物质予以弥补的一种法律制度，所以被害补偿的主体是国家。被害救助通常是一个更为宽泛的概念，所谓"救助"从词源上解释，是指拯救和帮助，对陷入困境的人给予物资或精神的支援或支持，所以被害救助应当是指对因犯罪行为的侵害而陷入困境的犯罪被害人提供物质或精神的帮助，被害救助的范围应当非常广泛，对犯罪被害人的补偿、被害援助、被害人诉讼权益的保护等都应该包含其中。所以，被害救助的主体更具有多元性和广泛性，国家、社会一切可以为犯罪被害人提供帮助的组织和个人均包含在内。

2. 从行为性质看

被害援助是社会机构或个人基于同情、怜悯、福利、公正等情感或观念而对犯罪被害人作出的帮助或支持，体现的是一种社会道义。被害赔偿是犯罪人基于其犯罪行为给犯罪被害人所造成的损失而必须承担的一种法律责任，具有强制性和惩罚性。被害补偿是国家基于国家对公民权益的保护之责而对犯罪被害人进行的物质帮助，体现的是一种国家责任或社会福利。被害救助则涵盖了社会道义、国家责任、社会福利、公平正义等多种性质。

3. 从行为内容看

被害援助的内容包括经济援助、法律帮助、心理援助、医疗援助、未成年人看护、公共教育、代为处理生活工作事物等，内容非常丰富。被害赔偿的内容仅限于金钱形式的赔偿，数额应与犯罪被害人的物质损失相当。被害补偿的内容也仅限于金钱形式的补偿，数额通常低于甚至远远低于犯罪被害人因犯罪行为而遭受的损失。被害救助的内容最为丰富，包含各种形式、各种渠道对犯罪被害人进行的帮助与援助活动。

4. 从义务来源看

被害援助的义务来源于社会道义或道德，被害赔偿和被害补偿的义务来源于法律规定，被害救助的义务来源既有社会道义又有法律规定。

## 二、犯罪被害人社会援助制度溯源

早在公元前 18 世纪的《汉谟拉比法典》中就有关于对犯罪被害人进行援助的规定，即在杀人犯或强盗未被逮捕的情况下，发生犯罪行为的城镇以及该镇的镇长负有对犯罪被害人进行赔偿的义务。这种规定虽然是把犯罪人所应负的责任扩大至一定的地域范围，与当前我们讨论的被害援助制度存在一定差异，但也多少体现出由社会及特定个人对犯罪被害人进行救助的制度性规定，可以视为被害援助制度的起源。19 世纪后半期，实证犯罪学派的两位代表人物菲利和加罗法洛提出应当认识并关注到犯罪被害人的困苦，尤其是"加害人毫无理由的攻击行为"除了造成犯罪被害人的身心伤害之外，对于犯罪被害人的家庭成员也会造成极大的伤害，当犯罪被害人死亡、丧失工作能力或者减少了工作时间，以他为经济支柱的家庭则会面临崩溃的命运，犯罪被害人的子女无法得到妥善的教养，其他家庭成员也会陷入经济贫困，所以国家和社会不能对犯罪被害人弃之不顾，而是应当对其进行救助。菲利指出，国家应当对被害人的权利负责，并且使被害人的权利及时得到满足①。

当代的被害援助源于西方社会在 20 世纪六七十年代对犯罪被害人权利保护的关注和重视。一方面，犯罪被害人在刑事诉讼中的地位和作用过于无足轻重，被边缘化甚至被遗忘，很多时候其权利难以通过刑事诉讼获得有效地充分地维护和保护。另一方面，除了其诉讼权利难以实现之外，在诉讼之外陷入各种窘困之境遇也是犯罪被害人面临的问题，如生活难以为继、心理创伤严重影响日常工作

---

① [意] 菲利. 犯罪社会学 [M]. 北京：中国人民公安大学出版社，2004：283.

和生活、社交恐惧等。此外,当时被害人权利保护运动中的一个重要内容是妇女运动,其核心是为家庭暴力中的受虐妇女提供保护,包括为受虐妇女提供庇护所、帮助解决就业、提供医疗服务等。在各种犯罪被害人保护运动的推动之下,对犯罪被害人提供各方面的帮助以摆脱困境,包括为其提供法律援助,帮助其顺利参与刑事诉讼,有效维护其诉讼权益,提供经济援助,帮助其解决生活困难,提供医疗援助、心理援助、就业帮助、教育帮助,等等。西方社会的被害援助活动得到了联合国的支持,1985 年 11 月 29 日,第七届"犯罪预防和罪犯处遇"大会在意大利米兰召开,被喻为犯罪被害人人权宣言的《为罪行和滥用权力行为受害者取得公理的基本原则宣言》在大会上得以通过,该宣言成为国际范围内对犯罪被害人进行权利保护的最重要的法律文件,对被害援助作出规定,获得被害援助权被视为犯罪被害人享有的一项基本权利。为了更好地执行该宣言,联合国于 1998 年又制定了《执行〈为罪行和滥用权力行为被害者取得公理的基本原则宣言〉的决策者指南》和《为被害人取得公理司法手册》。《执行〈为罪行和滥用权力行为被害人取得公理的基本原则宣言〉的决策者指南》总结了世界各国对《为罪行和滥用权力行为受害者取得公理的基本原则宣言》的执行情况,并为世界各国开展下一步的犯罪被害人权利保护工作提供了具体的工作思路和方法,《为被害人取得公理司法手册》则主要是供对建立被害援助中心感兴趣的人员、提供被害人援助的人员使用。

### 三、我国犯罪被害人社会援助的现状

从境外的实践来看,对犯罪被害人的社会援助相关工作早已起步,甚至有些国家已经建立了比较成熟、完善的犯罪被害人社会援助体系,我国台湾地区也具有较丰富的被害援助社会实践。但是我国对犯罪被害人的社会援助工作起步较晚,目前尚处于起步阶段,无论是理论界还是实践中都存在很大的不足,理论界多是对国外的被害援助制度进行介绍,立足于本国国情进行有针对性的深入的研究较少,实践应用更是缺乏,社会公众对被害人援助知之甚少。从国际上各国的被害援助实践以及联合国文件的规定来看,对犯罪被害人提供社会援助的内容包括经济援助、法律援助、心理援助、医疗援助、提供庇护所、儿童看管、帮助就业等方面的援助,等等。这几个方面我国均存在缺位,可以说,我国的被害人援助制度是缺位的。

#### (一) 缺乏专门的被害援助机构

对犯罪被害人提供社会援助工作复杂、内容广泛、主体多元,需要有专门的

被害援助机构对被害援助工作进行统一的组织协调,西方一些国家纷纷建立了进行被害援助的社会机构,比如,美国早在 1975 年就建立了全国的被害援助机构(National Organization for Victim Assistance,简称 NOVA),中文译名为"诺瓦",截至 1994 年,全美国已经成立了 1000 多个被害援助机构。我国目前鲜有专门为犯罪被害人提供社会援助的机构,1995 年在广州正式挂牌成立了我国第一个法律援助机构——广州市法律援助中心,2000 年年初各省均成立了省级法律援助中心,但是我国的法律援助中心并不是专门针对犯罪被害人提供法律援助工作,且其主要援助对象也并不是犯罪被害人。而对犯罪被害人而言,法律援助仅仅是其所需要的各种社会援助内容中的一项。在我国,共青团、妇联、工会组织、居(村)民委员会等会通过一些形式对特定的犯罪被害人提供一定范围的帮助和服务,但这些被害援助工作并不是这些机构的工作重点。此外,我国出现了少量民间机构,为犯罪被害人提供心理、法律、庇护所等方面的援助与服务,如北京红枫妇女心理咨询中心、北京大学的北京众泽妇女法律咨询服务中心、武汉大学的社会弱者权利保护中心、西安博爱儿童虐待预防救助中心、中国青少年法律援助中心等①,这些民间援助机构的服务对象主要集中于妇女和儿童,尤其是针对家庭暴力的受虐妇女和儿童,存在援助对象范围过窄的问题,大量的犯罪被害人得不到相关的社会援助。另外,由于整个社会被害援助理念的缺失和犯罪被害人自我保护意识的缺乏,这些机构有时并不能充分发挥被害援助的作用,如我国多个省份成立了家庭暴力庇护所,但是很多庇护所成立之后处于闲置的状态,站点虽多,但知晓率低、庇护少成为普遍现象。南京反家暴庇护中心 11 年来总共接收 2 人,北京顺义的庇护所 3 年仅接收 2 例被害救助案例,上海 2 家庇护所 7 年服务对象合计 19 人②,重庆的家庭暴力庇护所成立之后 1 年多只有 1 位家庭暴力受虐妇女来到这里居住。

### (二)缺乏专门的被害援助法律规范

国际社会普遍认为获得社会援助的权利是犯罪被害人的一项基本权利,应当以法律的形式予以确认。对犯罪被害人的社会援助以立法的形式予以规定,是构建被害援助制度、保障犯罪被害人获得社会援助权利的基础。联合国《为罪行和滥用权力行为的被害人取得公理的基本原则宣言》第 14 条规定,受害者应从政府、自愿机构、社区方面及地方途径获得必要的物质、医疗、心理及社会援助。第 15 条规定,应使受害者知道可供使用的医疗和社会服务及其他有关的援助,

---

① 参见李伟主编. 犯罪被害人学教程 [M]. 北京:北京大学出版社,2014:280.
② 反家暴"庇护所"大量闲置,何以保护受害者 [N]. 齐鲁晚报网,2020-11-27.

并且能够利用这些服务和援助。国际上诸多国家也纷纷立法以保障犯罪被害人获得社会援助的权利。比如，美国于20世纪80年代初通过了《被害人和证人综合保护法》；瑞士联邦的《刑事犯罪受害人援助法》于1991年颁布；德国1980年颁布《诉讼费用援助法》《咨询援助法》，1986年通过了《被害人保护法》。我国缺乏专门的被害援助法律规定，在已有的一些法律规范文件中涉及少量有关被害援助的条文，如《中华人民共和国律师法》第42条规定："律师、律师事务所应当按照国家规定履行法律援助义务，为受援人提供符合标准的法律服务，维护受援人的合法权益。"《中华人民共和国老年人权益保护法》第39条规定："老年人需要获得法律帮助，但又无力支付律师费用的，可以获得法律援助。"2003年国务院出台了《法律援助条例》，其中规定了在刑事诉讼中因经济困难没有委托诉讼代理人的，公民可以向法律援助机构申请法律援助，需要代理的事项包括：（1）请求国家赔偿的；（2）请求给予社会保险待遇或最低生活保障待遇的；（3）请求发放抚恤金、救济金的；（4）请求给付赡养费、抚养费、扶养费的；（5）请求支付劳动报酬的；（6）主张因见义勇为行为产生的民事权益的。国务院出台该条例，对于犯罪被害人获得法律援助的权利提供了法律保障，但是该条例并非专门针对犯罪被害人，而是包括被告人在内的全体公民。我国已有的少量涉及被害援助内容的法律规范仅仅是针对犯罪被害人获得法律援助的权利，其他被害援助的内容未有涉及，即便是关于法律援助权利的规定，也多是原则性规定，对于援助的程序等缺乏具体规定，缺乏可操作性。

### （三）被害援助工作人员缺乏专业知识和专业培训

我国的被害援助工作尚未真正开展，缺乏专门的被害援助工作人员，更没有针对工作人员的专业培训。很多时候我国的被害援助工作被包含在相关部门的相关工作中，如被包含在对城市低保户的救济与抚恤的相关工作中；被包含在司法机关的相关工作中；被包含在民政部、妇联的相关工作中。而这些部门的工作人员缺乏针对犯罪被害人进行援助的专业知识，毕竟犯罪被害人具有其他群体所不具有的特殊性，对犯罪被害人展开法律、心理、医疗等方面的援助，当然需要相关的法学、心理学、医学等专业知识，然而我国从事相关工作的人员并不都具有开展被害救助的专业知识。另外，即便具有相关的专业知识，面对不同犯罪被害人不同的反应和不同的需求，在专业之外还要作出更有针对性、更细微、更有人性关怀的帮助，这需要接受相应的理论指导和培训。比如，对犯罪被害人进行医疗援助的人员，所需要具备的不仅仅是医疗专业知识，还要懂得自己所面对的人是遭受了犯罪行为侵害的被害人，所受到的伤害不仅仅是身体，还有精神，自己很有可能是犯罪被害人在遭受到犯罪行为侵害之后接触的第一个人，这时犯罪被害人除了身体上的伤痛,心理上还处在恐惧、愤怒、悲伤之中,情绪可能很不稳定,需要安抚,这就需要医疗人员懂得如何安抚犯罪被害人的不良情绪,给予其感情支持,这就要求医疗人员具有安抚犯罪被害人的意识以及一定心理学的专业知识和技能。所以,对犯罪被害人进行医疗援助的医疗人员需要接受相应的理论指导和培训,而这方面我国是缺乏的。

**(四) 被害援助内容相对缺乏**

1. 国际社会对犯罪被害人的社会援助内容

针对犯罪被害人的社会援助内容非常广泛,联合国《为罪行和滥用权力行为受害者取得公理的基本原则宣言》第 14 条规定,受害者应当……获得必要的物质、医疗、心理及社会援助。综观世界各国的具体做法,对犯罪被害人的社会援助包括比该宣言更为丰富的内容,具体包括如下:

(1) 提供经济援助。即对于因犯罪侵害而陷入经济困境的犯罪被害人提供直接的经济援助,因为有些时候犯罪被害人未能获得被害赔偿和国家补偿,有些时候犯罪被害人获得了赔偿和补偿之后仍然陷于经济困境,仍然需要经济援助。此外,对于在申请保险或补偿时遇到困难的犯罪被害人,为他们提供帮助或者代为申请也属于此范畴。帮助就业也属于此范畴,包括犯罪被害人寻找就业信息、参加职业技能培训、与招聘者协商等。

(2) 提供心理援助。当犯罪行为给犯罪被害人造成了严重的心理伤害,使其严重心理失衡或处于严重的心理困境,如极度的恐慌、无助、悲伤、愤怒等,应当对犯罪被害人进行心理危机干预,在短时间内平复其失衡的心理,度过心理危机。提供心理咨询,以帮助解决犯罪被害人更持久的心理问题。通过倾听、陪伴为犯罪被害人提供心理安抚,使其获得感情支持和心理安慰,有利于其恢复心理健康。

(3) 提供法律援助。即为经济困难的或者具有特殊性的犯罪被害人提供法律帮助,通常减免费用。具有特殊性的犯罪被害人通常包括受虐女性、老年人、未成年人、残疾人、少数民族、性犯罪被害人等。具体工作包括提供法律咨询、代写法律文书、提供诉讼代理、提供非诉法律事务的代理及其他辅助性措施。专业的法律援助之外的辅助性措施往往更充分地体现出社会对犯罪被害人的关怀,如告知案件进程、陪同出庭、当犯罪被害人出庭时为他们照看孩子、帮助其寻找证人等。

(4) 提供医疗援助。此项内容包括医疗机构的援助和非医疗机构的援助。医疗机构的援助体现为:对于无钱医治的犯罪被害人,可以减免或延迟缴纳费用;在医治的过程中注意安抚犯罪被害人的不良情绪;为犯罪被害人提供病情证明；转介绍其他援助机构。非医疗机构的援助体现为：为犯罪被害人提供所需要的医疗信息；帮助犯罪被害人筹措医疗费用或者与医疗机构协商减免费用；陪伴就医、陪护住院等。

（5）转介绍服务。通常犯罪被害人的援助需求多元化，由一家援助机构满足犯罪被害人需要的所有援助需求是不可能的，所以需要援助人员或机构将犯罪被害人介绍到其他相应的援助机构，以获得更专业化的服务。比如，医疗机构将犯罪被害人转介绍到社区咨询中心，家庭暴力庇护所将犯罪被害人转介绍到法律援助中心，等等。

（6）生活照料。有时候犯罪被害人因犯罪侵害造成的身体或心理的创伤，无法正常生活，需要有人提供帮助，如帮助他们照顾老人、照看孩子、更换门窗，甚至洗衣做饭等。

（7）保护人身安全。有时犯罪被害人与犯罪人共同居住在同一居所，在犯罪被害人遭到犯罪行为侵害之后，需要离开犯罪人，否则会遭受持续的反复的被害，这在家庭暴力犯罪和性犯罪案件中最为常见。所以需要为这样的犯罪被害人提供一个安全的庇护场所，使之远离犯罪人。很多国家都建立了家庭暴力庇护所。

2. 我国被害援助内容严重不足

犯罪被害人在遭到犯罪行为侵害之后需要多方面的社会援助，但是我国目前对犯罪被害人的援助内容显然严重不足。

第一，我国对犯罪被害人提供的法律援助相对较早，相关工作的开展也相对较好，但仍存在诸多问题。我国最早的法律援助机构在1992年出现，即武汉大学的"社会弱者保护中心"，针对犯罪被害人的法律援助随之展开。虽然在当时从理论上说犯罪被害人可以得到法律援助，但是在实践中针对犯罪被害人的法律援助案例少之又少，甚至只能被称为偶然性的行为，我国的法律并没有规定犯罪被害人可以获得法律援助的权利。1996年修订的《刑事诉讼法》只规定了被告人享有获得法律援助的权利，却把犯罪被害人排除在外。直到2003年，国务院出台了《法律援助条例》，正式以法律文件的形式明确了对犯罪被害人进行法律援助，要求各市、县政府成立法律援助中心，法律援助经费专款专用，犯罪被害人申请国家赔偿、社会保险、最低生活保障、抚恤金、赡养费、扶养费、抚养费等均可申请法律援助。但是该条例并非专门针对犯罪被害人作出法律援助的规定，而是针对犯罪人在内的各种援助对象，且该条例的规定过于原则性，如虽然规定了"法律援助经费专款专用"，但是并未规定经费的来源、数额、针对犯罪被害人的援助比例等，虽然规定了犯罪被害人可以申请法律援助，但是并未规定申请的具体程序，所以，可操作性不强。从提供法律援助的机构来看，我国对犯罪被害人提供法律援助的机构比较多，有司法行政组织、社会群众团体、非政府组织、律师事务所、法律服务机构等。以妇联为家庭暴力的受害妇女提供的法律援助为例，"至 2007 年 12 月，妇联系统推动司法行政部门建立妇女法律帮助机构、服务站点 2.7 万多个，卫生系统建立了 350 多个家庭暴力伤情鉴定中心"。①全国妇联于 2005 年成立了法律帮助中心，于 2006 年 3 月 2 日起开展"中国妇女法律援助行动"，截至 2008 年 3 月共向 10 个省、自治区划拨援助经费 100 万元，近 10 个省级妇联成立了法律帮助中心。② 但是，就目前我国的实践来看，对犯罪被害人提供法律援助的机构主要是针对妇女儿童的援助，未能全面覆盖犯罪被害人群体。再如，我国于 1997 年经国务院批准，在民政部登记成立了"中国法律援助基金会"，是致力于发展法律援助事业的公募基金会，下设 14 个专项基金，但是该基金会进行法律援助的对象并不以犯罪被害人为主，而是包括农民工、优秀学子、民间对日索赔、妇女、老年人、未成年人、残疾人、生态环保、民营企业、孤残人员等。

第二，我国对犯罪被害人提供心理援助方面的工作在逐步发展，但是并没有建立起面向犯罪被害人群体的心理援助制度。当前我国有针对特定类型的犯罪被害人的心理援助，主要是针对遭遇性侵害的少女、家庭暴力中的受虐妇女、儿童，尤其针对家庭暴力中的受虐妇女的心理援助开展得最为充分。提供心理援助的形式包括热线电话、面询、网络咨询等，其中热线电话是最主要的形式，方便快捷，成本低。全国及各地妇联、一些心理咨询公司、民间公益组织等机构纷纷开设心理援助热线电话，如北京红枫妇女心理咨询中心、全国妇联玫琳凯反家暴热线 16838198③。对犯罪被害人提供面询主要是针对受虐妇女、儿童提供个体面询，提供面询的机构主要是全国妇联的心理咨询机构和民间机构，如青岛市李沧区妇联于 2007 年 11 月建立心理卫生咨询康复中心，为受虐妇女、儿童提供专业、免费的心理咨询。④ 当前我国绝大部分的地方妇联均已成立妇女儿童心理咨询中心。有一些民间机构也为受虐妇女、儿童提供专业的、公益性的心理咨询，如云南省西双版纳州妇女儿童心理法律咨询服务中心、北京红枫妇女心理咨询中

---

① 黄姝. 我国妇女儿童权利保障现状与回顾. http://news.gmw.cn/2007-12/20/content_713064.htm.
② 吕频主编. 中国反家庭暴力行动报告 [M]. 北京：中国社会科学出版社，2011：56.
③ 参见李伟主编. 犯罪被害人学教程 [M]. 北京：北京大学出版社，2014：283.
④ 参见李伟主编. 犯罪被害人学教程 [M]. 北京：北京大学出版社，2014：283.

心、陕西省妇女理论婚姻家庭研究会。① 此外，一些精神疾病专科医院或者一些综合类医院的心理门诊有时也会为受虐妇女、儿童提供心理援助。社会上的一些心理咨询机构有时也会为被害妇女儿童提供心理援助。我国当前对犯罪被害人的心理援助仅限于家庭暴力或性犯罪被害女性以及儿童，显然是存在很大缺陷的。犯罪行为往往给犯罪被害人造成极大的身心伤害，不仅仅是家庭暴力和性犯罪这两种犯罪类型，也不仅仅是女性和儿童这两类犯罪被害人，心理援助工作应当面向所有的犯罪被害人，这一方面我国还有很长的路要走。

第三，我国已有对犯罪被害人进行医疗援助的实践，但是数量少，发挥的作用小，缺乏专业性和稳定性。我国对犯罪被害人进行的医疗援助通常是如下几种情形：(1) 如果犯罪被害人去医院就诊，在无力支付医疗费用的情况下，医疗机构可以在一定程度上予以减免或者暂时垫付，但并没有法律规定医疗机构具有相关的义务，所以，犯罪被害人是否能享有这种权利是无法保障的，通常情况是身体受到严重伤害的犯罪被害人因无力承担高昂的医疗费用不得已中途停止治疗，被迫出院，最终导致病情恶化，甚至死亡；(2) 当个别案件被媒体曝光，引起较广泛的社会关注时，政府相关部门、相关医疗机构等会对犯罪被害人展开援助；(3) 当发生一些涉及犯罪被害人人数多、危害性大、社会影响恶劣的犯罪事件时，如重大交通事故、安全生产类事故、投毒等，这时政府会组织相关部门及医疗机构对犯罪被害人展开医疗援助；(4) 针对家庭暴力被害妇女、儿童展开的医疗援助相对较多，并逐步规范化。比如，2000 年中国法学会反对家庭暴力网络在北京市丰台区铁营医院开展了我国第一个家庭暴力医疗干预试点项目，2004 年丰台区成立了区级家庭暴力医疗干预专家组，随后中国法学会反对家庭暴力网络在全国多个省市推广家庭暴力医疗干预项目，河南漯河、湖北孝感、河北张家口、宁夏银川、湖南望城等地均有开展，2005 年张家口市妇联和卫生局联合发布《关于在全市医疗卫生机构开展医疗干预家庭暴力的通知》，要求各级医疗单位为家庭暴力受虐妇女提供"三优先"服务，即优先接诊、优先治疗、优先处理，并为生活困难的受虐妇女提供医疗救助，2005 年 11 月张家口市的河北北方学院附属第三医院成为河北省首家医疗干预家庭暴力定点医院，2006 年 11 月焦作市的解放军第 91 中心医院设立家庭暴力诊疗中心，2008 年 3 月平顶山市要求一级以上医疗机构均要设立反家庭暴力门诊，2006 年在西安成立的西安博爱儿童虐待预防救助中心是一家为受虐儿童提供医疗救助的公益组织②。总的来说，我国针对犯罪被害人的医疗救助不能覆盖所有的犯罪被

---

① 参见李伟主编. 犯罪被害人学教程 [M]. 北京：北京大学出版社，2014：283.
② 参见李伟主编. 犯罪被害人学教程 [M]. 北京：北京大学出版社，2014：284-285.

害人，只针对特定少数的情况、针对特定少数类型的犯罪被害人，发挥的作用有限。

第四，我国针对犯罪被害人的经济援助缺乏。我国目前没有任何组织提供针对犯罪被害人的经济援助，实践中有一些个人知晓了犯罪被害人的困难处境之后，出于同情与怜悯，在自己力所能及的范围之内给予一定的经济帮助。比如，有个别警察了解到自己经办的案件中的犯罪被害人的困难处境，自掏腰包给予其一定的经济帮助，但这种情况对于广大的犯罪被害人群体所需要的经济援助而言，实在是微不足道。我国政府有针对城市的低保户和农村的五保对象进行救济的制度，对于由于各种原因而无法维持最低生活水平的困难群众给予救济，以保障其最低生活水平。如果犯罪被害人因犯罪行为的侵害而成为低保户或五保对象，是可以得到国家救济的，获取民政部门发放的抚恤金或低保金，此时的国家救济具有了一定的针对犯罪被害人的经济援助的性质，但是这种救助对于广大的犯罪被害人群体所需要的经济援助而言，也是杯水车薪。

第五，犯罪被害人的人身安全得不到有效的保护。有时犯罪被害人与犯罪人是共同生活的，或者犯罪被害人是无家可归的，在其遭受到犯罪行为侵害之后，如果其人身安全得不到有效的保护，则其再次受到犯罪侵害的可能性极大。所以，为犯罪被害人提供一个暂时的安身之所，通常被称为庇护所，是当前很多国家的做法。英国早在1972年建立了世界上的第一个庇护所，之后欧美国家纷纷效仿。我国虽然在20世纪90年代就开始建立针对家庭暴力受害女性的庇护所，但是当时的庇护所都是依托私营企业设立，因为经济支持、运行模式、社会舆论等各方面的问题，未能持续运行，也未能真正发挥保护家庭暴力受害女性的作用。2003年之后，民政系统开始与妇联合作建立妇女庇护所，将妇女庇护纳入民政部门的救助工作之内，之后几年内，大部分省份纷纷建立妇女庇护所、救助站。除了民政部门和妇联，也有一些民间机构加入了这项工作，甚至有国际机构也在我国参与推动该项工作，如世界卫生组织在我国开展了"国际安全社区计划"。我国在对犯罪被害人提供人身安全方面的援助工作方面，主要局限于家庭暴力的受害女性，其他类型需要得到人身保护的犯罪被害人其人身安全并不能得到相应的保护，这会导致二次被害、三次被害、重复被害等各种问题。即便我国建立了大量的针对家庭暴力受害女性的庇护所，但是实践中庇护所却难以发挥保护被害女性人身安全的作用。据了解，我国女性庇护所的闲置率非常高，一方面原因是缺乏相关宣传，大量遭受到家庭暴力的被害女性无处可去，但却不知道有庇护所可以为自己提供栖身之处；另一方面原因是我国的庇护所保密性差，入所限制性条件多。在我国入住庇护所需要身份公开，且需要履行烦琐的入住手续，如重庆家庭暴力庇护所规定，申请入住庇护所需要同时具备"遭受家暴""无家可归"两个条件，申请人提出申请之后，工作人员要对申请人所在的街道、居委会及周边群众进行走访调查，工作人员审核通过之后，申请人才可以入住；长沙家暴中心则规定，申请入住人员需持有报警证明及本人身份证明向当地妇联提出申请，由妇联审核通过之后才可以入住[1]。经过这样烦琐的入住程序，家暴被害女性被家暴的事实、申请保护的庇护所地点都暴露无遗，既暴露了家暴被害人的隐私，又使得施暴者容易找到被害人继续对其进行伤害。此外，我国的庇护所虽具备了基本生活所需要的硬件设施，但人性关怀相对欠缺，工作人员缺乏专业培训，难以对被害女性提供感情支持和心理疏导。

## 四、构建我国犯罪被害人社会援助体系的设想

### （一）建立专门的被害援助机构

由于被害援助工作的复杂性以及内容的广泛性，需要获得立法部门及政府相关部门的支持，需要与法律、心理、医疗、教育等诸多领域的相关组织合作，需要进行专业培训以使工作人员具备相关的专业知识，需要进行资金的募集和调配，因此，有一个专门的机构对被害援助的相关工作进行统筹安排是非常有必要的。综观国际上已经建立被害援助制度的国家，均建立了专门的被害援助机构。这些被害援助机构在对犯罪被害人的社会援助工作中发挥着主导作用。我国没有一个全国统一的专门从事被害援助工作的被害援助机构，虽然存在多元化的援助主体，但是其援助对象不仅仅限于犯罪被害人，甚至对犯罪被害人的援助只是其援助工作的一部分，即便是针对犯罪被害人的援助，其主要援助对象则局限于妇女、儿童和老年人，并且各种组织相互之间缺乏联系，非常松散，各自为政，无法有效地整合资源，无法互通信息，存在大量的被害援助空白，绝大多数的犯罪被害人得不到援助。因此，我国应当成立专门针对犯罪被害人的社会援助机构，且援助对象应当具有广泛性，应当包括所有的犯罪被害人。

### （二）重视被害援助工作，加强被害援助的研究、培训和宣传

我国无论是理论界，还是政府相关部门，抑或民间，普遍缺乏对被害援助的认识，因此相关领域和部门应当重视被害援助工作，加强对被害援助的研究、培训和宣传十分重要。重视被害援助工作，其一，要加强理论界对被害援助的理论

---

[1] 新浪网．多地家暴受害者庇护机构因入住门槛等遭冷遇．http://news.sina.com.cn/c/2012-03-12/022924097655.shtml．

研究，为被害援助实践提供理论支持。目前，我国有关被害援助的理论研究相对不足，对国外情况的介绍偏多，立足于本国国情进行有针对性的研究相对欠缺，重复研究相对较多，有建设性的实证研究相对欠缺，难以对我国的被害援助实践工作的开展和发展提供理论支撑。其二，要在实践中加强对被害援助机构的工作人员的培训。被害援助机构的工作人员的组成，从国外的经验来看，包括法学、医学、心理学等与犯罪被害人的身心保护密切相关的各种专业人员，包括在被害援助机构工作的专职人员和广大的志愿者，其中还包括一定数量的前被害人[①]。对这些人员要提供专业的培训，以提高其进行被害援助的服务意识、工作素养和援助能力。其三，相关部门要加强对被害援助的宣传。当前我国社会公众对被害援助知之甚少，尤其是广大的犯罪被害人，一方面饱受犯罪行为侵害所造成的困苦，另一方面却不知道有被害援助的存在。前文所介绍的我国家庭暴力受虐妇女庇护所的大量闲置就是一个例证，也有很多犯罪被害人需要法律的帮助，但是却并不知道自己享有获得法律援助的权利，或者隐约知道所谓的法律援助，却不知道能否以及如何寻求法律援助。因此，需要相关部门包括民政部门、妇联、共青团、司法机关、学校、企事业单位等，通过传统媒体、新媒体等各种渠道，深入社区、走上街头进行被害援助的大力宣传。

### （三）加紧制定有关被害援助的法律规范

联合国犯罪被害人人权宣言明确了犯罪被害人应当享有的被害援助的权利，世界上很多国家也纷纷通过立法以保障犯罪被害人获得社会援助的权利，而我国迄今为止并没有针对被害援助的立法，这使得我国的被害援助工作无法可依，混乱无序，难以开展。综观国际社会其他国家有关被害援助的立法情况，有的国家制定了专门的被害人援助法，如瑞士；有的国家针对不同的援助内容分别制定相关法律，如德国分别制定有《诉讼费用援助法》《咨询援助法》；有的国家制定犯罪被害人保护法并将被害援助包含其中，采取此种做法的国家比较多。借鉴其他国家的做法，根据我国被害援助的现状，建议我国循序渐进，可以先制定某一援助内容的相关法律，如我国针对犯罪被害人的法律援助和心理援助工作已经逐步开展，可以先制定我国的犯罪被害人法律援助法、犯罪被害人心理援助法，再逐步向其他内容扩充，等到相关立法逐渐成熟和完善，再考虑制定专门的被害人援助法。被害援助法律的具体内容是对被害援助工作如何开展作出具体规定，如

---

[①] 即曾经遭受到犯罪行为侵害的人，他们利用现身说法，对当前需要接受援助的犯罪被害人提供感情支持，对帮助犯罪被害人尽快地平复不良情绪、摆脱被害阴影、恢复正常的工作和生活可以发挥非常重要的作用。

被害援助组织的建立与运行、被害援助资金的来源与管理、被害援助工作人员的培训、被害援助的内容、申请被害援助的条件和程序等。

### (四) 进一步加强被害援助实践,丰富被害援助的举措

针对犯罪被害人的社会援助内容非常丰富,但是我国目前对犯罪被害人的援助内容显然存在非常大的缺陷,被害援助实践较少,被害援助的举措十分缺乏。我们应当大力加强被害援助的实践,努力丰富被害援助的举措。借鉴国际上其他国家的做法,加强我国被害援助实践的具体措施包括:(1) 提供信息咨询服务,可以由相关部门设立信息咨询电话,如被害人咨询热线;增开被害人服务窗口,提供信息咨询服务;编写被害服务小手册,内容涉及犯罪被害人的权利义务、可以向谁寻求帮助、如何获得帮助等。(2) 扩大心理援助的范围,除了向妇女、儿童、老年人提供心理援助之外,还应普及所有需要心理援助的犯罪被害人。(3) 提供及时的医疗服务,其一,要破除只针对社会影响力大的犯罪案件中的被害人进行医疗救助的局面;其二,要破除只针对被害妇女、儿童进行医疗援助的局面;其三,要破除医疗机构因费用问题停止对犯罪被害人进行医治的局面,真正实现对整个犯罪被害人群体提供及时有效的医疗援助。(4) 提供及时的经济援助,我国目前没有任何组织提供专门针对犯罪被害人的经济援助,有时一些私营企业或个人出于人道主义的考虑对特定的犯罪被害人提供一些经济援助,但是发挥的作用极为有限,我国应当尽快出台措施以对犯罪被害人提供经济援助,帮助其走出经济困境;可以尝试设立被害援助专项基金,我国于1997年经国务院批准在民政部登记成立了"中国法律援助基金会",可以尝试由该基金会设立被害援助专项基金。(5) 在我国已有的法律援助的基础之上继续提高完善针对犯罪被害人的法律援助。(6) 保护犯罪被害人的人身安全,我们可以在现有的庇护所制度的基础之上进行改善和完善,适应被害女性的需求,简化入所手续,强化庇护所的保密性,同时加强对被庇护人员的人性关怀,提供感情支持,并加强与其他援助组织的合作,为被庇护人员提供转介绍服务。

# 主要参考文献

1. [美] 亚历克斯·皮盖惹. 犯罪学理论手册 [M]. 吴宗宪主译. 北京：法律出版社，2019.
2. 吕雪梅，丁文俊. 犯罪分析及其社会治理 [M]. 北京：群众出版社，2016.
3. 骆群. 犯罪被害人十五讲 [M]. 北京：中国法制出版社，2016.
4. [美] 蕾切尔·博巴·桑托斯. 犯罪分析与犯罪制图 [M]. 金诚、郑滋椀译. 北京：人民出版社，2014.
5. 李伟主编. 犯罪被害人学教程 [M]. 北京：北京大学出版社，2014.
6. 董士昙主编. 犯罪学教程 [M]. 北京：中国检察出版社，2013.
7. 任克勤. 被害人学新论 [M]. 广东：广东人民出版社，2012.
8. 董文蕙. 犯罪被害人国家补偿制度基本问题研究 [M]. 北京：中国检察出版社，2012.
9. 吕频主编. 中国反家庭暴力行动报告 [M]. 北京：中国社会科学出版社，2011.
10. [美] 安德鲁·卡曼. 犯罪被害人学导论（第六版）[M]. 李伟等译. 北京：北京大学出版社，2010.
11. 赵可主编. 犯罪被害人及其补偿立法 [M]. 北京：群众出版社，2009.
12. 赵国玲主编. 中国犯罪被害人研究综述 [M]. 北京：中国检察出版社，2009.
13. 田思源. 犯罪被害人的权利与救济 [M]. 北京：法律出版社，2008.
14. 曲涛. 刑事被害人国家补偿制度研究 [M]. 北京：法律出版社，2008.
15. 王佳明. 互动之中的犯罪与被害——刑法领域中的被害人责任研究 [M]. 北京：北京大学出版社，2007.
16. [英] 彼得·艾思沃斯. 犯罪人特征剖析 [M]. 赵桂芬译. 北京：中国轻工业出版社，2007.

17. 张鸿巍. 刑事被害人保护的理念、议题与趋势——以广西为实证分析 [M]. 武汉：武汉大学出版社, 2007.

18. [英] Clive R. Hollin. 犯罪评估和治疗必备手册 [M]. 郑红丽译. 北京：中国轻工业出版社, 2006.

19. 宋晓明. 犯罪心理学 [M]. 北京：中国人民公安大学出版社, 2005.

20. 麻国安. 青少年被害人援助论 [M]. 北京：中国人民公安大学出版社, 2005.

21. 许章润主编. 犯罪学（第二版）[M]. 北京：法律出版社, 2004.

22. 周璐. 当代实证犯罪学新编——犯罪规律研究 [M]. 北京：人民法院出版社, 2004.

23. [意] 菲利. 犯罪社会学 [M]. 北京：中国人民公安大学出版社, 2004.

24. 张邵彦. 犯罪学 [M]. 北京：社会科学文献出版社, 2004.

25. [美] Nancy McWilliams. 精神分析案例解析 [M]. 钟辉等译. 北京：中国轻工业出版社, 2004.

26. 王大伟. 中小学生被害人研究——带犯罪发展论 [M]. 北京：中国人民公安大学出版社, 2003.

27. 宋浩波主编. 犯罪学 [M]. 北京：中国人民公安大学出版社, 2003.

28. 麻国安. 被害人援助论 [M]. 上海：上海财经大学出版社, 2002.

29. 赵可, 周纪兰, 董新臣. 一个被轻视的社会群体——犯罪被害人. 北京：群众出版社, 2002.

30. 刘文成. 犯罪学——犯罪现象·原因·对策 [M]. 北京：群众出版社, 2001.

31. 杨焕宁. 犯罪发生机理研究 [M]. 北京：法律出版社, 2001.

32. [俄] 阿·伊·道尔戈娃. 犯罪学 [M]. 赵可译. 北京：群众出版社, 2000.

33. 郭建安主编. 犯罪被害人学 [M]. 北京：北京大学出版社, 1997.

34. 汤啸天, 张滋生, 叶国平, 王建民. 犯罪被害人学 [M]. 甘肃：甘肃人民出版社, 1997.

35. 储槐植. 犯罪场论 [M]. 重庆：重庆出版社, 1996.

36. [意] 切萨雷·贝卡利亚. 论犯罪与刑罚 [M]. 黄风译. 北京：中国大百科全书出版社, 1995.

37. 冯树梁主编. 中国预防犯罪方略 [M]. 北京：法律出版社, 1994.

38. ［日］森下忠. 犯罪者处遇［M］. 白绿铉等译. 北京：北京纺织出版社，1994.

39. 史焕章，武汉主编. 犯罪学概论［M］. 北京：中国政法大学出版社，1993.

40. ［德］汉斯·约阿希姆·施奈德. 国际范围内的被害人［M］. 许章润等译. 北京：中国人民公安大学出版社，1992.

41. 白建军. 犯罪学原理［M］. 北京：现代出版社，1992.

42. 张智辉，徐名涓编译. 犯罪被害者学［M］. 北京：群众出版社，1989.

43. ［波兰］布鲁伦·霍韦斯特. 犯罪学的基本问题［M］. 冯树良译. 北京：国际文化出版公司，1989.

44. ［美］萨拜因. 政治学说史［M］. 刘山等译. 北京：商务印书馆，1986.

45. 陈晓娟. 电信网络诈骗犯罪的被害人责任分担［J］. 山西警察学院学报，2021（2）.

46. 张应立，罗祁慧. 盗窃电动自行车犯罪被害问题实证研究［J］. 山东警察学院学报，2020（2）.

47. ［德］乌尔斯·金德霍伊泽. 因果分析与行为之归因［J］. 熊琦译. 刑事法前沿，2017（10）.

48. 徐岱，巴卓. 中国本土化下被害人权利保护即延展反思［J］. 吉林大学社会科学学报，2019（6）.

49. 陈晓娟. 论犯罪被害人责任［J］. 山东警察学院学报，2012（3）.

50. 吴淼. 刑事被害人国家补偿制度研究［D］. 吉林大学，2012.

51. 叶前义. 关于检察机关开展刑事被害人救助工作实践的几点思考［J］. 经济研究导刊，2010（29）.

52. 王良顺. 论被害预防［J］. 武汉大学学报（哲学社会科学版），2008（4）.

53. 李玲. 浅谈斯德哥尔摩综合症［J］. 科教文汇，2007（12）.

54. 徐建华，宋晓明. 珠江三角洲刑事犯罪人、被害人的人口特征分析［J］. 男方人口，2005（3）.

55. 尹伊君. 建立适合中国国情的被害人补偿制度［J］. 人民检察，2006（9）.

56. 董士昙. 犯罪被害人权利保护的理论与实践［J］. 法学论坛，2005（2）.

57. 董士昙. 我国犯罪预防模式的选择与辨析［J］. 四川警官高等专科学校学报，2005（3）.

58. 宋浩波. 犯罪被害人与犯罪被害预防［J］. 湖南公安高等专科学校学报，2004（4）.

59. 田思源. 论犯罪被害人的社会支援 [J]. 法制与社会发展, 2002 (4).

60. [日] 诸泽英道. 被害者学入门——间接被害化要因 [J]. 隆霁译. 青少年犯罪研究, 1997 (11).

61. 张建荣. 论犯罪被害人的本质特征 [J]. 中央政法管理干部学院学报, 1997 (1).

62. 宋践. 论社会被害性 [J]. 江苏公安专科学校学报, 1998 (2).

63. 许章润. 论犯罪被害人 [J]. 政法论坛, 1990 (1).

64. 反家暴"庇护所"大量闲置, 何以保护受害者 [N]. 齐鲁晚报网, 2020-11-27.

65. 新浪网. 多地家暴受害者庇护机构因入住门槛等遭冷遇. http://news.sina.com.cn/c/2012-03-12/022924097655.shtml.

66. 李恩树. 刑事被害人救助工作"落地"两年地方司法机关执行给力17个省 [N]. 法制日报, 2011-02-10 (5).

67. 赵阳. 财政状况掣肘救助资金发放 [N]. 法制日报, 2010-12-07 (5).

68. 黄姝. 我国妇女儿童权利保障现状与回顾. http://news.gmw.cn/2007-12/20/content_713064.htm.

69. 世界卫生组织. 世界暴力与卫生报告 [R]. 北京: 人民卫生出版社, 2002.